도산 **안창호**의 생애와 교육사상

박의수 저

학지사

머리말

“만남은 교육에 선행한다.” 이는 “실존은 본질에 앞선다.”는 사르트르(J. P. Sartre)의 말을 응용한 볼노오(O. F. Bollnow)의 말이다. 참된 만남이 한 인간의 삶을 바꾸어 놓은 역사적 사례는 많다. 소크라테스와 플라톤의 만남, 예수와 베드로의 만남, 도산 안창호와 남강 이승훈의 만남은 그중 몇 가지에 지나지 않는다. 내가 도산 안창호를 만난 것은 대학 1학년 무렵으로 기억된다. 춘원 이광수의 『도산 안창호』를 통해서다. 비록 책을 통해서이지만, 도산의 삶과 사상은 내 삶을 지배한 원칙의 일부로 작용해 왔다는 점에서 그것은 진정한 의미의 ‘만남’이었다. 그때까지 안창호는 나에게 독립운동을 한 수많은 애국자의 한 사람이었을 뿐이었다. 풀타크 영웅전, 나폴레옹, 퀴리부인, 처칠, 슈바이처, 간디, 디즈레일리 등 위인들의 전기를 즐겨 읽었던 나에게 도산과의 만남은 비교적 늦은 편이었다. 늦은 만남이 오히려 참된 만남을 가능하게 했는지도 모른다. 그렇다면 무엇이 그토록 나의 영혼을 사로잡은 것일까? 그리고 지금 이 시대에 왜 도산이 필요한가? 이 물음에 대한 답이 곧 이 책을 펴내게 된 동기라고 할 수 있다.

중등학교 시절 관공서에서 민원서류 한 장을 발급 받아도 정해진 수수료 외에 어떤 형태든 '급행료'를 제공하지 않으면 제때 발급이 되지 않았고, 학교에서는 적지 않은 학생들이 시험 때만 되면 습관처럼 부정행위를 해도 이를 원천적으로 방지하려는 교사의 의지를 볼 수 없었다. 종종 신문에 나오는 비리와 부정은 내가 목격한 작은 부정의 연장이라고 생각했다.

도산은 "만일 우리가 우리 몸부터, 우리 집부터 고치는 것을 큰일로 보지 않는 이가 있다고 하면 우리는 세상을 속이는 사람이요, 우리 스스로가 속는 사람이외다. …… 그러나 나는 나의 생명을 다하여 나의 오늘에 할 일을 오늘마다에 다하여 보려고 힘씁니다."라고 했다. 오죽했으면 "거짓말하고 속이는 것이 가죽과 뼈에 젖어서 양심에 아무 거리낌 없이 사람을 대하고 일에 임하매 속일 궁리부터 먼저 하게 되었습니다."라고 했을까? 이어서 도산은 "대한 민족을 참으로 건질 뜻이 있으면 그 건지는 법을 멀리서 구하지 말고 먼저 우리의 가장 큰 원수 되는 속임을 버리고 각 개인의 가슴 가운데 진실과 정직을 모시어야 하겠습니다."라고 했다.

도산은 나라가 망한 원인은 힘이 없기 때문이며, 힘은 경제력(금전의 자본), 지식과 기술(지식의 자본), 정직성(신용의 자본)으로 이루어지며, 그중에서도 신용의 자본, 즉 인격의 힘이 가장 기초가 된다고 보았다. 결국 나라를 망하게 한 가장 큰 원수는 거짓이라는 것이다.

정직은 단순한 윤리적 덕목을 넘어서 참된 힘의 기초임을 일깨운 말이다. 그런데 힘은 하루 이틀에 생겨나는 것이 아니다. 도산은 민족의 힘을 기르기 위한 원대한 계획을 세우고 전 분야에 걸쳐 총체적인 접근을 시도했다. 교육, 정치, 언론, 군사, 외교, 실업, 사법, 통일, 문화, 어느 것 하나도 소홀히 한 것이 없다. 그러나 무슨 일을 하든 근간이 되는 것은 '인격혁명'임을 절감했다. 그래서 "속이지 말자! 놀지 말자!"라는 말을 입에 달고 살았다. "거짓이여! 너는 내 나라를 죽인 원수로구나. 군부의 원수는 불공대천이라 했으니, 내 평생 죽어도 다시는 거짓말을 아니 하리라." 다짐하고 평생을 그렇게 살았다.

오늘날 우리의 현실은 어떠한가? 50여 년 전만 해도 세계에서 가장 가난한 나라, '한국에서 민주주의가 꽃피기를 기대하는 것은 쓰레기 더미에서 장미꽃이 피기를 바라는 것과 같다.'고 했던 나라, 대한민국이 세계가 놀랄 만한 발전을 이룩하여 경제성장과 민주화에 성공하였고, 제2차 세계 대전 후 원조를 받는 나라에서 주는 나라로 바뀐 유일한 나라가 되었다. 그럼에도 불구하고 여전히 한 나라의 부패 정도를 나타내는 국제투명성 지수에서는 40위권을 넘어서지 못하고, 의회폭력과 무질서 세계 1위인 나라, 세계 유일의 분단국가로 남아 있다. 이런 것들이 선진 일류국가 진입의 최대 걸림돌이 되고 있다. 도산이 그토록 외친 정직과 단결과 통일은 여전히 우리의 과제로 남아 있다. 그것은 거짓과 분열을 큰 문제로 보지 않고 사소한 문제로 보기 때문이다. 큰 목적을 위하여 작은 거짓은 허용해도 된다는 생각이 없어지지 않기 때문이다. 진실과 정직을 가장 소중한 핵심가치로 받들지 않기 때문이다.

도산 안창호는 민족의 운명이 가장 암울했던 시기에 지극히 평범한 인간으로 태어나 조국의 광복과 새로운 민주공화국 건설의 꿈을 실현하기 위하여 온몸과 마음을 던졌다. 그 과정에서 어떤 어려운 상황에 처해서도 정직과 성실, 관용과 화합의 모범을 보인 비범한 삶을 살았다. 그는 참된 교육자의 본보기, 화합하는 정치인의 본보기, 진실한 언론인의 본보기, 정직한 경영인의 본보기, 탁월한 웅변가의 본보기, 성실한 평생학습자의 본보기, 전형적인 서번트 리더십의 본보기를 보여 주었다. 그런 점에서 도산의 삶은 세계에 내놓아도 손색이 없는 민주시민교육의 텍스트라고 할 만하다.

이 책은 안창호의 참 모습을 그려보려고 필자 나름대로 노력한 결과의 일부분이다. 도산의 전모를 파악하기에는 미흡한 점이 많다. 하물며 당대 최고의 문장력을 자랑하는 춘원이 오랜 시간 도산을 측근에서 경험하고 쓴 『도산 안창호』 만큼의 감동을 전한다는 것은 더욱 기대하기 어렵다. 그 때문에 선뜻 책을 내지 못하고 주저하는 사이에 많은 세월이 흘렀다. 그럼에도 책을 내기로 용기를 낸 몇 가지 이유가 있다. 첫째는 춘원의 글이 오늘날 한글세대의 감각에 잘 맞지 않는다는 점이고, 둘째는 그가 일제 말기에 친일을 했다는 사실이 부담을 준다는 점이며, 셋째는 나 자신도 더 이상 미루고만 있을 수 없기 때문이다. 이런 이유로 춘원의 저서를 대체할 수 있는 좀 더 완벽한 전기를 쓰는 일은 후속 과제로 남겨두고 그동안 준비한 자료와 발표했던 논문들을 정리하여 출판하기로 했다.

제1장의 '생애와 업적' 부분은 이번에 대폭 수정 보완했고, 제2장부터 제7장까지의 글은 학술지에 논문으로 발표했던 글 중에서 6편을 선정하여 단행본의 편제에 맞추어 새롭게 수정하고 다듬었다. 각각의 출처는 참고문헌 목록에 소개되어 있으므로 본문에서는 따로 표시하지 않았다. 무엇보다 한글세대의 청소년들이 쉽게 읽을 수 있도록 하는 데 초점을 맞추었다.

아무쪼록 이 책이 널리 읽혀서 많은 독자들이 도산과의 만남을 통하여 내가 받은 감동의 일부라도 공유할 수 있기를 바란다. 또한 도산이 온 삶을 통하여 보여 준 '서번트 리더십'이야말로 21세기가 요구하는 참된 리더십의 전형이라는 것을 인식하고, 나아가서 도산이 그토록 염원했던 정직과 신뢰와 협동이 모든 국민의 삶의 원리가 되어 대한민국이 정직성과 투명성에 있어서도 세계의 모범이 될 수 있기를 기대해 본다.

2010년 3월

저자 박의수

차 례

1장 _ 생애와 업적

기미년 3 · 1운동이 일어난 다음 해인 1920년 1월 3일 상해 임시정부 주최로 교포들의 신년축하회가 열렸다. 기념식에 이어 도산 안창호의 시국대강연회가 열렸다.

> 오늘날 우리나라에는 황제(皇帝)가 없나요? 있소. 대한 나라에 과거에는 황제가 일인(一人)밖에 없었지마는 금일에는 이천만 국민이 다 황제요. 제군이 앉은 자리는 다 옥좌며 머리에 쓴 것은 다 면류관이외다. 황제란 무엇이요? 주권자를 이름이니 과거의 주권자는 유일(唯一)이었으나 지금은 제군이 다 주권자외다. 과거에 주권자가 일인이었을 때는 국가의 홍망은 일인에 있었지마는 지금은 인민 전체에 있소. 정부 직원은 노복(奴僕)이니 이는 정말

> 노복이오. 대통령이나 국무총리나 다 제군의 노복이외다. …… 정부 직원은 인민의 노복이지마는, 결코 인민 개인의 노복이 아니요, 인민 전체의 공복(公僕)이오. 그러므로 정부 직원은 인민 전체의 명령을 복종하려니와 개인의 명령을 따라 마당을 쓰는 노복은 아닐 것이오(주요한, 1999: 655).

이렇게 시작된 연설은 2일에 걸쳐 장장 5시간이나 계속되었다. 거침없이 펼쳐지는 새로운 민주공화국의 비전과 독립운동 6대 방략은 청중의 몸과 마음을 사로잡았다. 민주주의가 무엇인지 공화국의 개념이 무엇인지도 잘 모르던 시절에 새로운 공화국의 정부 형태와 국민의 권리와 의무에 대하여 도산 특유의 쉽고도 설득력 있는 언어로 마치 큰 강물이 도도히 흘러가듯 이어졌다. 평야를 만나 잔잔히 흐르는가 하면 문득 소용돌이치며 물보라를 일으키기도 하고 때로는 폭포가 되어 굉음을 내며 낭떠러지를 떨어지는 형국이었다.

> 평화 수단을 주장하는 이나 전쟁을 주장하는 이나 그 충성은 하나요. 평화론자는 말하기를, …… 피아의 형세를 비교하건대 전쟁은 계란으로 바위를 치는 격이라, 차라리 세계의 여론에 호소함만 같지 못하다 하오. 주전파는 말하기를, 남은 남의 독립을 위하여도 싸우거늘 제가 제 나라 독립을 위하여 싸움은 당연한 일이 아니요. ……
>
> 그러나 함부로 나갈까, 준비를 완성한 후에 나갈까. 혹 말하

> 기를 혁명사업은 타산적으로 할 수 없나니, 준비를 기다릴 수 없다 하오. 그러나 준비는 필요하오. 물론 나의 준비라 함은 결코 적의 역량에 비할 만한 준비를 칭함이 아니나, 그래도 절대로 준비는 필요하오. ……
>
> 군사 한 명에 1일 20전이라 하여도 만 명을 먹이려면 1개월에 6만 원이나 되오. 준비 없이 개전하면 적에게 죽기 전에 굶어서 죽을 것이오. …… 과거 10년간에 못 나간 것은 준비한다 하여 못 나간 것이 아니오. 나간다 나간다 하면서 준비 아니 하였기 때문에 못 나간 것이오. 나간다 나간다 하는 대신에 준비한다 준비한다 하였던들 벌써 나가게 되었을 줄 믿소(주요한, 1999: 657).

우리 역사에는 수많은 위인 · 열사 · 의사 · 지사들이 있었다. 그들은 각각 그 시대의 선각자로, 암울했던 시대에 겨레가 나아갈 방향을 제시해 주었고, 실의와 좌절에 빠진 민족에게 희망과 용기를 주었다. 비록 그들의 육신은 스러진 지 오래지만 그들이 남긴 교훈과 정신은 면면히 계승되어 겨레의 가슴속에 살아 있다. 도산은 그런 민족의 선각자들 중에서도 근세사에 우뚝 솟은 민족 정신사의 거봉이라고 할 수 있다.

흔히 독립운동가로서, 정치가로서, 교육자로서, 사업가로서, 언론인으로서, 혹은 뛰어난 웅변가로서 도산의 위대함을 칭송한다. 그러나 그는 각 분야의 능력이나 업적도 탁월하지만, 민족의 앞날이 가장 불투명하고 절망적이었던 시절에 겨레 앞에 분명한 '비전'을 제시하고, 그것을 가장 합리적이고 실현 가능한 방법으로 온몸과 마음을 바쳐 실천한 솔선수범의 지도자라는 점에서 민주적 리더십의 본보기이며 영원한 겨레의 스승으로 추앙받는다.

도산은 "거짓이여! 너는 내 나라를 죽인 원수로구나. 군부(君父)의 원수는 불공대천(不共戴天)이라 하였으니, 내 평생에 죽어도 다시는 거짓말을 아니 하리라." 하면서 자신이 먼저 정직하기를 다짐했다. 그리고 "모든 일중에 급하고 급한 것이 통일이요, 구하고 구할 것이 통일"이라고 화합과 단결을 강조했다. 그러나 오늘날 우리 사회는 여전히 거짓과 부정과 부패로 오염되어 곳곳에서 악취를 풍기고, 계층과 지역과 파벌 간의 대립과 갈등이 국가와 사회의 발전을 가로막고 있다.

우리가 참으로 나라를 사랑하고 투명하고 건전한 사회를 만들고자 한다면 '작은 일부터, 나부터' 정직하고 협동하며 봉사하는 삶을 실천해야 한다. 말만으로 통일을 외치고 정직을 논하는 사람들은 많다. 그러나 그것을 내면화하고 체질화하여 삶을 통하여 일관되게 실천하는 사람은 드물다.

우리가 오늘날 다시금 도산의 삶과 사상과 리더십에 관심을 갖게 되는 것은 그 때문이다. 평범하게 태어난 한 인간이 역사의 소용돌이 속에서 파란만장한 삶을 살면서도 어떻게 자신의 원칙을 일관되게 지킬 수 있었는가? 한 인간의 삶을 위대하게 하는 것은 무엇인가? 한 세기 전에 살다 간 도산의 삶을 통하여 오늘을 사는 우리가 캐내야 할 보석은 무엇인가? 이제 그의 생애와 업적을 추적해 보면서 이 물음에 대한 해답을 찾아보기로 하자.

1. 꾀 많은 소년

안창호(安昌浩)는 1878년 11월 9일 평안남도 강서군 초리면 대동강 하류에 있는 도롱섬(봉상도)에서 안흥국(安興國)의 셋째 아들로 태어났다. 이른바 '강화도조약'으로 굳게 잠겼던 문이 열리자 외국의 문물과 세력이 한반도에 밀려들기 시작한 지 2년이 지난 때다. 안흥국은 고려 말의 뛰어난 학자 안향의 후손이지만, 여러 대에 걸쳐 벼슬을 못하여 주로 농사를 지으며 가끔 동네 서당에서 아이들을 가르치며 생계를 유지했던 것으로 전해진다. 안창호가 일곱 살되던 해에는 아버지가 세상을 떠나고 어머니와 큰형의 노동으로 연명하며, 엄격한 할아버지의 가정교육을 받으며 자랐다. 1884년부터 1894년 평양을 떠날 때까지 국수당, 노남리, 심정리로 세 번이나 이사를 했다. 소년 안창호는 소먹이는 일을 하여 생계를 도우는 틈틈이 할아버지에게 천자문을 배운 후, 서당에 다니며 한문을 공부했다. 노남리에서는 후일 장인이 될 이석관에게 한문의 기초를 배우고, 심정리에서는 김현진으로부터 한학을 공부했다.

이처럼 안창호의 어린 시절은 대체로 평범하게 흘러갔으나, 이석관이 일찍부터 사윗감으로 점찍을 만큼 총명했던 것 같다. 이 무렵의 몇 가지 일화는 그가 꾀 많은 장난꾸러기 소년이었지만 한편으로 매우 주도면밀한 성격의 소유자임을 짐작케 한다.

그는 가끔 16km쯤 떨어진 고모네 집을 방문하는 것이 즐거움의 하나였으나 그것도 할아버지의 허락을 받아야 하는 일이었다.

창호는 한 가지 꾀를 내었다. 할아버지와 친하게 지내는 이웃 할머니에게 부탁했다.

"우리 할아버지 만나시거든 제가 고모님 댁에 갔다고 말씀해 주세요."

그 말을 전해들은 할아버지의 반응을 보고, 크게 화를 내지 않으면 다녀오고 심하게 화를 내면 그만둘 생각이었다. 그렇게 하여 할머니로부터, "그놈 거긴 또 무엇 하러 갔담!" 하며 할아버지가 그다지 노하지 않더란 말을 들으면, 고모네 집에 가서 며칠 놀다가 오곤 했다. 안창호가 '무정한 사회와 유정한 사회' 라는 글에서, "나는 어렸을 때 산에 가 놀기를 제일 좋아하였는데, 종일 놀다가 돌아올 때는 매 맞을 생각에 떨면서 돌아왔습니다."라고 한 것을 보면 가정의 분위기를 짐작할 만하다.

또 어느 해 여름에는 참외가 먹고 싶은 데 돈이 없어 원두막으로 뛰어가 주인에게 "우리 할아버지께서 나를 때리려고 좇아오시니 참외밭 속에 좀 숨겨주시오." 하고, 참외밭에 들어가 엎드려 참외를 실컷 먹고 나왔다. 이 일은 나중에 어머니께 발각되어 심한 꾸중과 함께 종아리를 맞고, 절대 거짓말을 하지 않겠다는 다짐을 하는 계기가 되었다고 전해진다.

2. 삶을 바꾼 위대한 각성

평범한 시골 소년 안창호가 16세 되던 1894년에 일어난 청일전쟁은 그의 삶에 일대 전환을 가져오게 된 충격적인 사건이었다. 메이지유신으로 일찍부터 서구 문물을 받아들여 힘을 키운 일본은 대륙진출의 야욕을 가지고 먼저 조선을 손아귀에 넣으려고 1876년 강화도조약을 체결한 후 다양한 방법으로 조선에서의 영향력을 키우고 있었다. 마침내 조선에 대한 지배권을 놓고 일본이 청나라와 전쟁을 치르게 되었다. 졸지에 평양시가지는 전쟁터로 변하고 가옥이 불타고 유서 깊은 고적들이 파괴되는가 하면 시민들은 피난길에 올라야 했다.

이런 참상을 보는 소년 안창호의 마음속에는 몇 가지 의문이 떠올랐다. "왜 청국과 일본이 전쟁을 하는데 우리 땅에서 싸운단 말인가?" "왜 우리는 두 나라의 틈바구니에서 속수무책으로 당하고만 있어야 하는가?" 분한 마음에 잠을 이룰 수가 없었다. 창호는 믿고 따르던 고향 선배 필대은(畢大殷)을 만나 이런 심경을 토로하며 밤을 새워 토론을 했다. 필대은은 안창호보다 3, 4살 위의 인물로 일찍부터 새로운 학문에 접하여 국내외 정세에 상당한 식견을 지닌 보기 드문 선각자였다. 도산은 평소에 그를 통하여 국내외 정세와 민족의식에 눈뜨게 되었고 필대은 역시 도산의 총명함과 성실함을 존중했다. 안창호는 필대은과의 대화를 통하여 어렴풋이 짐작했던 나라의 비극적 운명이 확실한 현실로 다가오고 있다는 것을 실감했다.

도산은 드디어 하나의 결론에 도달했다. "외국이 마음대로 우리 강토에 들어와 짓밟는 것은 우리에게 힘이 없기 때문이다." 청일전쟁의 충격은 평범한 농촌 소년으로 하여금 지게를 벗어던지고 교육과 민족운동에 일생을 바치게 하는 위대한 각성의 계기가 되었던 것이다.

또한 이러한 '힘'에 대한 각성은 후일 '힘의 철학'과 '3대 자본 축적론'으로 발전하게 된다. 모든 크고 작은 일은 힘의 소산이며, '힘'의 중요한 요소는 지식과 경제력과 신용이며 힘 있는 개인, 부강한 나라를 만들기 위해서는 지식의 자본, 금전의 자본, 신용의 자본을 저축해야 한다는 것이 그 핵심 내용이다. 세 가지 중에서도 정직과 성실을 바탕으로 하는 신용의 자본, 즉 인격이 가장 근본이 되는 것이라고 생각했다.

위대한 각성은 곧 행동으로 옮겨졌다. "나부터 힘을 길러야 한다."고 생각한 창호는 1895년 전쟁이 끝날 무렵 삼촌에게 여비 10원을 얻어 서울로 올라갔다. 서울 거리를 돌아다니던 어느 날 정동 거리를 지나다가 "우리 학교에 오면 공짜로 먹여주고, 재워주고, 공부도 시켜 준다."는 말을 듣고, 처음엔 서양의 예수교인이 운영하는 학교라 그다지 내키지 않았으나 여비도 떨어져 의탁할 데가 없던 안창호에게는 달리 선택의 여지가 없었다. 여러 날 고민 끝에 안창호는 미국인 선교사 언더우드(H. G. Underwood)가 세운 구세학당(밀러학당)에 입학하여 1895년(17세)부터 약 2년 동안 보통반과 특별반을 이수하면서 산수, 세계지리, 과학 등의 새로운 학문을 공부하고 기독교에 입문했다.

그 당시 교장이었던 밀러(F. S. Miller) 목사의 보고서를 통하여 우리는 안창호의 학교생활과 사람됨을 엿볼 수 있다. "안창호는 자기 위치에서 훌륭한 진전을 보였고, 실제로 학당은 평양에서 온 이 소년의 열정과 활기 덕분에 새로운 기관이 된 것 같았다." 그리고 "창호는 그의 주위에 학당의 최선의 요소를 불러 모았고, 그의 열정과 활기를 다른 소년들에게 전파시키려고 노력했다."라고 기록되어 있다(전집 5: 74). 또 한 번은 밀러가 창호의 요청에 따라 새해를 맞아 옷을 세탁하고 수선하도록, 나중에 갚으라고 말하면서, 3원을 빌려주었다. 수주일이 지난 후에 헌 옷을 그대로 입고 있는 안창호를 의아하게 생각한 밀러는 "오래전에 네게 빌려 준 돈을 어디에 썼느냐"고 물었다. 창호는 "그 돈을 벌어서 갚을 수 있을 때까지 당신이 요구하면 언제든 돌려드릴 수 있도록 내 상자에 보관하고 있습니다."라고 대답했다. 이때 창호가 속임수를 쓴 것으로 의심했던 밀러는 창호의 대답을 듣고 눈물이 났다고 한다(전집 5: 64-75). 그러나 우리는 이 일화에서 도산의 또 다른 모습을 발견하게 된다. 비록 돈을 빌렸지만 갚을 수 있는 확실한 대책을 마련한 후에야 사용하려 했다는 점이다. 여기서 우리는 철저하고 주도면밀한 도산의 성품을 읽을 수 있다. 대책 없이 신용카드를 긁어대고 신용불량자가 되는 그런 짓은 하지 않겠다는 것이다. 평생 무슨 일을 하던 대책 없이 일부터 저지르는 것이 아니라, 철저한 대비책을 마련하고 주도면밀한 계획 하에 실행하는 도산의 업무추진 방법은 이미 이때부터 형성된 것으로 보인다.

3. 독립협회와 쾌재정 연설

원래가 총명한데다 서당에서 유학을 공부한 기초 위에 이루어진 약 2년 동안의 학교교육은 안창호로 하여금 새로운 세계에 눈뜨게 하였다. 나아가서 더 넓은 세상에서 마음껏 꿈을 펼칠 희망을 품게 되었다. 그런데 구세학당을 졸업하고 잠시 조교로 근무하다가 고향에 돌아온 안창호에게 전혀 뜻하지 않은 일이 기다리고 있었다. 할아버지가 어린 시절 서당에서 안창호를 가르쳤던 이석관의 딸 혜련을 손자며느리로 맞아드리기로 결정을 했던 것이다. 당사자의 생각은 전혀 아랑곳없이 어른들끼리 약속을 했던 것이다. 그때 창호의 나이 만 18세, 혜련은 12세였다.

창호는 이석관을 찾아가 파혼을 주장했다. 이유는 종교가 다르다는 것이다. "저는 예수를 믿는데 선생의 가족은 믿지 않으니, 어떻게 혼인할 수 있습니까?" 했다. 그랬더니 이석관은 곧 가까운 교회에 가서 전 가족이 세례를 받았다. 그러나 창호는 또 다른 문제를 제기했다. "저는 공부를 했고 앞으로 더 많은 공부를 할 생각인데, 따님은 낫 놓고 기역자도 모르니 이상적인 가정을 이루기 어렵습니다."라고 했다. 참으로 당돌한 주장이다. 창호는 생각했을 것이다. "어차피 되돌릴 수 없는 상황이라면 이 기회에 아내가 될 이혜련도 공부를 시키자." 대답은 예상대로였다. "그럼 우리 딸도 공부를 시키면 되지 않겠나. 자네가 맡아서 잘 도와주게!" 어려서부터 안창호의 사람됨을 보아온 이석관으로서는 놓치기 싫은 사윗감이며 또한 그만큼 믿음이 갔기 때문이리라.

장인이 될 이석관과 조부의 승낙을 받은 창호는 1897년 약혼녀와 누이동생 신호를 데리고 서울에 와서 정신여학교에 입학시켰다. 그러나 안창호에게는 새로운 운명이 기다리고 있었다. 그 무렵 미국에서 돌아온 서재필 박사는 독립협회를 조직하고 독립신문을 발행하고, 만민공동회를 개최하는 등 조선의 개화와 계몽을 위하여 활발한 운동을 전개하고 있었다. 안창호는 필대은과 함께 독립협회에 가입하여 관서지부의 책임을 맡고 평양에서 만민공동회를 개최했다.

1898년 7월 25일 대동강 가에 있는 쾌재정(快哉亭) 앞, 평양성이 생긴 이래 처음으로 관리와 백성, 남녀노소가 함께 모이는 문자 그대로 '만민공동회'가 열리는 날이다. 드디어 무명 두루마기를 입은 한 총각이 연단 앞으로 나서서 여유 있게 청중을 둘러보더니 천천히 입을 열었다.

"쾌재정, 쾌재정 하기에 무엇이 쾌재인가 했더니 오늘 이 자리야말로 쾌재를 부를 자리입니다." "오늘은 황제폐하의 탄신일인데, 우리 백성들이 이렇게 한데 모여 축하를 올리는 것은 전에 없던 일이니, 임금과 함께 즐기는 군민동락(君民同樂)의 날이라, 이것이 첫번째 유쾌함이요."

처음에 술렁거리던 청중들이 갑자기 조용해지기 시작했다. 청년 연사는 계속 말을 이어나갔다.

"감사 이하 높은 관원들이 이 축하식에 우리들과 자리를 함께 하였으니 관민동락이라 또한 쾌재가 아닐 수 없습니다."

"남녀노소 구별 없이 한데 모였으니 만민동락이라, 더욱 유쾌한 일이니 이것이 오늘 쾌재정의 세 가지 유쾌함입니다."

이는 '쾌재정' 이라는 정자의 이름과 '만민공동회' 의 명칭을 절묘하게 배합하여 표현한 뛰어난 수사법이 아닐 수 없다. 이어서 그는 정부 관리들의 무책임, 부패한 관리들의 착취, 양반 관료들의 사치와 향락 등을 세 가지를 불쾌한 일로 대비시키면서 정부의 무능함과 공직자들의 부정부패를 차례로 질타하며 연설의 강도를 높여갔다. 연설이 끝나자 청중들은 평생 처음 들어보는 연설에 박수와 갈채를 보내며 감동과 공감을 표시했다.

그 총각 연사가 바로 안창호임은 두말할 필요가 없다. 아쉽게도 그 연설 내용의 전모를 알 수는 없으나 도산의 성품과 성향으로 보아 대안 없는 비판만으로 끝났을 리는 없다.

이미 도산은 무명의 농촌 총각이 아니다. 신문도 라디오도 없던 시절이지만 "발 없는 말이 천리를 간다."는 속담처럼 때로는 입에서 입으로 전하는 소문이 더 빠르고 멀리 가기도 한다. 이리하여 도산은 대 웅변가로 유명 인사가 되어 독립협회의 단골 연사로 활약했다.

그러나 얼마 가지 않아 친일 단체인 황국협회의 방해로 독립협회는 해산되고, 1899년 안창호는 고향으로 돌아와 평양 강서군 동진면에 점진학교(漸進學校)를 세웠다. 이 학교는 한국인이 세운 최초의 남녀공학을 하는 초등학교로 기록되어 있다. '점진' 이라는 학교의 이름에는 실력양성을 위한 도산의 방법론적 철학이 담겨 있다. 점진은 단순히 급진의 반대 개념이 아니라 계획을 세워 차근차근

쉬지 말고 꾸준히 실천해나가자는 뜻이다. 점진학교는 최광옥, 이석원 등이 교원으로 있었으며 교풍이 엄격했다고 전한다. 이 무렵 그는 강변의 매립사업도 함께 추진하였다(주요한, 1999: 58-63).

4. 청운의 뜻을 품고 미국으로

안창호는 학교를 운영하면서 한편으로 미국 유학을 위한 준비를 구체적으로 추진하였다. 역시 가장 큰 문제는 여비를 마련하는 일이었다. 한편, 이 소식을 듣고 놀란 사람은 다름 아닌 이석관과 그의 딸 혜련이었다. 그는 딸에게 "이번에 함께 가지 않으면 아주 잃어버릴 테니 따라 가라." 고 하고, 창호에게는 함께 갈 것을 권했다. 안창호는 여비도 그렇고 공부하는 데 방해가 된다는 이유로 거절했다. 이혜련의 회고에 의하면, 공부를 마치고 '10년 후에 돌아와서 혼인하겠다.' 고 했다 한다(주요한, 1999: 62). 어떻든 이혜련 부녀의 간청과 회유와 언더우드와 밀러까지 동원한 압력에 안창호는 결국 고집을 꺾을 수밖에 없었다. 여러 사람의 도움으로 여비를 마련하고 인천에서 배를 타기 하루 전에 안창호와 이혜련은 밀러 목사의 주례로 제중원에서 결혼식을 올렸다. 안창호의 입장에서는 고생길이 빤히 보이는 이국 땅에 아무런 대책도 없이 약혼녀를 데리고 간다는 것이 내키지 않는 일이었을 것이나, 어린 딸을 한사코 딸려 보내려는 아버지도, 사랑하는 가족들을 떠나 따라가겠다고 나서는 이혜련의 용기도 상식을 초월하는 것이었다. "도산 선생은 신비스러운

남성이었습니다. 만나면 도무지 말이 나오지 않고 돌아서면 한없이 곱기만 했답니다." 만년의 이혜련으로부터 필자도 직접 들은 말이다. 이런 숭고한 사랑이 한평생 헌신적으로 남편을 뒷바라지한 힘으로 작용한 것이 아닐까?

1902년 9월 도산은 갓 결혼한 아내 이혜련을 데리고 미국 유학길에 올랐다. 그의 나이 24세, 교육학을 공부하고 돌아와 교육자가 되겠다는 것이 그의 유학 목적이었다. 인천항을 출발하여 일본을 거쳐 여러 날 망망대해를 항해하던 중에 하와이가 나타났다. "아, 육지다. 드디어 미국 땅이다." 오랜 항해 끝에 만난 섬 봉우리(島山)가 그렇게 반가울 수가 없었다. '도산' 이라는 아호는 이때 만들어진 것이다. 그리하여 샌프란시스코에 도착한 것이 10월 14일이었다.

도산은 생계를 위하여 먼저 미국인 의사의 집안일꾼(houseboy)으로 일하면서 초등학교에 입학했다. 미국의 교육제도를 철저히 체험하고 기초부터 다지기 위해서다. 그런데 어느 날 신문기자가 와서 동양에서 온 '기특한 노학생'을 취재하여 신문에 게재한 것이 화근이 되었다. 18세 이상은 입학이 허락되지 않는 그 학교의 규칙을 적용하여 교장이 퇴교를 명했다. 그리하여 도산은 지역 교육위원회에 찾아가 사정을 하기도 하고, 다른 학교를 찾아가 설득을 해 보았으나 모두 허사였다.

이를 지켜보던 하숙집 주인 영감이 딱한 마음에 "당신은 동양사람이라 나이도 어려 보이니 정직하게 나이를 말하지 말고 17살이라고 하면 되지 않느냐?" 하고 권했다. 도산은 이 말을 듣고 "입학을 못하면 그만이지 나이를 속일 수는 없다."고 단호하게 말했다. 그러나 세 번째 찾아간 학교에서 마침내 입학허가를 얻었다. 그 학교 교장은 "17세까지 입학을 허가한다는 것은 미국 학생에 국한하는 것이지 동양 사람에게까지 적용할 필요는 없지 않느냐"는 대답이었다.

그 무렵 샌프란시스코에는 약 20명의 한국인 교포들이 있었으나 유학을 목적으로 온 몇 명을 제외하고는 대개 인삼장수로 생계를 이어가고 있었다. 이들은 상투를 틀고 중국인삼을 고려인삼이라고 속여 파는가 하면, 집에 돌아오면 술을 먹고 싸우는 것이 일과처럼 되어 있었다.

그곳에 도착한 지 얼마 되지 않은 어느 날, 도산은 길에서 인삼장수 두 사람이 서로 상투를 잡고 싸우는 것을 보았다. 주위에는 백인들이 둘러서서 재미있다는 듯이 구경하고 있었다. 도산이 싸움을 말리고 까닭을 물어보니 서로 상대방의 구역을 침범했다는 것이다. 그 사건을 계기로 도산은 교포들의 생활 상태를 둘러보고 한국인의 체면을 유지하기 어려울 정도라는 것을 깨달았다.

"이것은 국가의 수치다. 미국 사람들이 한국인을 야만으로 보고 한국은 독립할 자격이 없는 민족으로 볼 것이다. 이들을 지도하여 모범이 되게 해야만 한국이 독립할 자격이 있다는 것을 세계에 알릴 수 있을 것이다."

도산은 비록 자신의 공부가 늦어지는 한이 있더라도 교포들의 생활 개선과 일자리 주선이 시급하다고 생각하고, 이 뜻을 새로운 동지 이강 · 정재관 · 김성무 등에게 알렸다. 그들도 환영하며 세 사람이 일을 더하여 도산의 생활비를 댈 터이니 동포들을 지도하는 사업에 전력하라고 했다.

이리하여 도산의 희생적인 삶이 시작되었다. 그는 먼저 비를 들고 동포들이 거처하는 집 안팎을 쓸고, 유리창을 닦고, 커튼을 만들어 달고, 창틀과 문 앞에 화분을 놓고 꽃씨를 심었다. 도산의 이런 행동을 처음에는 의아스럽게 생각하고 거절하던 동포들도 점차 마음을 열게 되었다. 도산의 손은 주방과 화장실에까지 구석구석 미치지 않는 곳이 없었다. 얼마 안 가서 동포들의 생활모습이 눈에 띄게 달라졌다. 겉모습이 달라지자 마음까지 새로워졌다. 어느새 그들은 의복도 청결해지고 면도도 자주하고 이웃을 의식하여 말소리도 낮추고 냄새나는 음식도 자제하게 되었다.

"왜 남의 눈치를 보고 살아야 하느냐" 고 고집을 부리던 사람들도, "이웃을 위하는 것이 문명인의 도리요, 여기서 한국인이 미국인을 불쾌하게 하면 미국은 한국인 전체를 불쾌하게 생각할 것" 이라는 도산의 말에 고개를 끄덕이기 시작했다. 이어서 인삼장수들을 설득하여 서로 행상 구역을 공평하게 나누고 격월로 구역을 서로 바꾸고, 인삼 값도 서로 협정하여 불필요한 경쟁으로 손해를 보지 않도록 했다.

이런 생활이 약 1년이 지나자 동포들의 생활은 놀랄 만큼 달라졌고, 이런 사실을 알게 된 어떤 미국인 기업가가 관심을 갖게 되었다. 한국에서 온 지도가 있다는 말을 듣고 도산을 만나기를 원했다. 도산을 직접 만나본 그 미국인은 도산이 아직 새파란 청년임을 보고 더욱 놀라고 신뢰하게 되었다. 그는 자기 집에 세든 한국인들의 집세를 깎아주는가 하면 동포들의 모임을 위하여 회관을 무료로 제공하기도 했다. 이것은 작지만 매우 의미 있는 일이다. '작은 일부터, 나부터' 실천을 통하여 모범을 보이는 것이 도산 리더십의 특징이며, 그의 첫 번째 성공요인이다.

그렇게 하여 1903년 9월 23일 10여 명의 동포들로 최초의 미주지역 한인친목회가 결성되고 도산이 회장을 맡았다. 이는 나중에 '공립협회' 로 발전하고, 다시 '대한인국민회' 로 성장하게 된다.

그 무렵 하와이로 노동이민을 온 한국인들이 새로운 일자리를 찾아 LA로 모여든다는 소식을 듣고 도산은 그들의 일자리 주선을 위하여 LA의 리버사이드(Riverside)로 이사를 했다. 현지에 도착하여 도산은 가사 고용인으로 일하면서 아내는 학교에 보내고 이강 · 임준기 두 동지와 함께 현지의 사정을 파악했다. 모여든 한국인들이 일본인이 경영하는 농장에서 귤 따는 일을 하고 있는데, 주인의 차별대우 때문에 일거리를 얻기가 어렵다는 것을 알게 되었다.

"하늘은 스스로 돕는 자를 돕는다." 고 했던가? 이곳에서도 도산의 성실성은 세든 집주인의 마음을 움직였다. 그의 후원으로 별도의 노동주선캠프를 설립하게 되었다. 한국인 노동자들이 더욱 늘어나자 이들의 영어교육을 위하여 도산은 별도의 집을 얻어 야학을 열고 이웃 교회의 목사에게 부탁하여 자원봉사할 선생을 모집해 왔다. 또한 동포들의 자치를 위하여 18명의 한인들이 모여 공립협회를 조직하였고 회원은 곧 35명이 되었다. 공립협회는 생활지도와 자체보안을 위하여 경찰을 두기로 했다. 어떤 동포는 이를 '도산선생의 공화국' 이라고 했다. 이처럼 자립의 토대가 마련되자 5명의 동포들이 "선생님, 이만하면 우리끼리 해나갈 토대가 마련되었으니, 선생님의 귀중한 시간은 더 큰 일을 위하여 쓰셔야 하겠습니다." 라고 하면서 다섯 사람의 수입의 일부를 활동비로 지원하겠다고 했다. 몇 차례 사양하였으나 마침내 도산은 그들의 뜻을 받아들여 다시 샌프란시스코로 돌아갔다.

그리하여 1905년 4월 5일 도산의 지도로 샌프란시스코에 공립협회가 설립되고, 안창호가 초대 회장을 맡았다. 공립협회의 주된 사업목적은 상부상조와 조국광복이었다. 11월 14일에 3층집을 회관으로 사들이고, 20일부터 「공립신보」를 발행했다. 리버사이드의 공립협회는 지회로 편입되었고, 그 후 오클랜드를 비롯한 몇 개 지역에 지회가 설립되고, 1908년에는 시베리아와 만주지역에 까지 지회가 설립되었으며, 1909년에는 대한인국민회로 개편되어 명실상부한 해외 동포들의 대표기구로 발전했다. 1905년 을사조약 체결로 외교권을 일제에게 박탈당한 후에는 공립협회가 태극기를 걸고 한국 교포들의 외교적 대표기관의 역할을 했다.

캘리포니아 지역 교포들의 주된 생계는 노동이었고, 대부분의 교포들이 오렌지 농장에서 일을 했다. 그래서 도산은 항상 "미국 농장에서 귤 한 개를 정성껏 따는 것이 나라를 위하는 길이다."라고 강조했다. 언제나 몇몇 신용 없는 교포들이 전체 한국인의 신뢰를 떨어뜨린다. 더러는 다른 지역에서 빚을 지고 도망해 온 사람들도 있었다. 이들에게는 먼저 있던 곳에 편지로 빚진 금액을 확인하여 품삯을 주는 날 조금씩 떼어서 빚을 갚아가도록 하였다. 이러한 도산의 가르침은 마침내 효과로 나타나게 되었다. 농장 주인들은 한국인들이 "귤 한 개를 따도 자기 일처럼 정성을 다한다."는 것을 알게 되었고, 한국인들에 대한 믿음은 더욱 높아졌다. 따라서 동포들의 생활도 한결 윤택해졌음은 말할 나위도 없다. 정직과 신용이 곧 경제적 이익으로 돌아온다는 것을 몸소 체험하게 된 것이다.

5. 국내에서의 실력 양성 운동

도산이 미국 땅에서 동포들의 생활 향상을 위하여 동분서주하는 동안에도 조국은 점차 일제의 식민지 지배 속으로 빠져들고 있었다. 1904년 러일전쟁으로 러시아마저 제압한 일본은 1905년 을사늑약을 체결하여 한국의 외교권을 박탈하고 통감부를 설치함으로써 한국의 주권은 일본의 손으로 넘어간 셈이다. 또한 일본은 영국과 '영일동맹'을 체결하고, '태프트-가쓰라 밀약'으로 불리는 비밀조약을 미국과 체결함으로써 강대국들로부터 조선 지배권을 인정받은 셈이다. 일제의 침략에 맞서 뜻있는 유생들이 애국계몽운동과 의병운동으로 대항하고 있었으나 일제의 치밀하고 간교한 시나리오에 따라 일부 친일파들의 협조로 진행되는 조선 침탈의 과정을 저지하기에는 역부족이었다.

이미 자신의 삶을 온통 동포와 조국을 위하여 내어놓은 도산이 바람 앞에 등불처럼 가물거리는 조국의 현실을 멀리서 바라보고만 있을 수는 없었다. 도산은 이강 · 임준기와 머리를 맞대고 여러 날 논의를 거듭한 끝에 좀 더 조직적이고 체계적인 항일운동을 일으켜야 한다는 결론에 도달했다. 그리하여 신윤달, 박영순, 이재수 등의 동지를 규합하여 신고려회(新高麗會)를 조직했다. 도산이 대표로 귀국을 하고 남은 동지들이 노동으로 재정적 후원을 하기로 했다.

1907년 1월 8일 샌프란시스코를 떠난 도산은 하와이를 거쳐 1월 30일 일본의 요코하마에 도착했다. 2월 12일까지 동경에 머물면서 근대화된 일본의 실체를 파악하는 한편 일본에 체류 중인 유길준, 박영효를 비롯한 선각자들과 유학생들을 만나서 많은 대화를 나누었다. 특히 2월 3일 유학생들의 애국단체인 태극학회에 참석하여 행한 연설은 구구절절 논리 정연한 구국의 방책과 애국의 열정으로 청년 유학생들의 심금을 울리기에 충분했다. 그 소문은 도산이 한국에 도착하기도 전에 이미 서울의 지식인들 사이에 널리 퍼졌다.

도산이 인천항에 도착한 것은 2월 20일, 미국을 떠난 지 약 한 달 반이 지났다. 이로부터 다시 망명길에 오를 때까지 약 3년 동안을 주요한(1999: 95)은 가장 '빛나는 3년'으로, 일제 치하에서도 꺼지지 않은 독립운동의 불씨를 심어놓은 시기로 평가하고 있다. 종합적 민족운동을 위한 비밀결사인 신민회, 청년훈련기관인 청년학우회, 차세대독립운동 지도자 양성을 위한 대성학교, 출판기관 태극서관, 실업기관 마산동 도자기회사 등이 모두 도산의 계획으로 창설되었고, 「대한매일신보」·「황성신문」을 무대로 "도산의 동지들은 하늘을 찌를 듯한 기개로 항일 언론전을 전개하였다."(주요한, 1999, 95-96) 실로 이 시기에 도산의 주변에는 기라성 같은 청년지사들이 모여들었고 그 별들 중에서도 도산은 샛별처럼 뚜렷한 존재였다.

그리하여 도산이 서울에 도착하자마자 박은식 · 장지연 · 유길준 · 이갑 · 이동휘 · 노백린 · 이동녕 · 이시영 · 전덕기 · 최광옥 · 이승훈 · 유동렬 · 김구 등 각계의 지도자들이 그의 주변에 모여들었다. 도산에게 처음 맡겨진 임무는 전국 각지를 돌아다니며 연설로 애국정신을 고취하고 대중을 계몽하는 일이었다.

"대한의 남자야, 여자야! 묻노니, 그대는 나라를 위하여 무엇을 하고 있는가?"

도산의 연설은 대체로 이런 방식으로 시작된다.

"나랏일을 하는 길은 여러 가지가 있습니다. 저 시장에서 장사하는 사람은 지금 장사로 나랏일을 하고 있고, 저 능라도에서 김을 매는 사람은 호미를 가지고 나랏일을 하고 있고, 저 솔밭에서 나무를 하는 사람은 낫을 가지고 나랏일을 하고 있고, …… 그런데 오늘 여기 참석하신 여러분은 무엇을 가지고 나랏일을 하겠습니까? 여러분은 지금 귀를 가지고 나랏일을 할 때입니다."

이렇게 청중의 시선과 귀를 집중시킨 후에, 세계의 대세를 말하고, 한국의 국제적 지위가 얼마나 취약하며 위태로운가를 경고하고, 그런데 정부 당국자가 어떻게 부패하고 국민은 얼마나 무기력한가를 사정없이 질타한다. 그리고 우리가 망국의 비운을 막으려면 지금이라도 깨달아 우리의 병폐를 스스로 고치지 않으면 안 된다고 역설한다. 이어서 우리 민족의 우수성과 선인들의 공적을 찬양하여 우리가 하려고만 하면 우리나라를 부강한 문명국가로 만들 수 있다는 '비전'을 제시한다.

그의 웅변이 얼마나 대단하였던지 일본인들까지도 "안창호는 세치 혀로 백만 군의 힘을 낸다고 두려워하였으며," "마치 천지에서 샘이 솟듯, 깎아지른 절벽에서 폭포가 쏟아지듯"하여 "청중을 무아의 경지로 끌고 갔다."고 한다(주요한, 1999: 86-87).

1907년 11월 통감 이토 히로부미(伊藤博文)는 의병부대를 무자비하게 진압하고 수천 호의 민가를 불태우는 만행을 저지르면서, 한편으로 조선 민중의 저항을 무마하기 위한 회유책의 하나로 도산을 포섭하기로 했다. 그것은 이미 조선 민중의 새로운 영웅으로 떠오른 도산의 영향력을 이용해 보자는 술책이었다. 도산을 중심으로 청년 내각을 조직하여 내정을 개혁하자는 것이다. 이토의 속셈을 잘 아는 도산이 이에 응할 까닭이 없다. 그러나 솔선하여 일제의 앞잡이가 된 친일 매국노들이야 말할 것도 없지만, 청년 동지들 가운데서도 도산의 원대한 뜻을 제대로 이해하지 못하고 정치적 수단을 통하여 정국을 타개해 보려는 사람들이 적지 않았다. 최석하, 이갑, 이종호 등은 도산이 중심이 되어 무능한 조정을 개혁하고 국권을 회복할 수 있을 것이라는 기대에 부풀었고 도산이 그 일에 앞장설 것을 종용했다. 도산은 이들의 생각이 허망하기 짝이 없다는 것을 알면서도, 청년 동지들을 무마하고 이토의 속셈도 확인할 목적으로 이토와의 회견을 승낙했다. 이때 도산은 29세, 이토는 66세의 노회한 정치가였다. 도산의 기억을 토대로 한 대화의 핵심은 다음과 같다.

이토: 내 평생의 꿈이 셋이 있는데 하나는 일본을 열강과 겨룰 수 있을 정도로 강한 국가를 만드는 것이고, 둘째는 한국을 그

렇게 하는 것이고, 셋째는 청국을 그렇게 하는 것이다. 그런데 일본에 대해서는 목적을 달성했으나, 일본만으로는 서양 세력을 막을 수 없으니, 한국과 청국이 일본만한 힘을 길러 서로 사이좋게 지내야 한다.

도산: 세 나라가 대등한 힘을 길러 친하게 지내는 것이 동양 평화의 기초라는 데는 동감한다. 그대가 그대의 나라 일본을 혁신한 것을 치하하며, 한국에 대한 호의도 감사한다. 그러나 그대가 한국을 가장 잘 도울 방법이 있으니 그것을 아는가?

이토: (정색을 하며) 그 방법이 무엇인가?

도산: 일본을 개혁한 것이 일본인인 그대였던 것처럼 한국의 혁신은 한국인 스스로가 하도록 하는 것이다. 만일 명치유신을 미국이 와서 강행했다면 그대는 가만 있었겠는가? 뿐만 아니라 유신은 성공하지 못했을 것이다.

이토: ……

도산: 불행히도 일본은 한국이나 청국에 인심을 잃었다. 이것은 일본의 불행인 동시에 세 나라 모두의 불행이다. 그대가 막으려는 서양 세력을 끌어들이는 원인이 될 것이다(주요한, 1999: 90–92).

이토의 음흉한 속셈에 대하여 도산은 명쾌하고 단호한 논리로 그의 제안을 거절했고, 청년 동지들의 동요도 무마되었다. 또한 일본이 한국을 합병하고 나아가서 대륙을 침략하려는 야욕은 분명하고 돌이킬 수 없는 단계로 진행되고 있음을 확인하였다.

도산의 탁월성은 치밀하고 구체적인 계획과 조직력과 실천력에 있다. 이제 미국에서부터 구상한 그 첫 번째 사업을 실천에 옮겨야 한다. 그는 양기탁 · 이갑 · 유동열 · 이동휘 · 이동녕 · 전덕기 등을 발기인으로 하여 1907년 4월에 신민회(新民會)를 창립하였다. '신민회' 라는 명칭은 미국을 떠나기 직전에 결성한 '신고려회' 와 결부하여 생각하면 더욱 명확해진다. 시대의 흐름을 따라가지 못하는 조정의 무능과 분열은 이미 한계에 이르렀다고 판단하고 새로운 나라를 건국해야 한다는 뜻을 담고 있는 것이 '새로운 고려' 라고 본다면, '신민' 은 새로운 나라의 새로운 국민을 의미한다고 볼 수 있다. 신민은 또한 국민을 새롭게 한다는 의미도 된다. 새로운 시대 새로운 나라에 맞는 새로운 국민으로 만들자는 취지가 담겨 있는 것이 곧 신민회다.

신민회는 ① 국민에게 민족의식과 독립 사상을 고취하고, ② 동지를 발굴하여 조직화함으로써 국민운동의 역량을 축적하고, ③ 교육기관을 각지에 설립하여 청소년 교육을 진흥하고, ④ 각종 상공업 기관을 설립하여 경제력을 증진하고, ⑤ 나아가서 항일 독립운동을 추진하여 궁극적으로 공화정을 수립하려는 원대한 목적 하에 설립된 조직이었다. 그러나 이미 일제의 감시와 통제가 제도화된 상황에서 공개적인 조직으로는 목적사업을 제대로 수행할 수 없다. 따라서 모든 조직과 활동은 철저히 비밀로 운영하기로 했다. 한일합방이 체결된 직후인 1911년 일제가 애국지사들을 탄압하고 독립운동 조직을 해산하기 위하여, '데라우치 총독 암살미수사건' 을 조작하여 대대적으로 애국지사들을 검거했던 이른바 '105인 사건' 심문

과정의 기록과 후일의 연구를 통하여 조직의 일부가 밝혀졌을 뿐이다. 이런 기록들에 의하면 신민회는 전국과 해외에까지 지부가 설치된 조직으로 국내에만 약 400명 정도의 회원이 있었던 것으로 보인다.

회원들은 신민회의 지원을 받아 각각 자신의 능력에 따라, 교육·언론·상공업 등 다양한 분야에서 활동을 했다. 그중 도산이 각별한 열정을 가지고 직접 참여했던 사업이 평양대성학교의 설립과 운영이었다.

대성학교는 도산이 이종호를 비롯한 유지들의 재정지원을 받아 1908년 9월에 설립하여 당시로서는 가장 훌륭한 시설과 교사진을 갖춘 모범적인 중등학교였다. 건전한 인격을 지닌 애국심 있는 인재를 기르고자 했다. 윤치호를 교장으로 추대하고 자신은 대리교장의 직함을 가지고 있었으나, 학교에 상주하면서 실질적인 교장 역할을 한 것은 도산이었다. 도산은 가장 모범적인 학교를 세워 본보기를 보여 줌으로써 그런 학교가 전국으로 퍼져가기를 바랐다. 개교식 연설을 보면 도산의 그런 꿈이 잘 나타나 있다.

> 나는 '본보기'라는 것을 심히 중요시합니다. 이론이 아무리 좋아도 그것이 실천되어 한 '본보기'를 이루기 전에는 보급력(普及力)이 생기지 못한다고 나는 생각합니다. 학교교육에 대한 천언만어(千言萬語)보다도 '본보기' 학교 하나를 길러 놓는 것이 요긴(要緊)하니 그리하여 사람들은 그것을 모방하려 할 것입니다. 새로운 이론을 내는 것도 천재적 독창력을 요하거니와 어떤 이론을

응용하여 구체적으로 실현하는 것도 천재적인 비범한 인물을 요하는 것입니다. …… 그러나 한번 '본보기'가 생기면 그것을 모방하기는 성력(誠力)만 있는 인물이면 가능할 것입니다. 이러한 생각으로 나는 본보기 첫 사업을 중요시하여 금일 탄생되는 이 대성학교를 희망 있는 좋은 학교로 만들어 놓기만 하면 우리나라에는 이와 같은 학교가 우후죽순처럼 많이 생길 것이라고 봅니다. …… 이 학교뿐만 아니라 우리 인격수련에 대하여서도 이 '본보기'라는 생각을 가지고 있습니다. 우리 대성학교 학생 중에서 하나 거짓 없는 사람이 생기면 거짓 없는 많은 사람이 생길 수 있다고 봅니다. 그러므로 무엇보다 각자가 '나 하나'를 건전한 인격으로 만드는 것이 우리 민족을 건전하게 하는 유일한 길입니다 (강제환 편, 1950: 22–24).

도산은 대성학교를 모범적인 학교로 만들 뿐만 아니라 대성학교를 통하여 길러지는 학생들 또한 인격의 모델이 될 수 있기를 바랐다. 그래서 도산은 학생들에게 거짓을 경계하고 정직한 인간이 될 것을 특별히 강조했다. "죽더라도 거짓이 없어라." "농담으로라도 거짓말을 말아라. 꿈에라도 성실을 잃었거든 통회하라." "거짓이여! 너는 내 나라를 죽인 원수로구나. 군부(君父)의 원수는 불공대천(不共戴天)이라 했으니, 내 평생에 죽어도 다시는 거짓말을 아니 하리라."

이런 말들은 청년 학생들을 위한 교훈이면서 한편으로 자기 자신에 대한 다짐이기도 했다. 그는 학생들에게는 근엄한 스승인 동시에 자애로운 부형이었다. 빈곤한 학생을 위한 장학제도는 물론, 나이 많은 학생들에게는 직접 성생활에 대한 조언까지 해 주었다. 그러나 거짓에 대해서만은 엄격하게 다스렸다. 한 번은 어떤 학생을 무기정학에 처하고 매우 가슴아파한 일이 있다. 이유는 그 학생이 결석계에 부모의 도장 대신 남의 도장을 찍어 제출한 탓이다. 도산은 조회 시간에 학생들에게 말했다. "이것이 비록 작은 일 같지만 우리 대성학교의 정신에 어긋나는 행동이니 박절하지만 중벌을 내릴 수밖에 없습니다. 우리 대성학교에 이런 학생이 있다는 것은 참으로 부끄러운 일입니다." (주요한, 1999: 107)

당시 대성학교에 대한 국민의 기대가 어느 정도인가를 반증하는 또 하나의 일화가 있다. 통감 이토의 강압에 의한 전국 순시의 일환으로 순종황제는 1909년 1월 28일부터 2월 3일까지 평양과 평안도와 황해도 지방을 방문하게 되었다. 이에 이토가 수행하게 되었고, 지방 관청에서는 집집마다 혹은 환영 군중에게 태극기와 일장기를 함께 게양 혹은 들고 나오도록 지시를 했으나 군중들은 이를 무시했다. 특히 대성학교 학생들의 반발이 거세어 일제는 안창호를 연행하여 힐책하였다. 이에 대하여 안창호는 "이토는 황제의 수행인이니 황제의 신하가 아닌가! 황제의 국기 외에 신하를 위하여 또 하나의 기를 게양하는 것은 황제를 모독하는 것이다."라고 논리정연하게 일장기 게양의 부당함을 역설했다. 「대한매일신보」는 사설을 통하여 학교의 생명은 교육정신에 있다는 점을 강조하며 대성학교의 정신을 다음과 같이 지지하고 있다.

비록 대성학교가 이 일로 폐지된다 할지라도 이것을 폐지로 보지 말지어다. 대저 교육은 정신을 보나니 정신은 무엇인가, 애국과 자존(自尊)의 일념이다. 이 일념이 없다면 교사(校舍)가 크고 넓어 학생이 많고 그 안에서 수백 년을 유지하며 지지(地誌) 물리 화학 등의 교과를 아침에 가르치고 저녁에 읊는다고 할지라도 이것은 이미 폐지된 학교이며, 일념만 있으면 어제 발기한 학교가 오늘 아침에 무너지며 오늘 모집한 학생이 내일 아침에 해산된다 할지라도 이것은 진흥하는 학교니라(「대한매일신보」, 1909. 2. 12.).

그 후에도 끊임없이 당국에 의한 감시와 탄압이 이어지고 폐교설이 나돌다가 마침내 1913년에 폐교되고 말았다.

한편 서적의 출판과 판매를 통한 지식 보급과 사회교육을 위하여 도산은 서울 · 평양 · 대구에 태극서관을 설립했다. 태극서관을 창립할 때, 도산은 "책사(冊肆)도 학교다. 책은 교사다. 책사는 더 무서운 학교요, 책은 더 무서운 교사다."라고 했다. 서점도 일종의 교육기관이며 책은 곧 교사라고 하여 서점의 기능과 중요성을 강조했다. 아울러 태극서관은 신민회 활동을 위한 동지들의 연락 장소로 활용하고자 하는 것이 또 다른 숨겨진 목적이기도 했다.

1909년에는 공개적인 조직으로 청년학우회를 창립했다. 윤치호가 중앙위원장, 최남선이 중앙 총무를 맡고, 서울 · 평양 · 안악 · 안주 · 선천 · 곽산 · 용천 · 의주 등지에 분회가 설치되었다. 청년학우회의 목적은 "무실 · 역행 · 충의 · 용감의 4대 정신으로 인격을 수양하고 단체생활 훈련에 힘쓰며, 한 가지 이상의 전문 지식이나 기술을 반드시 학습하여 직업인으로서의 자격을 갖추고, 매일 덕육 · 체육 · 지육에 관한 수련에 힘쓴다."(주요한, 1999: 127)라고 되어 있다. 표면상 인격 훈련에 집중되어 있으나 실은 독립을 쟁취하기 위한 국민운동의 청년 전위대를 조직하고자 했던 것이다. 일제의 통감정치가 실시되던 당시에 모든 집회와 단체의 조직은 당국의 허가를 받아야 했기 때문이기도 하지만, 청년운동을 좁은 의미의 정치운동에 휩쓸리지 않고 보다 본질적인 차원에서 국민적 자각, 민족적 자각, 역사적 자각, 사회적 자각을 지닌 진실과 실질을 숭상하는 인물을 결집하고 훈련하여 독립운동에 대비하자는 것이 도산의 원대한 계획이었다.

6. 망국의 한을 안고 망명길에

우리의 애국지사들이 학교를 세워 교육을 하고, 언론기관을 통하여 계몽운동을 하고, 혹은 의병을 일으켜 일제에 항쟁하는 등 다양한 방법으로 구국운동을 전개하는 동안에도 일본은 '사립학교령'과 '교과용 도서검정규정'을 제정하여 교육을 억압하고, 이른바 '동양척식주식회사'를 설립하여 우리의 재산까지 수탈해 가면서 침략의 수순을 밟아가고 있었다.

이무렵 평안도 진남포에서 삼흥학교를 세워 교육 사업을 하던 안중근(安重根)은 고종이 퇴위되고 군대까지 해산 당하자 블라디보스토크(해삼위)로 건너가 12명의 동지와 손가락을 잘라 혈맹을 맺고,

군대를 조직하고 몇 차례 일본군을 습격하였으나 힘의 열세를 절감하고 새로운 기회를 엿보고 있었다. 그러던 중 한국 침략의 원흉 이토가 한국 '병합' 을 위한 마지막 수순으로 러시아 측과 협상하기 위하여 만주지역으로 온다는 소식을 듣고 그를 처단하기로 결심하였다. 안중근은 1909년 10월 26일 하얼빈 역에서 이토를 총살하고 그 자리에서 '대한독립만세'를 세 번 외치고 체포되어 이듬해 3월 26일 뤼순 감옥에서 순국했다. 그의 나이 32세, 오직 조국을 위해 바친 짧지만 위대한 삶이었다.

이를 계기로 일본 통감부는 즉시 국내의 애국지사들을 일제히 검거하기 시작했다. 도산 역시 평양 대성학교에서 체포되어 서울로 압송되어 용산 헌병대에 수감되었다. 40여 일 만에 풀려났으나 1910년 1월 다시 구속되었다가 2월에 풀려났다.

그동안 일제의 침략 야욕은 더욱 노골적으로 드러나고, 국권은 이미 일제의 손으로 넘어가 합병을 위한 마지막 절차만을 남기고 있는 상황이었고, 애국지사들에 대한 감시는 한층 강화되어 국내에서의 활동이 어렵게 되었다. 신민회 간부들은 여러 차례 모임을 갖고 대책을 논의한 결과, 남을 수 있는 사람은 국내에서, 남을 수 없는 동지들은 해외로 나가서 독립운동을 위한 준비를 하기로 하였다. 망명을 결정한 동지들은 각자 편리한 방법으로 조국을 탈출하여 중국 청도에서 다시 만나 다음 계획을 논의하기로 했다. 이갑 · 이종호 등은 2월에 떠나고, 도산은 4월 7일 신채호 · 김지간 · 정영도 등과 함께 행주에서 목선을 타고 망명길에 올랐다. 신채호와 김지간은 멀미로 도중에 내리고, 도산과 정영도는 황해도 장연에서 중국인

소금배로 갈아타고 중국 산동성 위해위(威海衛)에 상륙했다. 이때 도산은 '거국가'를 지어 조국을 떠나는 심경의 일단을 표현했다.

간다 간다 나는 간다
너를 두고 나는 간다
잠시 뜻을 얻었노라
까불대는 이 시운이
나의 등을 내밀어서
너를 떠나가게 하니
이로부터 여러 해를
너를 보지 못할지나
그동안에 나는 오직
너를 위해 일할지니
나 간다고 서러워 마라
나의 사랑 한반도야
-중략-
지금 너와 작별한 후
태평양과 대서양을
건널 때도 있을지요
시베리아 만주들로
다닐 때도 있을 지나
나의 몸은 부평 같이
어느 곳에 가 있든지
너를 생각할 터이니

너도 나를 생각하라

나의 사랑 한반도야

–이하 생략– (주요한, 1999: 139–140)

7월에 청도에서 다시 만난 동지들은 유동렬 · 신채호 · 이동휘 · 이종호 · 김지간 · 조성환 · 이강 · 박영노 · 김희선 · 이종만 등이었다. 이것이 유명한 청도회담이다. 도산은 망명길에 오르면서 만주로 가서 황무지를 개간하여 만주에 사는 동포들을 지도 · 훈련하여 실력을 기른 후 광복 운동의 기초를 준비할 생각이었다. 그러나 당장 만주로 가서 광복군을 조직하여 일본과 전쟁을 하자는 급진적 의견이 나왔다. 급진론과 점진론으로 대립되어 격론을 벌였으나 자금 동원의 열쇄를 쥐고 있는 이종호가 이동휘를 중심으로 한 급진론 쪽으로 기울어졌다. 결국 이종호가 3천 달러를 지원하기로 하고 길림성 밀산현에 땅을 사서 개간하여 사관학교를 세워 독립군을 양성하자는 안으로 결정되었다. 그러나 이 계획도 후일 이종호가 자금지원을 거부함으로써 수포로 돌아가고, 앞으로의 일을 논의하기 위하여 도산은 블라디보스토크로 갔다.

이 일로 도산의 실망과 괴로움은 컸다. 계획이 무산된 데 대한 실망도 있었지만, 더 절망감을 준 것은 지역감정을 부추겨 이종호의 자금지원을 가로막고, 중상모략으로 테러까지 감행하려 했다는 사실이다. 실제로 '안창호가 지나가면 죽여 버리라' 는 편지까지 발견되었다. 민족을 위하여 큰일을 도모하자는 지도자들조차도 거짓과 중상모략으로 서로 단결하지 못하는 것을 보면서 독립운동은 물론 민족의 장기적인 번영과 발전을 위하여 인격혁명이 무엇보다 먼저 이루어야 할 과제라는 것을 더욱 절실하게 깨닫게 되었다.

1910년 8월 22일 대한제국 총리대신 이완용과 데라우치 통감이 합병조약에 서명하고, 국민의 저항이 두려워 발표를 미루고 정치단체의 집회를 금지하고 원로대신들을 연금한 후 29일에 순종황제로 하여금 발표하게 했다. "한국 전체에 관한 일체 통치권을 완전히 또 영구히 일본 황제에게 넘겨준다."는 치욕적인 내용이다. 이로써 반만년 역사를 이어 온 한국은 주권을 완전히 상실하고 우리민족은 일본의 식민 통치를 받게 되었다. 블라디보스토크에서 망국의 소식을 들은 도산은 통곡을 하고, 다시 미국으로 돌아가기로 결심하였다.

도산은 미국에 여비 지원을 요청하고, 여비가 도착할 동안 하얼빈, 남경, 길림 등 중국 여러 지역에 살고 있는 동포들을 둘러보았다. 길림 지방에 살고 있던 안중근의 유족을 방문하기도 했다. 도산은 언제나 민족의 먼 미래와 동포 전체의 삶을 염두에 두고 큰 그림 안에서 당면한 문제들을 풀어가려고 노력한다. 그런 의미에서 그는 이상주의자라고 할 수 있다. 그런가 하면 언제나 주어진 현실 속에서 가능한 방법을 찾아 구체적인 일부터 착수한다. 그런 점에서 그는 철저히 현실주의적이고 실용주의적이다. 도산은 동포들의 삶의 터전이 되고 동시에 항구적인 독립운동의 근거지가 될 수 있는 그런 공동체를 구상하고 기회 있을 때마다 그 후보지를 물색하고 다녔다. 그것이 그의 '이상촌' 혹은 '모범촌'에 관한 구상이다. 도산이 여러 지역으로 돌아다닌 것도 동포들의 생활향상과 모범촌 후보지를 물색하기 위한 목적이었을 것으로 짐작된다.

이무렵 도산은 이강(李剛)을 비롯한 몇몇 동지들과 함께 길림성 목릉현을 지나다가 중국군에게 봉변을 당하는 사건이 일어났다. 도산 일행이 배를 타고 강을 건너려 하는데 중국군 일개 소대가 앞을 막고 방해를 했다. 당시 안중근 의거로 중국인들이 한국인에 대하여 호의적이었던 것으로 보아 일본인으로 오해를 해서 생긴 일로 추측된다. 하지만 강 건너 군인들까지 합세하여 도산 일행을 구금하고 구타까지 했다. 도산은 부대장에게 엄중히 항의를 하여 사과를 받고 나왔으나, 개인의 분풀이를 넘어 그 지역에 사는 백만 동포들의 안전을 위해서도 확실한 대책이 필요하다는 생각이 들었다. 도산은 안중근의 아우 정근과 친분이 있는 지역 유지를 만나고 현관과 수비대장 등을 만나서, 엄중하게 항의를 하는 한편 외교적으로 문제를 삼겠다고 압박을 가했다. 그들이 큰절을 하며 정중히 사과를 하고, 무례한 소대장은 강력히 처벌하겠다고 하자, 도산은 태도를 바꾸어 "우리가 바라는 것은 소대장의 처벌이 아니고 중국 땅에 사는 우리 동포들의 안전"이라고 말하고 소대장을 처벌하지 않도록 해달라고 부탁까지 했다. 그러나 이미 상부에 보고가 되어서 어쩔 수 없다고 하므로 도산이 직접 소대장을 찾아가서 위로하자 그는 감격하여 울면서 진심으로 사과를 했다(주요한, 1999: 148).

미국에서 여비가 도착하자 1911년 봄 도산은 정영도와 함께 중국을 떠나 시베리아 철도를 타고 유럽을 향하여 출발했다. 중도에 러시아 남동부의 치타(Chita)에 들렀다. 그곳에도 많은 동포들이 사는 것을 보고 오산 이강을 불러서 이들을 지도하도록 했다. 오산은 집을 떠나기 전 가족의 생활비가 걱정되어 부인에게 물으니, 도산이 블라디보스토크를 떠날 때 준 돈이 있어 몇 달은 충분히 견딜 수 있다고 했다. 도산이 여비 중 몇백 원을 떼어 주면서 "남편에게는 알리지 말고 식량을 사는 데 쓰라."고 했다는 것이다(전집 12: 607). 도산이 오산과 작별하고 추정 이갑(李甲)이 있는 상트 페테르스부르크에 도착해 보니 그는 뇌일혈로 반신불수가 되어 있었다. 도산은 미국에 도착하면 경비를 마련하여 이갑을 데려다가 치료하기로 약속하고, 정영도를 그의 곁에 남겨두고 베를린을 향하여 떠났다. 베를린에 머물면서 도산은 독일인의 근면과 애국심, 발달한 기술력, 조직적인 생활, 따뜻한 인간애 등을 체험하고 깊은 감명을 받았다. 도산이 배를 타고 런던을 거쳐 뉴욕 항에 도착한 것이 1911년 9월 3일, 다시 기차로 시카고 새크라멘토 한인농장을 둘러보고 9월 28일 샌프란시스코에 도착하여 환영식에 참석한 후 마침내 가족과 동지들이 있는 LA로 돌아온 것은 서울을 출발한지 약 1년 6개월 만의 일이다. 그의 나이도 어느새 만 33세가 되었다.

그 후 1912년 8월 영국 런던의 왕홍성(王鴻盛)이란 사람으로부터 편지 한 통이 도산에게 전달되었다. "당신의 고마운 선물과 편지를 잘 받았습니다. 그런 답례를 받으리라고는 전혀 기대하지 않았습니다. 그래서 매우 놀랍고 기쁩니다. 사소한 친절에 대하여 그렇게까지 감사를 하니 더욱 기쁩니다." 대강 이런 내용이다(전집 2: 763-764). 도산은 1911년 여름 미국으로 오는 길에 영국에서 여비가 조금 모자라 한 중국 식당에 들어가 돈을 빌렸고, 도착하여 빌린 돈과 함께 감사의 뜻을 전했던 것으로 보인다. 얼마의 돈을 빌렸고, 어떤 내용의 편지를 보냈는지는 알 수 없지만, 언제 어떤 상황에서도 신의를 중요시 하고 성심을 다하여 사람을 대하는 도산의 태도를 읽을 수 있는 일이다.

7. 조국 광복과 번영의 기초를 위하여

도산이 도착하여 제일 먼저 한 일은 러시아의 수도 상트 페테르스부르그(St. Petersburg)에서 앓고 있는 추정 이갑의 치료비와 여비를 보내는 일이었다. 도산은 부인이 삯바느질과 세탁으로 푼푼이 저축한 돈까지 합쳐 300달러를 보냈다. 이것을 받은 이갑은 동지애에 감동하여 소리 내어 엉엉 울었다고 한다. 그는 원래 군인 출신으로 성격이 매우 과격하고 급진적인 인물이어서 독립운동 방법에 있어서 도산과는 대조적이었으나 동지적 신뢰와 우애는 매우 돈독했다. 그는 도산의 주선으로 신한민보 주필로 초청되어 뉴욕 항에 도착했으나 병세가 위중하여 입국허가를 얻지 못하고 되돌아가 6년 동안 투병생활을 하다가 41세를 일기로 세상을 떠나고 말았다.

도산은 생계를 위하여 다시 노동을 시작하였으나 동지들이 그를 자신의 생업에만 매달리도록 버려두지 않았다. 도산이 동포들을 지도하는 사업에 전념할 수 있도록 도산과 가족의 생활비는 교포들이 지원하기로 했다. 그중에서 특히 송종익은 10년 이상 도산의 가족을 돌보았고 후일 흥사단을 창단할 때 경상도 대표로 참여했던 충직한 동지였다.

1912년 11월 대한인국민회 중앙 총회가 샌프란시스코에 조직되어 도산을 총회장으로 선출했다. 이로써 대한인국민회는 북미지방총회, 하와이지방총회, 시베리아지방총회, 만주지방총회 등을 총괄하는 명실상부한 해외동포 대표기구가 된 것이다. 나라 잃은 해외 동포들의 권익을 보호하고 근로조건을 개선하며 때로는 외교적인 교섭까지 맡게 되었다. 후에는 멕시코지방회와 쿠바지방회까지 대한인국민회로 통합되었다. 이로부터 1919년 3 · 1운동 후 상해로 갈 때 까지 도산은 대한인국민회를 중심으로 활동하였다.

한편 도산은 독립운동의 핵심 인재를 양성할 청년 단체의 설립을 추진하였다. 하상옥 · 정원도 · 강영소 등과 함께 여러 달 동안 준비를 거쳐 1913년 5월 13일 샌프란시스코에서 흥사단(興士團)을 창립했다. '흥사단'이란 '선비'를 일으키는 단체란 뜻으로, 원래 1907년 유길준이 국내에서 국민교육을 보급하기 위한 목적으로 설립했던 단체의 이름을 도산이 다시 사용한 것이다. 여기서 선비는 결코 과거 전통사회의 계급적 신분을 가리키는 '사농공상(士農工商)'의 하나인 '사(士)'가 아니고, 신분과 직업과 남녀를 가리지 않고 예의와 염치를 알고 전문적 지식을 갖춘 선구적 인물을 의미한다. 이는 유길준이 흥사단 창립취지문에서 상세히 밝히고 있는 근대적 의미의 선비, 즉 엘리트를 의미한다.

흥사단의 목적은 "무실 · 역행으로 생명을 삼는 충의 남녀를 단합하여 정의를 돈수하고, 덕 · 체 · 지 삼육을 동맹 수련하여 건전한 인격을 작성하고 신성한 단결을 조성하여 우리 민족 전도 대업의 기초를 준비함"에 있다고 창립 당시의 '흥사단 약법'에 명시되어 있다. 여기서 '민족 전도 대업'이란 민족의 독립과 번영을 의미한다. 도산이 창단을 앞두고 메모한 친필 자료를 보면 민족대업의 최종목적을 '완전결과', 즉 민족의 독립과 번영으로 보고, 그 전단계로 '진행결과' '완전준비' '진행 준비'의 3단계 중간 과정을 설정하고, 이상의 단계적 목표를 추진하기 위한 첫 단계의 기초훈련으로 정신훈련과 단결훈련을 꼽고 있다.

도산이 추구하는 민족의 최종 목표는 민주공화국 체제의 선진일류국가를 건설하는 것이다. 독립이라는 것도 최종 목표를 달성하기 위한 중간 단계의 목표일 뿐이다. 민족의 원대한 목표를 달성하기 위하여 상황과 필요에 따라 도산은 다양한 형태의 조직을 만들었다. 교육을 위해서는 학교를, 언론과 홍보를 위해서는 신문과 잡지를, 경제를 위해서는 회사와 신용협동조합을, 독립 전쟁을 위해서는 군대를, …… 이처럼 다면적 총체적으로 접근하는 것이 도산의 방식이다. 그러나 어떤 조직을 만들고 어떤 사업을 하던 가장 기초적이고 공통된 것은 인격과 단결이다. 모든 일은 사람이 하는 것이고, 개인의 힘은 유한하기 때문에 단결과 통일이 필요하다. 구체적인 일은 주어진 상황과 개인적 능력에 따라 선택할 일이지만, 가장 필요한 것은 인격훈련과 단결훈련이다. 이것이 흥사단을 통하여 도산이 하고자 했던 일이며, 민족 전도 대업의 '기초'인 것이다.

도산은 일찍이 모든 큰일은 결코 개인의 힘만으로 되는 것이 아니라는 것을 터득했다. 단체가 필요하고 구성원들이 공고한 단결을 이루어야 하며 다수의 일반 대중이 동참하여야 한다고 생각했다. 그래서 평생에 많은 단체를 조직하고, 조직을 통하여 민족적 사업을 추진하려고 했다. 그러나 그때마다 부딪히는 문제는 거짓과 불신과 단결력의 부족이었다. 도산이 생각하는 인격훈련은 도덕적으로 결함이 전혀 없는 고매한 인격자를 만들자는 것이 아니라, 비록 생각에 차이가 있더라도 큰 목적을 위하여 서로 신뢰하고 양보하고 단결할 수 있는 시민적 훈련을 뜻한다.

홍사단은 출신 지역을 초월하여 한국인 전체가 참여하는 단체가 되도록 하기 위하여 8도 대표로 발기인을 구성했다. 홍언(경기도) · 염만석(강원도) · 조병옥(충청도) · 김항주(황해도) · 송종익(경상도) · 강영소(평안도) · 김종림(함경도) · 정원도(전라도) 등이 각 도의 대표로 참여했다. 도산은 입단 절차는 물론 단체 운영에 필요한 의식과 상징물(단기, 단대, 배지 등) 까지도 치밀하게 구상하여 제시했고, 그 대부분이 오늘날까지 이어져 오고 있다. 오늘날은 익숙한 것이 되었지만 당시로서는 매우 진보적이고 참신한 것들이었다.

이렇게 창립된 홍사단은 도산의 지속적인 노력으로 미주지역뿐만 아니라 하와이 · 멕시코 · 쿠바 등지에까지 조직이 확산되었고, 1920년에는 상해에 '원동위원부' 를 설립하고, 1922년에는 서울과 평양에 '수양동맹회' 와 '동우구락부' 란 이름으로 지부를 조직했다. 도산은 해외 동포들뿐만 아니라 유학생 중에서 신의 있는 청년들을 입단시키는 데 정성을 쏟았다. 그 당시에 입단한 유학생으로 조병옥 · 백낙준 · 최희송 · 정일형 · 장리욱 · 이대위 · 오정수 · 정인과 · 한승인 · 김여식 · 김여제 · 최윤호 · 송창근 · 황희찬 · 신현모 등이 있으며, 후일 각 분야에서 많은 활동을 한 유명 인사들이 포함되었다.

도산은 계속해서 대한인국민회를 통하여 미주지역 동포들의 생활지도와 조직 확대에 힘썼다. 특히 하와이 지역에는 초기의 노동이민자들이 많이 사는 곳으로 1909년에 기존의 '한인 협성회'가 '대한인국민회 하와이지방총회'로 개편되었고, 1912년부터는 박용만이 중심이 되어 미국 정부로부터 사단법인 허가를 받아 대한인국민회 안에 경찰부를 두어 자치행정을 하는 수준에 이르렀다. 그러나 1913년 이승만이 하와이로 온 후 이승만과 박용만은 주도권 싸움으로 분쟁이 잦더니 하와이 한인사회는 마침내 두 파로 분열되기에 이르렀다. 두 사람의 분쟁을 조정하기 위하여 1917년 6월 도산은 대한인국민회 중앙 총회장의 자격으로 하와이로 갔다. 도산이 온다는 소식을 들은 두 사람은 각각 인근 섬으로 도피해버렸다. 어쩔 수 없이 도산은 대중을 상대로 크고 작은 수십 회의 연설회를 열어 교포들을 설득하고 시비를 가리고 단결을 강조했다. 도산의 성심어린 노력으로 교민들은 오해를 풀고 단합대회를 열어 만장일치로 분열과 대립을 끝내고 단합하기로 결정했다. 그제야 박용만과 이승만도 섬에서 나와 손을 맞잡았다. 그러나 도산이 떠난 지 얼마 지나지 않아 다시 분열되어 이승만은 '동지회'라는 별도의 조직을 만들었다. 결국 7개월에 걸친 도산의 노력은 수포로 돌아간 셈이다(전집 11: 641-644).

1917년 12월에 미주 본토로 돌아온 도산은 이듬해 1월 멕시코로 향했다. 멕시코 농장에서 일하던 한국인 모두가 실직을 당하여 생활고를 겪고 있다는 소식을 듣고 이 문제를 해결하기 위해서다. 당시 멕시코의 한인 노동자들은 대부분 어저귀(애니깽) 농장에서에 일하고 있었다. 어저귀는 용설란의 일종으로 선박에서 사용하는 밧줄을 만드는 원료로 쓰인다. 다년생이라 겉의 큰 잎만 따고 어린잎은 다음 해에 따야 계속적인 수확이 가능하다. 이들 잎을 따서 50개를 한 단으로 묶는 것이 노동자들의 일이다. 묶음 수에 따라 임금을 계산한다. 한국인 노동자들은 잔꾀를 내어 작은 잎까지 따서 속에 채워 넣고 겉에만 큰 잎으로 위장을 하여 많은 임금을 받으려 했다. 이런 속임수가 오래 갈 리 없다. 이런 사실을 알게 된 농장 주인은 한국인 노동자들을 모두 해고해 버렸던 것이다. 도산이 와서 보니 결국 신용의 문제였다. 도산은 속임수로 신용을 잃은 결과가 얼마나 참담한 것인가를 설명하고, 신용이란 노동이나 상업은 물론 무슨 일을 하던 가장 기본이 되는 자본이라는 것을 강조하면서 앞으로는 신용을 지키며 살 것을 약속하게 하였다. 그리고 도산은 농장주들을 일일이 찾아다니며 사과하고 두 번 다시 그런 일이 없을 것이라고 다짐하여 다시 채용할 것을 허락 받게 되었다. 그 후부터는 한국인 노동자에 대한 평가도 달라지고 그들의 생활도 안정되게 되었다. 그리고 어업에 종사하는 동포들에게는 생산성 증대를 위하여 협동할 것과 공중화장실을 만들도록 지도하였다(전집 11: 643-645).

한편 도산은 1917년은 송종익 · 임준기 등과 함께 '북미실업주식회사'를 창립했으니 이는 국내에서의 도자기 회사 설립과 같은 맥락에서 동포들의 경제적 기반 확충을 위한 시도였다. 이 사업은 처음에는 성공하여 자본 총액이 5만여 달러에 달하였으며 장차 자금이 늘어나면 은행까지 설립할 계획이었으나 애석하게도 1920년 폭풍으로 인한 흉작으로 실패로 끝나고 말았다.

8. 상해에서의 독립운동

1919년 3월 1일 서울 파고다공원에서 시작된 독립 만세운동은 요원의 불길처럼 전국으로 퍼져나갔다. 1910년 강제합병 이래 일제는 한민족을 지구상에서 영원히 말살하려고 온갖 핍박과 무력에 의한 탄압을 동원한 무단적(武斷的) 통치를 해왔으나 대한민족의 독립의식은 시들지 않고 오히려 강력한 저항의지로 성장하고 있었음이 확인된 것이다. 일제는 물론 세계가 놀라고 우리들 자신이 스스로의 역량에 감동했다.

국민들이 전국적으로 만세운동을 지속하는 가운데, 이에 고무된 민족 지도자들은 국내에서, 혹은 해외에서 저마다 임시정부를 조직하는가 하면, 어떤 이는 외교로, 또 어떤 이들은 무력으로 독립을 쟁취해야 한다고 주장하며 저마다의 방법으로 독립운동을 추진했다.

1910년 봄 '거국가'를 남기고 조국을 떠난 이래 8년의 세월, 도산은 국내의 동지들이 일제의 핍박에 신음하고 한편으로 신민회와 대성학교 등 자신이 심혈을 기울였던 사업들이 무너지는 것을 전해 듣고 쓰린 가슴을 달래가며 미주 지역을 중심으로 동포들을 조직화하고 실력을 배양하기 위하여 동분서주하였다. 이 시기 도산은 첫째 인격수련을 통하여 신용 있고 협동하는 인간을 기르는 일, 둘째 경제력 향상으로 독립운동의 재정적 기반을 닦는 일, 셋째 해외에 거주하는 모든 한인 사회의 단결을 공고히 하는 일에 주력했다.

미국에서 3 · 1운동의 소식을 접한 도산인들 어찌 놀랍고 감격스럽지 않았으랴! 도산은 "오늘은 전체 민족이 일어나서 생명을 바치는 때이니 모든 대한민족은 일제히 일어나 가진 바 생명 · 재산 · 기능 모든 것을 바치고 용맹하게 나아가기를 맹세합시다."라고 했다.

도산은 3월 15일 대한인국민회 중앙 총회장 자격으로 미주 · 하와이 · 멕시코 거주 동포 전체의 대표회의를 열고 항구적인 독립운동 방침에 대한 결의안과 포고문을 발표했다. 결의안과의 포고문의 요지는 다음과 같다(주요한, 1999: 223–226).

〈결의안(요약)〉

① 재미 한인의 모든 독립운동 지원 행사는 전체 대표회의 결의에 의하여 행하며, 그 행정은 대한인국민회 중앙 총회에 일임한다.

② 중앙 총회 사무부서를 확장하고 예산은 7만 6천 달러를 우선 책정한다.

③ 원동과 구미 각지에 운동경비 조달을 위하여 애국 특별 의연금을 모금한다.

④ 서재필을 외교 고문으로 임명하여 필라델피아에 외교 통신부를 설치하고 매달 8백 달러의 경비를 지원한다.

⑤ 원동에 대표를 파견하여 대한민국 임시정부 수립에 봉사한다.

⑥ 이승만을 필라델피아에 보내 서재필을 돕게 한다.

⑦ 기타 영문과 한문으로 선전문을 출판하여 배포하고, 국기를

만들어 동포에게 보급한다.

〈포고문(요약)〉

오랫동안 우리 민족이 마음 아픈 비애에 싸여 있다가 이제 비로소 큰일을 일으켰으니, 이는 대한독립선언(大韓獨立宣言)이다.

이 소식을 받고 기쁨과 슬픔이 아울러 나와 피가 끓으니, 실로 마음을 진정하기 어려우며, 국내의 2,500만 겨레가 함께 일어나는 이때에 느낌이 간절하여 정신이 막막하니, 이는 성공의 길이 간난함을 염려하는 까닭이다. ……

우리의 소망이 조국 광복이요, 부르던 것이 인권 자유가 아니었던가. 그 정신의 결정으로 오늘에 거룩한 3월 1일이 생겼으니, 이것이 우리 민족의 정신 부활이요, 자손만대의 기초를 세움이다. …… 국내에서 생명을 희생한 애국지사가 수백만에 이르렀고, 국외에서 생명을 희행한 의사들이 우리 기억에 분명하지 않은가. 그러나 이것은 부분적 활동이었다. ……

우리의 독립선언은 독립을 하겠다는 의사 발표요, 그 뒤를 받들어 할 일은 이로부터 독립을 찾을 때까지 허다하게 많다. 그런데 세계 역사로 보아서 한때에 일어난 열정만으로 성공한 일이 별로 없고, 어느 국가나 값 없이 얻은 독립이 없으며, 더욱이 우리의 사정은 반드시 악전고투하고 무량한 피를 흘려야 성공이 있을 것이다. ……

용감한 자는 큰일에 임하여 대담하고 신중함으로 일을 치르는 것이니, 우리는 허영을 경계하고 진실한 행동으로 독립운동에 응원을 끝까지 할지며, 죽음으로써 성공하기를 기약하고 먼저 다음 3항을 실천하자.

① 우리는 피 흘린 후에 목적이 관철될 것을 각오하고 마음으로 굳게 맹세할 것이며, 우리의 운동이 단결과 행동 일치를 요구하나니 동포 간에 비밀이 없을 것이다.

② 재미 한인은 …… 미국의 언론 기관과 종교 기관을 통하여 우리의 억울한 사정을 선전함으로 국제 공론을 일으키는 데 노력할 것이다.

③ 재미 한인은 다른 곳 동포에 비교하여 경제적 여유가 있은즉, 내외 각지 독립운동의 경제적 책임을 부담할 것이다.

이상의 결의안과 포고문에서 참으로 치밀하고 현실적인 대안을 제시하고 있음을 읽을 수 있다. 독립선언이 거족적으로 일어나 감격스럽고 거룩한 일이긴 하지만, 이는 어디까지나 의지의 표명에 불과한 것이며 이제부터 더 많은 희생을 각오하고 장기적으로 대처해 나가지 않으면 안 된다는 것, 그리고 재미 동포들이 해야 할 일은 국제 공론을 일으키는 일과 각지에서 전개될 독립운동의 경제적 책임을 담당하는 일이라는 점을 실천 강령으로 제시했다. 당시 재미 동포들의 형편이 상대적으로 다소 낫다고 한들, 그들 역시 온갖 차별을 받으면서 노동으로 어렵게 살아가고 있지 않은가! 그럼에도 그들은 해외 독립운동, 특히 상해 임시정부의 재정적 지원을 지속적으로 했던 것이다.

도산은 위의 결의안에 따라 미주의 대한인국민회 특파원 자격으로 정인과 · 황진남을 수행원으로 데리고 4월 5일 캘리포니아를 떠나 5월 25일에 상해에 도착했다. 오는 길에 홍콩에 들러 상황을 파악하니 3월 21일에는 러시아의 블라디보스토크에서, 4월 17일에는 중국 상해에서, 4월 23일에는 서울에서 각각 임시정부 내각을 구성했다는 것이다. 그런 상태로는 해외 독립운동 추진 세력이 분열되어 파벌싸움으로 번질 것이고, 국제사회에서도 대표성을 인정받기 어렵게 될 것이 불을 보듯 뻔했다. 도산은 이미 상해임시정부의 내무총장으로 내정되어 있었으나 이런 분위기에서 취임을 할 수는 없었다.

도산은 5월 26일 북경로 예배당 연설에서 통일을 역설하였다. "무엇보다 우리는 통일 되어야 합니다. 대한민국 전체가 단합하여야 합니다. 세계가 지금 우리를 주목하고 있습니다. 우리는 어떤 희생을 치르더라도 이 정부를 영광스런 정부로 만들어야 합니다. …… 나는 여러분의 머리가 되려 하지 않습니다. 여러분을 섬기러 왔습니다."

6월 4일의 연설에서는 "우리의 계획이 아무리 좋더라도 통일을 잃으면 아무것도 성취할 수 없습니다. …… 우리 스스로 통일을 방해한다면 아무리 자기가 국가를 위한다 하지만 결과적으로 일본의 충신이 되고 맙니다." 또 6월 25일 연설에서는 "나는 내무총장으로 있는 것보다 한 평민이 되어 어떤 분이 총장이 되던 그분을 섬겨서 우리의 통일을 위하여 힘쓰고 싶습니다."

상해의 청년들은 매일같이 도산을 찾아와 내무총장으로 취임할 것을 재촉하였다. 도산은 ① 각지에 있는 영수들을 상해로 모으는 일을 적극 추진할 것과 ② 그들이 한자리에 모이면 자신의 직위를 내어놓고 다른 사람을 최고지도자로 추대한다는 두 가지 조건을 승낙하게 하고 비로소 6월 28일에 정식으로 취임하였다.

도산은 내무총장 겸 국무총리 대리로 취임 후, 미주 국민회로부터 2만 5천 달러를 지원 받아 프랑스 조계 내의 마당로 보강리에 임시정부 청사를 마련했다. 그리고 먼저 '독립운동방략'을 선포하고 연통제(聯通制)를 수립하였다. 1920년 신년축하회에서 군사·외교·교육·사법·재정·통일 등의 6대 사업을 발표하고, 국민 모두가 병역의무와 납세의무를 부담할 것을 주장하였다. 도산은 각 사업에 대한 구체적인 아이디어들을 제시함은 물론, 7월에는 '임시사료편찬회'를 설치하여 사료를 분석·편찬하게 하고, 8월 21일부터는 임시정부 기관지로 「독립」이라는 주간 신문을 발행했다.

연통제란 임시정부와 국내와의 긴밀한 연락과 정보 수집을 위하여 1919년 7월 10일 임시정부 국무령 제1호로 공포된 국내의 지하조직망이다. 이 조직은 전국의 각 도와 군, 면에 이르기까지 치밀하게 이루어진 종적인 조직망이다. 평소에는 선전과 연락 및 임시정부의 재정 조달이 주된 목적이지만 장래에 있을 민중 운동에 대비하자는 것이 궁극적인 목적이다. 조직원들도 횡적으로는 서로 알 수 없도록 수직적으로 조직된 비밀조직이지만, 일부가 노출되는 바람에 국내에서 적지 않은 청년들이 일본 경찰에 검거되어 투옥되는 등 고초를 겪기도 했다. 그중 대표적인 것이 1919년 9월의 함북 회령사건과 1920년 8월의 함흥사건이다. 함흥사건으로 경기도와 평안도 지방의 조직의 일부가 드러남으로써 총독부 관리를 포함한 학생과 전도사 등 많은 지식인들이 연통제에 참여하고 있었다는 것이 밝혀지게 되어 일본 경찰이 놀라고 동포들도 감탄을 하였다(주요한, 1999: 233).

도산은 임시정부의 기본적인 일들을 충실히 추진하면서 기회 있을 때마다 '통일'과 단합을 강조하며, 약속대로 각지에 있는 지도자들을 상해로 모셔오는 일을 꾸준히 그리고 다각도로 추진했다. 도산의 헌신적인 노력에 의하여 우여곡절 끝에 1919년 9월 6일 통합임시정부를 수립하게 되고 도산 자신은 '노동국 총판'이라는 말직으로 내려앉았다. 이는 '대의'를 위하여 '소아'를 버리는 도산의 인품과 참된 애국의 길이 무엇인가를 잘 보여 주는 아름다운 장면이다.

이 무렵 도산의 건강은 극도로 쇠약해져서 물치료 · 냉수욕 · 정좌법 · 체조를 병행하며 때때로 입원과 정양을 하면서도 날마다 국무원 회의, 의정원 회의, 선전위원회, 흥사단, 독립신문, 애국부인회 등의 일에 참여하고 수많은 사람을 만나며 상해 동포사회의 중심적인 역할을 계속하고 있었다. 그런 가운데서도 애써 봉합해 놓은 상해임시정부에서는 내분이 그치지 않고 있었다. 갈등은 더욱 심해지고 마침내 도산은 자신의 입지와 역할에 한계를 느끼게 되어 1921년 5월 임시정부에서 사임하게 된다. 사임 이유에 대해서 세간에서 구구한 억측이 많았던 모양이다. 5월 21일의 연설에서 도산은 사임 이유를 이렇게 말했다.

"내가 본시 정부에 있었던 것은 누가 고와서 있었던 것이 아니요, 지금 나온 것도 누가 미워서 나온 것이 아닙니다. 그런즉, 나의 들어가고 나옴은 조금도 감정상의 문제가 아닙니다." "오늘에는 내가 노동 총판으로 일하는 것보다 평민으로 일하는 것이 독립운동에 좀 더 유익하지 않을까 하기 때문입니다." "내일이라도 내가 다시 노동총판으로 정부에 들어갈 필요가 있을 경우가 되면 마땅히 다시 들어갈 것입니다. 왜냐하면 나는 들어가고 나가는 것을 오직 우리 독립운동에 유익하고 유익하지 않음을 표준으로 하기 때문입니다."

비록 임시정부 내부의 갈등으로 인한 많은 문제들이 사임의 원인이 되기는 했지만, 도산이 감정적 문제나 혹은 자신의 이해득실을 따져서 진퇴를 결정하지는 않는다는 것은 그의 삶을 통하여 입증되고도 남는 진실이다.

한편 1920년 도산은 상해에 흥사단 원동위원부를 설치하였고, 각료에서 물러난 후에는 흥사단 활동에 더욱 주력하였다. 이 시기에 이광수 · 주요한 · 이용설 등 많은 인물들이 흥사단에 입단하게 되었다. 특히 이광수는 상해에서 최초로 입단문답을 받고 입단한 인물로, 자신의 문답 경험을 토대로 『도산 안창호』에 소개한 문답 과정은 마치 소크라테스의 대화법(산파술)을 연상케 한다. 정교한 논리와 치밀한 분석에 의하여 답변자 자신도 미처 깨닫지 못했던 가치관과 국가관을 새롭게 인식하게 되고 흥사단 운동이 왜 나라를 구하기 위하여 필요한 운동인가를 깊이 깨닫게 된다. 여기서 잠시 1920년 가을 어느 날 밤 상해의 흥사단소에서 도산이 문답위원이 되어 진행된 흥사단의 입단문답 과정의 일부를 살펴보기로 하자.

문: ○군, 그대는 홍사단에 입단하기를 원하시오?

답: 예, 나는 홍사단에 입단하기를 원합니다.

문: 왜?

답: 우리의 독립을 회복하고 민족 영원의 창성을 얻으려면 홍사단주의로 갈 수밖에 없다고 믿습니다.

문: 왜?

답: 우리는 힘이 없어서 나라가 망하였으니 나라를 홍하게 하려면 힘을 길러야 하겠습니다.

문: 힘이란 무엇인데?

답: 한 사람 한 사람의 건전한 인격과 그 건전한 인격들로 된 신성한 단결입니다.

문: 나라의 힘이라면 부력(富力)과 병력(兵力)일 텐데 어찌하여 그대는 부력과 병력은 말하지 아니하고 건전한 인격과 신성한 단결을 힘이라고 하시오?

답: 건전한 인격과 신성한 단결이 없이는 부력도 병력도 생길 수가 없습니다.

문: 왜? 농업과 상공업이 발달하면, 부력은 저절로 있을 것이요, 대포와 군함만 있으면 병력은 저절로 있을 것 아니오?

답: 국민이 건전한 인격과 신성한 단결이 없고는 농업이나 상업이나 공업도 발전할 수 없고, 또 대포와 군함이 있어도 그것을 쓸 사람이 없을 것입니다.

문: 국민이 농업 · 상업 · 공업의 지식과 기술을 잘 배우고, 또 대포와 군함을 쓰는 재주를 잘 배우면 그것이 힘이 되지 아니하겠소?

답: 그렇습니다.

문: 그러면 지식과 기술만 배우면 그만이지 인격이니 단결이니 하는 것은 무슨 소용이오?

답: 인격이 건전치 못한 사람의 지식과 기술은 나라의 이익을 위하여 쓰이지 아니하고 도리어 나라에 해롭게 쓰이는 일이 많습니다.

문: 그런 실례가 있소?

답: 오적(五賊) 칠적(七賊)은 다 무식한 자가 아니라 유식하고 유능한 자였습니다.

문: 그러면 지식과 기능과 인격과는 어떠한 관계가 있다고 생각하시오?

답: 지식과 기능은 인격의 3요소 중 하나입니다.

문: 인격의 3요소는 무엇입니까?

답: 덕(德)과 체(體)와 지(智)입니다.

……

문: 우리나라에는 나라를 팔아먹을 사람이 이완용 하나뿐일까요?

답: 나라를 제 것으로 알고, 제가 나라의 주인으로 알지 아니하는 사람은 누구나 이완용 모양으로 나라를 팔아먹을 수 있다고 생각합니다.

문: 이완용이 한 번 나라를 팔아먹은 뒤에는 다시는 나라를 파는 사람이 없나요, 아직도 있나요?

답: 작은 규모로 나라를 팔아먹는 일은 날마다 수없이 많다고 생각합니다.

문: 예를 들면 어떤 일이오?

답: 상해 거리에서 중국사람 인력거꾼에게 차비를 적게 주어 우리나라 사람을 원망케 하는 것도 매국적이라고 생각합니다. 그는 우리 민족 전체를 미워할 것입니다.

문: 홍사단 운동이 필요하다는 데에는 우리들의 의견이 일치되었소. 이 운동을 언제까지 계속할 필요가 있다고 생각하시오?

답: 광복대업이 이루어지기까지.

문: 독립이 된 뒤에는 홍사단의 필요가 없을까요?

답: 독립이 된 뒤에는 민족의 정도를 더욱더욱 높여서 언제나 국가의 영광을 유지하기 위하여 이러한 운동이 영구히 필요하다고 생각합니다(주요한, 1999: 343-344, 375).

입단 문답은 이런 모양으로 몇 시간씩 혹은 2, 3일에 걸쳐서 지속되기도 하였다. 이상은 그중 극히 일부만 발췌한 것이다.

도산이 물러난 후에도 임시정부는 물론 상해의 민족운동 지도자들 사이에는 불신과 대립과 갈등이 더욱 심화되고 있었다. 도산은 이를 무마하고 독립운동 노선의 재정비를 위하여 1922년 봄부터 국민대표회의를 추진했다. 몇 차례 연기를 하던 끝에 1923년 1월 3일 70여 개 단체의 대표 160여 명이 모인 가운데 상해에서 국민대표회의를 개최하였다. 그러나 회의를 진행할수록 소위 '개조파'와 '창조파'의 견해 차이는 더욱 두드러져 결국 실패로 돌아가고 말았다. 도산을 중심으로 하는 개조파는 임시정부의 계승을 전제로 하고 각료들을 개선하자는 데 비하여 여운형을 비롯한 창조파는 임시정부를 해체하고 러시아에 새로운 정부를 구성해야 한다는 주장이었다.

1년 이상 공을 들인 국민대표회의마저 결렬되자 도산의 실망은 매우 컸다. 그렇다고 도산이 좌절하고 주저앉아 있기에는 민족에 대한 사랑과 열정이 너무도 컸다. 곧바로 도산은 새로운 구상에 착수했다. 모든 민족운동계열을 포괄할 수 있는 대독립당(大獨立黨)을 결성하는 것과 독립운동 근거지로서 모범촌 건설계획을 실천에 옮기는 것이다.

이런 계획을 실천에 옮기려면 무엇보다 미주 대한인국민회와 흥사단 동지들의 이해와 협력이 필요했다. 1923년 말 도산은 중국 북부와 만주를 시찰하고 북경과 남경을 거쳐 미국에 잠시 다녀오기로 했다. 1924년 12월 미국으로 떠날 때까지 남경에 머무는 동안 3월 3일에 동명학원을 설립했다. 미국으로 유학을 떠나려는 청년들에게 영어를 비롯한 대학입학 준비교육을 시키고 아울러 애국심을 심어주자는 목적에서다. 이 학교는 그 후 1927년 흥사단 원동위원부가 상하이로 이전할 때까지 존속되었다.

최영숙이란 젊은 여성과 얽힌 에피소드도 이무렵 남경에서 있었던 일이다. 평소에 도산을 흠모하던 최영숙이란 여학생이 어느 날 밤중에 도산의 침실로 들어갔다. 낌새를 챈 도산은 차분하고 태연한 음성으로, "무엇을 찾으러 왔소? 책상 위에 초와 성냥이 있으니 불을 켜고 찾으시오." 했다. 순간 그녀는 정신이 들어 불을 켜고 잠시 서 있다가 나왔다. "그 음성을 들으니 아버지 같은 마음이 생겨서 부끄럽고 죄송하였다."고 후일 그녀는 때의 일을 술회했다. 얼마 후에 도산은 그 여성의 자존심이 상하지 않도록 배려하면서 청춘의 정열을 조국을 위해 바치도록 타일렀다. 그녀는 유럽으로 유학을 떠났고 후에 유명 인사가 되었다. 물론 도산은 그 사실을 비밀에 부쳤으나 최영숙이 도산에게 보내려고 쓴 편지가 우연히 타인에게 발견되어 이를 오해한 박관해라는 청년이 도산과 영숙을 함께 비난하게 되자 어쩔 수 없이 선우 훈 등을 증인으로 하여 해명하는 과정에서 결국 이 사실이 전해지게 되었던 것이다(주요한, 1999: 420-421).

도산은 오랜 세월 부인을 떠나 독신으로 지냈지만 한 번도 여자 문제로 남의 입에 오르내린 적이 없다. 그만큼 돈과 여성에 대해서는 결벽증에 가까울 정도로 철저한 자기관리를 했던 것이다. 이는 높은 경지의 인격과 부인에 대한 의리 때문이기도 하지만, 틈만 나면 반대파를 헐뜯고 모함하고 비난하려는 당시 상황에서 도산으로 하여금 더욱 철저한 자기관리를 하지 않을 수 없게 만들었을 것이다.

9. 대독립당 운동

도산이 필리핀 마닐라를 거쳐 다시 미국에 도착한 것은 1924년 12월 16일이었다. 1926년 2월에 다시 상해로 떠날 때까지 약 13개월 체류하였으나 가족과 함께 보낼 시간은 그다지 많지 않았다. 이 기간에 필립 · 필선 · 수산 · 수라에 이어 다섯째인 필영이 잉태되었으나 이 아이는 끝내 아버지의 얼굴조차 볼 수 없었다. 도산은 1925

년 미주 전역의 동포들을 찾아다니며 그동안 상해에서의 독립운동 경험과 상황을 설명하고 새로운 계획에 대하여 이해와 협조를 구했다.

미국을 떠나기 전 도산은, 동포들이 베풀어준 환송회에서, 아내에게 옷 한 벌 사주지 못하고 아들 필립에게 공책 한 권 연필 한 자루 못 사주어 미안하다는 말로 남편 노릇 아버지 노릇을 못한 데 대한 심경을 술회한 적이 있다. 그러나 도산은 평생을 객지로 떠돌면서 도산을 흠모한 여성들도 적지 않았으나 아내에 대한 의리를 저버린 적이 없었다. 기회 있을 때마다 '사랑하는 혜련에게'로 시작하는 위로와 격려의 편지를 보냈고, 부인은 그것으로 위안을 삼았다. 부인은 도산의 손길이 닿은 편지와 소품들은 물론 도산과 관련된 모든 자료를 소중히 보관하여 후일 독립기념관에 기증함으로써 도산과 독립운동사 연구에 귀중한 자료가 되고 있다.

도산이 다시 상해에 도착한 것은 1926년 5월 7일이었다. 임시정부 국무령에 선임되었으나 사임하고, 대독립당 조직과 독립운동 근거지 건설에 총력을 기울였다. 그해 8월 2일자로 미주 흥사단 본부 한승곤 이사부장과 장리욱 사무장 앞으로 보낸 편지에 의하면, 상해의 동포사회는 극도로 분열되어 대립과 갈등이 심각하여 예전의 상해와는 딴판이 되었고, 도산은 이를 수습하여 홍진(洪震)을 국무령으로 하여 내각을 새로 구성하여 겨우 명맥을 유지하도록 하고, 남경에 가서 동명학원의 일을 수습하느라 삼복더위에 병까지 얻어 며칠을 앓았다. 상해의 정치적 분규로 인하여 흥사단 내부에서도 입장을 달리하는 단우들 사이에 내분이 있었으나 무마되었으며, 흥사단과 수양동맹회의 기관지 「동광」이라는 잡지가 주요한의 노력으로 창간된 것도 이 무렵이라는 것을 편지를 통하여 알 수 있다. 계속되는 편지의 끝부분에는 대독립당 조직의 목적과 필요성을 알 수 있는 대목이 있다.

> 일찍 제(弟)가 미주에 있을 때에 누누이 말씀드렸거니와, 우리가 혁명시대에 처하여 혁명운동을 불가불 해야 되겠고, 혁명운동을 하려면 수양기관 이외에 특별한 혁명기관이 있어야 되겠습니다.
>
> 그러므로 우리는 장차 전 민족으로 더불어 통일적 운동을 진행할 대독립당을 건설하자는 것이 우리의 목표이온데, 이것을 달하려 하여도 먼저 기초적 결합체가 있어야 할 것입니다. 그러므로 우선 국내나 원동이나 미주를 물론하고 우리의 의사를 소통하기에 가능한 사람은 있는 대로 다 모아서 대단결을 이루고 그 단체의 주동으로 일보를 더 나아가 통일적 대독립당을 건설하여야 하겠습니다. 제가 이번에 만주로 여행하는 것도 이 일을 하기 위함이오니, 이 일이 원동에서 실현되면 미주에서도 다수의 당원을 모집하여야 하겠습니다(주요한, 1999: 1022-1025).

미주에서의 대한인국민회 중앙총회, 상해에서의 통합 임시정부수립, 국민대표회의 추진 등 도산이 지속적으로 추구한 일들은 어떻게 하면 민족의 힘을 하나로 모을 수 있느냐 하는 것이었다. 그 무렵 러시아와 중국의 공산당 세력 확산으로 인하여 동포 사회에는 이념적 분열이라는 요소가 하나 더 추가되었다. 그러나 도산에게 있어서 잃어버린 나라를 찾는 일보다 더 큰 것은 없다. 따라서 당시로서는 우리의 가장 큰 적인 일본 제국주의와 대항하기 위하여 민족의 모든 역량을 하나로 합치지 않으면 안 된다고 생각했던 것이다.

도산이 추구했던 모범촌 운동 역시 오랜 세월 나라를 잃고 타국에서 떠돌이 생활을 하고 있는 동포들에게, 발달된 서구사회의 지역공동체처럼, 정상적인 삶의 터전을 만들어 공민으로서의 의무와 권리를 이행하면서 세금도 걷고 군대도 양성하여 독립을 준비하자는 것이다. 도산은 미주에서도, 중국에서도, 국내에서도 이와 같은 모범촌 건설을 구상하고 추진했다. 도산이 추구한 모범촌은 결코 현실도피적인 이상향을 그린 것이 아니다. 가장 모범이 될 만한 생활공동체를 만들어 이를 본받아 더 많은 지역에 그것을 모방한 도시 혹은 마을이 생겨나기를 바라는 도산의 운동 방식의 하나이기도 하다.

대독립당 결성과 모범촌 사업을 추진하기 위하여 도산은 1926년 10월 16일 '대독립당 조직 북경 촉성회'를 결성하고, 이듬해 4월까지 만주 여러 지방을 순회하며 만주 지역의 무장독립단체의 통합과 유일독립당 결성 운동을 전개했다. 1927년 2월 14일에는 길림에서 4~5백 명의 동포들을 대상으로 강연을 하던 중 40여 명의 동포들과 함께 갑자기 들이닥친 경찰에게 체포되어 21일 만에 석방되는 사건이 일어났다.

여기서 잠시 이 사건과 관련된 흥미로운 이야기를 짚고 넘어갈 필요가 있다. 이 강연회장에 김일성이 참석하여 강연을 듣다가 마음에 들지 않는 부분이 있어서 쪽지 질문을 했고, 그것을 본 도산이 당황하여 서둘러 강연을 중단하였다는 것이다. 그리고 조선 총독부 경무국 소속 경찰로부터 "조선 공산주의자들 수백 명이 길림에 모였다."는 사주를 받은 중국 경찰에게 도산 일행이 체포되었고, 김일성이 주동이 되어 군중집회를 열고 벽보도 붙이고 석방을 외치는 시위를 하는 등 백방으로 노력하여 도산 일행을 석방시켰다는 내용이다. 이 이야기의 진실성 여부는 별개로 하더라도 가끔 학술세미나에서 부분적으로 소개되어 여러 가지 오해와 의혹이 생길 수 있기에 이 기회에 확인을 해 둘 필요가 있다고 생각된다.

이 이야기는 1992년 4월 3일자로 '평양 조선로동당 출판사'에서 발행된 김일성의 『회고록: 세기와 더불어』에 '안창호의 시국대강연'이라는 소제목으로 수록된 글에 근거한 것이다. 이 글에서는 도산을 국민의 존경을 받는 위대한 독립운동 지도자이며 탁월한 웅변가라고 소개하고, 도산의 여러 업적과 이토의 '도산 내각' 제안을 거절한 일 등을 긍정적으로 평가하고 있다. 그러나 도산의 인격혁명론을 춘원의 민족개조론과 같은 맥락의 개량주의로 보면서, "우리 민족을 세계적으로 정신적 자질이 가장 낮은 민족이라고 한 그의 견해와 실력양성을 위한 개량주의적 방법론에는 도저히 찬성할 수 없었다."라고 비판하고 있다. 그리고 끝부분에서는 해방 후 도산의 누이동생 신호를 찾아서 '조선민주녀성동맹 중앙위원회 부위원장'으로 함께 일했다고 기록하고 있다. "조국과 인민을 위해 성실하게 일하는 안신호의 모습을 볼 때마다 우리는 독립인사로서의 안창호의 파란 많은 일생을 생각했고 생전에 그가 민족을 위해 바친 로고를 더듬어 보며 감개무량해지는 심정을 금할 수 없었다."라고 했다(김일성, 1992: 285-300).

이 책에 의하면, 김일성은 1912년 4월생으로 도산의 강연이 있던 해에 그의 나이는 만 15세였으며, 이 책이 출판 되던 해에는 80세로 추정된다. 이런 정황과 전체적인 흐름을 보면 왜 김일성의 전기에 도산을 주제로 16쪽이나 할애하여 서술하고 있는지, 그리고 어디까지가 신뢰할 수 있는지 짐작할 수 있을 것이다. 그러나 도산의 삶과 사상 및 독립운동 방법의 전체를 보지 못하는 사람들이 간혹 도산의 인격혁명론을 편협한 '민족개량주의' 혹은 '준비론'으로 왜곡하고 폄하하는 것은 무지의 소산이라고 밖에 할 수 없을 것이다.

1927년 3월 5일에는 임시정부에서 유일독립당을 정당으로 도입하는 개정헌법이 통과되고, 3월 21일 상해에서 '한국유일독립당 상해촉성회'가 결성되고, 이어서 광동 · 무한 · 남경에서도 차례로 조직이 이루어졌다. 11월에는 상해에서 '한국독립당 관내 촉성회 연합회'가 개최될 정도로 독립운동 세력의 대통합 작업은 어느 정도 성공을 거두는 듯했다. 그러나 중국의 '국공분열'을 비롯한 내외의 상황 변화로 1929년 10월 26일 상해촉성회가 해체되는 것을 시작으로 끝내 유일독립당은 해체되고 말았다. 비록 도산의 대독립당(대혁명당) 운동은 실패로 돌아갔으나, 조동걸은 "통일전선의 형성이 언젠가는 해결해야 할 과제로 새롭게 인식되었고, 정당발생의 계기가 되었으며" 이것은 "독립운동의 조직적 발전이었다."는 점에서 중요한 역사적 의의를 갖는 것으로 평가하고 있다(조동걸, 1995: 118-119).

10. "낙심 마오!"

1931년 9월 만주사변을 일으켜 중국 침략의 물꼬를 튼 일본은 이듬해 1월에는 상해를 공격하고 1932년 4월 29일 일본 왕의 생일을 맞아 한국·만주·상해 등지에서 대대적인 경축행사를 준비하고 있었다. 윤봉길 의사는 이날 홍구공원에서 열리는 경축식장에서 침략의 앞잡이들을 응징하기 위하여 폭탄을 던졌다. 거사는 성공했고 윤봉길은 현장에서 체포되어 그해 11월 19일 일본 형무소에서 순국했다. 거사가 있던 날 도산은 단우이자 민단장인 이유필의 아들과 약속한 소년단 기부금을 전해 주기 위하여 프랑스 조계 내에 있는 이유필의 집을 방문했다가 일본 영사관 경찰과 함께 수색하러 온 프랑스 조계의 경찰에 의하여 체포되었다. 이날 도산이 윤봉길의 거사를 사전에 알고도 위험을 무릅쓰고 오직 소년과의 약속을 지키기 위하여 이유필의 집을 방문했는가에 대해서는 견해의 차이가 있다. 평소에 김구와의 관계와 그날의 도산의 언행 등으로 미루어 보아 사전에 거사 계획을 알고 있었을 것이라는 주장이 좀 더 신빙성이 있는 것으로 보인다. 그렇다면 도산이 알면서도 오직 소년단 기부금 약속 때문에 갔겠느냐 하는 점이 여전히 의문으로 남는다. 또 다른 목적이 있었는지는 모르지만 분명한 사실은 소년단 기부금을 주기 위하여 이유필의 집으로 갔고, 거기서 체포되었다는 것이다.

도산은 일본 경찰에 의하여 6월 7일 인천으로 압송되었다. 망국의 한을 안고 사랑하는 조국을 떠난 지 22년 만에 구속된 몸으로 귀국한 것이다. 도산은 40여 일간 심문을 받고 서대문 형무소에 수감되었다가 다시 대전 감옥으로 옮겨져 약 2년 반의 옥고를 치르고 1935년 2월 10일 가출옥했다. 얼마간 병원에서 요양을 한 후 도산은 무려 25년 만에 사랑하는 조국 강토를 순회하며 동지들을 만나 보았다. 그러나 일본 경찰의 삼엄한 감시로 그것조차 자유롭지 않았고, 오히려 친지들에게 피해를 줄 수도 있다고 생각하여 평남 대동군 대보산에 위치한 송태산장에서 은거생활을 했다.

말년에 기거했던 송태산장

한편 일본은 대대적인 대륙침략 전쟁을 앞두고 한국 민족에 대한 착취와 탄압을 강화하는 한편 민족 지도자들을 검거하기 위하여 1937년 6월 '동우회 사건'을 일으켜 도산을 비롯한 150여 명을 구속했다. 그중 동우회 회원이 약 70명이나 되었다. 도산은 혹독한 고문 속에서도 한 점 흐트러짐 없이 의연한 자세로 소신을 굽히지 않았다. "나는 밥을 먹는 것도 대한의 독립을 위하여, 잠을 자는 것도 대한의 독립을 위하여 하여 왔다. 이것은 나의 몸이 없어질 때까지 변함이 없을 것이다." 심문과정에서 도산은 이렇게 대답했다. 원래 건강상태가 좋지 않은 터에 모진 고문으로 몸이 상할 대로 상한 도산은 12월 24일 병보석으로 경성제국대학병원(현재의 서울대 병원)에 입원하였다.

•면회를 간 동지들에게 "일본은 자기 힘에 부치는 큰 전쟁을 시작하였으니 필경 이 전쟁으로 인하여 패망할 것입니다. 어떤 어려움이 있더라도 인내하시오."라고 위로했다. "낙심 마오!" 이것이 동포에게 남긴 마지막 당부였다. 도산은 명철한 혜안으로 일제의 패망을 짐작하고 있었다. 3월 10일 "목인아, 목인아, 네가 큰 죄를 지었구나!" 하고 거의 무의식 상태에서 여러 번 일본 왕의 이름을 외치고 영원히 잠든 것은 낮 12시경이다.

영원한 겨레의 스승 도산 안창호, 그는 국운이 기울어 가던 조선 말 한반도에서 태어나 오직 조국의 광복과 번영을 위하여 동분서주하다가 옥중에서 얻은 병으로 꿈에도 그리던 조국 광복을 끝내 보지 못하고 60년의 생애를 마감한 것이다. 그러나 그가 온 몸으로 솔선수범한 숭고한 애국정신과 무실역행의 가르침은 겨레의 가슴속에 영원히 살아 있을 것이다. 그의 삶에서 무엇을 배워 실천할 것인가 하는 것은 오늘을 사는 우리에게 남겨진 과제다.

2장 _ 교육사상

도산은 평생 3개의 학교를 세웠고, 평양 마산동에 도자기회사와 아메리카에 북미실업주식회사를, 서울과 평양과 대구에 태극서관을 설립했다. 또한 공립협회와 대한인국민회 · 신민회 · 청년학우회 · 흥사단 · 한국독립당 등의 단체를 조직하였고, 3 · 1운동 후에는 해외의 독립운동 단체를 하나로 통합하기 위하여 상해임시정부에 참여했으며, 해외 동포의 삶의 터전이며 독립운동의 본산이 될 모범촌 건설을 시도했다.

정치가로서, 독립운동가로서, 교육자로서, 사상가로서, 웅변가로서 그의 업적은 탁월하며, 어느 방면에서나 최고의 찬사가 따른다. 그러나 어떤 능력이나 외형적 업적 혹은 기능적 측면을 말한다면 도산을 능가하는 사람이 결코 적지 않을 것이다.

그러나 오늘날까지 많은 사람들이 도산을 추앙하고 겨레의 스승으로 존경하게 되는 것은 그가 지닌 어떤 능력이나 업적 때문만은 아니다. 도산이 오늘을 사는 우리에게 남겨 준 더 소중한 교훈은 그의 정직하고 일관된 삶의 방식에 있다. 도산의 도산다움은 그의 조국에 대한 사심 없는 헌신과 성실성으로 일관된 삶에 있다.

도산은 그의 독립운동 6대 방략에 나타나 있는 것과 같이, 군사 · 외교 · 재정 · 교육 · 사법 · 통일 등 어느 측면도 결코 소홀히 하지 않았다. 그러나 그 모든 일은 인간이 하는 것이므로 인간을 모든 운동의 중심에 두었다. 모든 일은 올바른 인간 교육에서 출발하여야 하며, 인간에 의하여 완성된다고 보았다. 대한의 독립은 대한인 스스로의 힘으로 쟁취해야 한다. 국민 개개인이 먼저 정직하고, 힘이 있어야 하고, 이들이 공고한 단결을 이루어야 비로소 큰 힘을 낼 수 있다고 믿었다.

그러므로 도산의 사상은 곧 교육사상이며, 교육사상이 곧 도산사상이라고 보아도 지나치지 않을 것이다. 김정환(1986: 131)은 "도산의 경우 사상, 즉 민족독립 방략과 교육사상, 즉 민족교육론을 구별할 수 있겠는가 하는 것이다. 보통의 경우라면 보편적 법칙에서 특수 법칙이 연역되듯이 일반 사상에서 개별 사상이 연역된다. 도산의 경우도 '도산사상'에서 도산의 정치사상, 도산의 사회사상, …… 이렇게 연역될 수 있을지 모른다. 그러나 '교육사상'의 경우만은 사정이 다르다. …… 도산의 경우 사상은 그대로 교육사상이요, 거꾸로 교육사상은 그의 사상의 전부다."라고 했다.

이는 마치 존 듀이의 사상이 교육사상과 분리하여 설명될 수 없는 것과 마찬가지다. 따라서 도산의 교육사상은 도산사상의 본질을 바르게 이해하기 위한 중요한 열쇠가 된다. 다시 말하면 도산의 교육사상은 도산 사상의 핵심이며, 도산의 교육활동은 모든 활동의 출발점이다. 이는 결코 도산의 활동이 교육운동, 좁게는 인격수련에만 한정된다거나 혹은 독립운동에서 무력이나 정치적 방법을 배제한다는 것을 의미하지 않는다.

여기서는 도산의 사상 형성의 배경, 교육활동, 교육사상 그리고 교육방법에 대하여 살펴보고, 그 현대적 의의를 생각해 보기로 한다.

1. 사상 형성의 배경

한 인간의 사상은 결코 한두 가지의 경험이나 학습에 의하여 형성되는 것이 아니다. 삶의 전 과정이 인격과 사상 형성에 영향을 준다고 볼 때, 도산의 전 생애를 통한 경험들이 사상 형성에 영향을 주었다고 볼 수 있다. 여기서는 생애 중에서 몇 가지 두드러진 경험과 사건들을 요약해 보기로 한다.

도산은 어린 시절 가정과 서당에서 한문과 유학을 공부했고, 이 무렵 3, 4세 위인 필대은을 만났다. 그는 일찍이 개화사상을 흡수한 선각자로 도산에게 민족애를 심어 주고 후일 도산이 상경하여 새로운 학문을 익히고 독립협회에 가입하는 데 중요한 영향을 준 인물로 알려져 있다.

16세경에는 청일전쟁이 일어나 우리의 강토가 전화에 휩쓸리는 것을 보고 나라에 힘이 없음을 통탄하고 힘을 길러야 한다고 결심했다. 17세 되던 1895년 서울로 올라가서 예수교 장로회 선교사가 설립한 구세학당(경신중고등학교의 전신)에 들어가 기독교에 입교하는 한편 서양 문물에 접하여 새로운 세계관이 싹트게 된다. 그 후 24세에 도미하여 미국인의 생활철학인 프래그머티즘의 정신과 합리적 생활 태도를 체험하였다.

을사조약이 체결되어 국권이 일제의 손에 넘어가는 절박한 상황에 그는 다시 일본을 거쳐 귀국하여 1907년부터 1910년 초까지 국내에서 신민회 조직, 대성학교 설립, 청년학우회 조직, 마산동 도자기회사 및 태극서관 설립 등 눈부신 활약을 하다가 다시 망명길에 올라 만주, 시베리아, 베를린, 런던, 뉴욕 등지를 거쳐 로스앤젤레스에 돌아갔다.

도산은 국내외에서 독립을 위한 여러 가지 사업을 시도해 보고 세계 여러 나라를 여행하면서, 부강한 나라와 약소국가를 비교하고, 무엇보다 중요한 것은 국민적 훈련이라고 생각했다. 근면하고, 예의바르고, 화기 있고, 질서 있고, 도덕적으로 참된 국민의 나라는 부강하며, 게으르고, 무지하고, 부도덕하고, 무질서한 국민은 가난할 수밖에 없다고 생각했다.

한편 도산은 학교 공부를 많이 하지 못한 반면 독서를 통한 평생학습자의 면모를 보여 주었다. "그는 성경을 읽었고 유교의 경전도 읽어 어디서나 그의 양식을 구하였지만 어느 한 곳에 기울어지지 아니하였다."(이광수, 1947: 134) 그의 독서 경향을 굳이 분류한다면, 심신단련법에 관한 책, 인격수양에 관한 책, 민족개조에 관한 책, 교육에 관한 책, 정치에 관한 책 등이 주를 이룬다(안병욱, 1972: 353).

이와 같이 도산의 인격과 사상 형성에 영향을 준 것은 유교적 전통과 실학사상, 기독교 정신, 인본주의, 서구의 합리주의 그리고 미국의 프래그머티즘 등이라고 볼 수 있다. 이런 것들이 소년 시절에 강한 충격을 준 서세동점(西勢東漸)의 시대상황 속에서 자각한 민족주의와 '힘의 원리' 등이 결합하여 그의 독특한 사상체계를 형성한 것으로 볼 수 있다.

도산의 사상은 문헌을 통하여 습득한 것이라기보다 경험과 직관, 관찰과 사색에 의하여 체득된 실천철학이라고 할 수 있다. 도산에게 있어서, 아무리 심오하고 위대한 사상이나 지식도 행동과 실천을 전제로 하지 않고는 무의미한 것이다. 지식이나 앎이라고 하는 것은 실용과 실천을 위한 도구이며, 현실 생활에 도움이 될 때 비로소 가치가 있는 것이다. 이런 점에서 도산의 사상은 도구주의적이고 프래그머티즘적이라고 할 수 있다.

2. 교육활동

도산의 모든 활동의 궁극적 목적이 민족의 독립과 번영이라고 한다면, 그것을 위하여 가장 선행되어야 할 일은 인격개조라고 할 수 있다. 따라서 그가 교육에 가장 많은 관심을 갖게 되는 것은 당연하다. 그러나 주어진 상황이 학교교육에만 전념할 수 없었다. 그가 만든 청년학우회와 흥사단도 넓게 보면 사회교육기관의 일종으로 보아야 할 것이다. 특히 흥사단은 도산이 세운 단체 중에서 오늘날까지 존속되고 있는 유일한 민간단체로 사회교육기관으로서의 역할을 담당하고 있다. 여기서는 도산의 교육활동을 학교교육, 사회교육, 모범촌 운동 등 세 측면으로 나누어 살펴보기로 한다.

1) 학교교육

점진학교는 독립협회 해산으로 첫 번째 좌절을 맛본 도산이 고향으로 돌아와 1899년 평남 강서군 동진면 암화리에 세운 초등학교 수준의 교육기관이다. 이는 우리나라 사람의 손으로 세워진 최초의 사립학교이며, 또 남녀공학이라는 점에서도 교육사적 의의를 갖는다(주요한, 1963: 32). '점진' 이라는 교명은 도산의 실력배양주의, 즉 '힘을 기르자' 는 평생 신조의 첫 번째 표현이기도 하다. 점진학교는 도산이 미국으로 떠난 후에 기독교 장로교에서 인계하여 일제강점기에도 계속되다가 해방 후 공산 정권에 의하여 폐쇄되었다 한다(안성결, 1996: 22-25).

대성학교는 도산이 신민회 시절인 1908년 9월에 평양에 설립하여 가장 정성을 쏟은 사업 중의 하나다. 도산은 이종호에게 재정적인 지원을 받고, 윤치호로 부터 학교경영에 대한 자문을 얻어 중등학교인 대성학교를 설립하고, 윤치호에게 교장 직을 맡기고 자신은 대리교장이 되었다. 이 학교는 도산이 망명길에 오르고, 일제의 탄압에 의하여 1913년에 폐교되었으므로 실제로 존속한 기간은

5년에 불과하나 도산으로서는 가장 모범적인 시설과 교육과정 및 우수한 교사를 초빙하여 민족교육기관의 모델이 되도록 하려고 노력했다. 실제로 대성학교에 대한 관서 지방 주민의 호응은 물론 전국적인 관심은 대단했던 것으로 나타났다. 대성학교에 대한 상세한 내용은 제5장에서 별도로 다루기로 하고 여기서는 그 역사적 의의만 다음 몇 가지로 요약한다.

첫째, 교육의 질적 수준이 비교적 높았다. 학력이 낮은 학생은 우선 예비과정에 입학시켜 기초 학력을 닦은 후에 정규 과정(중학과정)에 편입시켰다. 또한 입학시험 과목으로 독서 · 작문 · 산술 · 역사 · 지지(地誌) · 물리 · 생물 · 영어 · 일어 등을 부과하였다.

둘째, 교사진이 매우 우수했다. 도산의 인품과 명성으로 유능한 인재들을 많이 초빙할 수 있었기 때문이다. 김진초(동경제대 농학과 졸업), 장응진(동경고등사범 졸업, 후에 교장), 김두화, 옥성빈, 차리석, 장기영, 문일평(명치학원 중학부 졸업), 황의돈 등 유명인사만 하더라도 20명 가까이 되었다.

셋째, 다양하고 수준 높은 교육과정을 운영했다. 오늘날의 중등학교 교과과정과 유사한 17개 과목은 물론 웅변부, 음악부, 운동부, 사교부, 연극부 등의 과외활동도 적극 권장되었다.

넷째, 비교적 양호한 재정 상태와 우수한 시설을 갖추었다. 설립 당시 이종호와 김진후 등이 거액을 출연하였고, 개교 후에도 관서 지방의 유지들(오희원, 오치은, 김진후 등)과 단체에서 계속 기부금을 내어 후원했다. 따라서 시설 면에서도 모범적이었다.

다섯째, 무엇보다도 중요한 것은 도산의 교육 방침과 솔선수범

하는 교육정신, 그리고 항일독립 정신은 빼놓을 수 없는 특징이며, 이 학교의 자랑이었다.

동명학원은 1924년 중국 난징(南京) 한서문 안 쌍석고에 중국집을 세내어 세웠다. 그 무렵 상해의 정국이 국민대표회 결렬 이후 극도의 침체 상태에 들어가고 경제적 곤란도 점점 심하여져 일부 인사들은 생활 방도를 찾아 난징으로 옮겨갔고, 청년들은 미국으로 유학할 길을 찾게 되었다. 이런 학생들에게 3년 과정으로 영어, 중국어와 군사학, 병식체조를 가르쳤고, 1년 과정의 대학 예비과를 두기도 했으며, 여름강습회를 열기도 했는데 수강생이 40~80명에 달했다고 한다(이태복, 2006: 328-330).

2) 사회교육

도산은 국내 · 외에서 신민회, 청년학우회, 공립협회, 대한인국민회, 흥사단 등의 단체를 조직했고, 공립신보, 신한민보, 태극서관 등의 언론 · 출판 활동을 하였다. 이런 활동들은 독립운동의 일환일 수도 있고, 어떤 면으로는 정치운동일 수도 있으나 본질적으로 민족 계몽과 국민성 훈련을 바탕으로 하고 있다는 점에서 넓은 의미의 사회교육활동으로 볼 수 있다.

신민회는 도산이 1907년 미국에서 귀국한 후에 당대의 기라성 같은 청년 지사들과 함께 종합적인 실력양성 운동을 위하여 결성한 비밀 조직이다. 도산은 신민회를 통하여 언론, 교육, 산업 등 다양한 사업을 실시했다. 이 운동은 민족의 혈맥에 새로운 활력소가 되어

10년 후에 3 · 1운동으로 피어나게 되었고, 한국민족의 근대화 운동이 대중 속으로 불붙게 한 최초의 불씨가 되었다(주요한, 1963: 55). 신민회를 통한 독립운동의 방향과 원칙은 대략 다음과 같이 요약할 수 있다. 즉, ① 애국적 선구자들이 자기 수양에 힘써 역량을 키우고 민중의 모범이 될 것, ② 그러한 동지들이 굳게 단결하여 힘을 더욱 크게 할 것, ③ 그 힘으로 교육과 산업 진흥에 전력하여 전 민족적 역량을 준비할 것, ④ 그리하여 앞으로 오는 독립의 기회를 놓치지 말고 자주적 역량으로 민족 갱생의 큰 사업을 이룩할 것 등이다(주요한, 1963: 71). 이런 원칙하에 도산의 모든 활동은 전개되었다.

청년학우회는 1909년 도산이 중심이 되어 조직한 우리나라 현대적 청년운동의 효시라고 할 수 있다. 윤치호를 중앙위원장, 최남선을 중앙총무로 하고, 지방조직은 한성 분회를 위시하여 개성 · 안악 · 평양 · 안주 · 선천 · 곽산 · 용천 · 의주 등으로 확대해 나갔다. 청년학우회의 목적은 무실 · 역행 · 충의 · 용감의 4대 정신으로 인격을 수양하고 단체생활의 훈련에 힘쓰며, 한 가지 이상의 전문 학술이나 기예를 반드시 학습하여 직업인으로서의 자격을 구비하여, 매일 덕 · 체 · 지육에 관한 수련활동을 한 가지씩 행하여 수양에 힘쓴다는 것이다.

주요한(1963: 100-101)에 의하면, "도산은 독립운동을 민족운동의 한 부분으로 인식하여, 민족 전체가 인간으로서 국민으로서의 자격을 향상하면 독립운동은 저절로 추진될 것을 믿었으며, 적어도 민족갱생 사업이 성공된 뒤라야 독립운동이 성공되리라는 원칙론에 확고한 신념을 가졌던 것이다." 도산은 반드시 '민족갱생 사업이 성공된 뒤라야' 혹은 '저절로' 독립이 된다고 믿지는 않았다고 하더라도 건전한 인격이 독립운동을 포함한 모든 일의 성패를 좌우하는 가장 중요한 요소라고 믿었던 것은 분명하다.

도산은 최광옥을 청년학우회의 모범 인물로 삼으려 했다. 최광옥은 기독교인으로 품행이 매우 깨끗하고 국어를 연구하여 우리나라에서 처음으로 문법을 저작하였으며, 글재주와 말재주가 뛰어난 애국청년으로, 도산의 민족운동 사상과 방법에 전폭적으로 공명하였다. 청년학우회는 창립된 이듬해인 1910년 망국과 함께 일본에 의하여 해체되고 말았다. 그러나 그 취지와 정신은 3년 후 미국에서 '흥사단'이라는 이름으로 부활되어 계승되고 있다.

흥사단은 1913년 5월 13일 샌프란시스코에서 조선 8도 대표를 발기인으로 하여 창립되었다. 망국의 한을 안고 조국을 떠난 도산은 청도회담이 결렬되고 거듭되는 실의와 좌절을 겪으면서 무엇보다도 건전한 인격과 신성한 단결이 모든 운동의 선결 조건임을 다시 한 번 뼈저리게 느꼈다. 흥사단은 1907년 유길준이 만든 '흥사단'의 명칭을 그대로 이어받았다. 그 목적은 "무실역행으로 생명을 삼는 충의 남녀를 단합하여 정의를 돈수하고 덕 · 체 · 지 삼육을 동맹수련하여 건전한 인격을 작성하고 신성한 단결을 조성하여 우리 민족 전도 대업의 기초를 준비함"에 있다(흥사단, 1986: 61). 흥사단은 동맹독서, 동맹체조, 동맹작업 등과 같은 다양한 훈련 프로그램을 통하여 교육과 단결훈련을 실시했다.

태극서관은 1907년부터 1909년까지 신민회 사업의 일환으로 서울 · 평양 · 대구에 설립되었다. 건전한 서적의 출판과 판매를 통하여 시간과 공간의 제약을 넘어서 널리 사상과 지식을 전파하여 민족의 각성을 꾀하려고 했던 운동이다. 도산은 "책사(冊肆)도 학교다. 책은 교사다. 책사는 더 무서운 학교요, 책은 더 무서운 교사다." 라고 했다. 책사란 서점을 의미한다. 이는 양서(良書)의 보급과 독서 운동의 교육적 가치를 강조한 말이다.

도산은 언론과 홍보를 통한 국민교육의 중요성을 누구보다도 잘 인식했다. 따라서 단체를 만들면 곧 신문을 발행했다. 처음 미국에서 공립협회를 조직하고 곧 이어 공립신문을 발행했고, 나중에 대한인국민회 시절에는 신한민보로 발전했다. 상해 임시정부 시절에는 독립신문을, 동우회에서는 「동광」이라는 잡지를 발행했다.

3) 모범촌운동

도산의 모범촌에 관한 구상은 곧 민족의 자주 독립과 국가의 영원한 번영을 추구하는 그의 사상체계와 활동의 가장 구체화된 모습으로 이해할 수 있다. 따라서 그 구상은 오랫동안 무르익었고 다양하게 시도되었던 것이다. 도산이 구상한 모범촌은 ① 이상적 농촌으로서의 지역공동체, ② 재외 동포의 항구적 생활근거지, ③ 독립운동의 실력양성기지 등의 성격을 포함하고 있다(이순형, 1986: 188). 이는 공동체적 삶의 터전일 뿐만 아니라 국민적 훈련을 위한 교육 공동체로서 교육적 의미가 크다고 볼 수 있다.

도산이 생각한 모범촌의 구조와 기능은 첫째, 마을 행정을 위하여 마을회관을 설립하고, 그 안에 사무실을 두며, 상임 직원을 두어 대외행정 및 지방행정과 긴밀한 유대관계를 가져야 하며, 체육관, 운동장, 도서실, 오락실, 담화실 등을 설치하여 주민들의 보건후생과 친교를 돕는다. 둘째, 금융기관을 설치하여 주민들의 경제생활을 근대화하며, 협동조합을 설치하여 생산, 판매, 소비 생활에 필요한 것을 조합을 통하여 함으로써 주민의 경제생활을 향상시킨다. 셋째, 학교는 일반교육을 위한 학교와 직업학교로 나누어 설립하되, 직업학교에서는 농업 · 임업 · 잠업 · 원예 · 목축 · 공업 · 건축 · 토목 · 식료품 가공 · 철공 · 요업 등 공동체의 생활에 필요한 모든 분야의 직업교육이 이루어질 수 있게 해야 한다고 생각했다(류태영, 1991: 87-89).

도산은 기회 있을 때마다 적당한 장소를 물색하고 더러는 토지를 매입하기도 하였다. 그가 후보지로 선정했던 곳이 황해도 봉산군 일대, 북만주 길림성 밀산현, 양자강 연안의 진강과 만주의 경박호 연안, 북미 캘리포니아에서의 북미실업주식회사, 평양 근교 대보산 송태산장, 평남선 강선역 부근의 달마산 기슭 등이다(류태영, 1991; 이순형, 1986). 상황이 여의치 못하여 비록 실현되지는 못했지만 모범촌 구상을 통하여 도산 교육활동의 한 측면을 알 수 있다.

3. 교육사상

도산의 교육활동이 다양한 만큼 교육사상 또한 독특하고 다양한 특징을 가지고 있으나 여기서는 자력주의(自力主義), 인본주의(人

本主義), 민족주의(民族主義), 성실주의(誠實主義), 합리주의(合理主義) 등 다섯 가지 측면에서 살펴보기로 한다.

1) 자력주의

도산은 소년시절 평양에서 청일전쟁으로 만신창이가 되는 조국 강토를 목격하고 의분을 참기 어려워 밤새 생각하고 또 생각했다. 그리고 얻은 결론이 '힘이 없기 때문이다' '힘을 길러야 한다' 하는 것이었다. 이것은 도산의 일생을 지배한 사상이요, 행동 원리였다. 1921년 도산은 상해에서 미국 · 멕시코 · 캐나다 등지에 있는 동지들에게 보낸 편지에서 이렇게 말하고 있다.

> 내가 이에 간절히 원하는 바는 이것이외다. '여러 분은 힘을 기르소서 힘을 기르소서' …… 참배나무에는 참배가 열리고 돌배나무에는 돌배가 열리는 것처럼 독립할 자격이 있는 민족에게는 독립국의 열매가 있고 노예 될 만한 자격이 있는 민족에게는 망국의 열매가 있습니다. 독립할 만한 자격이라는 것은 곧 독립할 만한 힘이 있음을 이름이외다. 세상만사에 작고 큰 것을 막론하고 일의 성공이라는 것은 곧 힘의 열매입니다. 힘이 적으면 성공이 작고, 힘이 크면 성공이 크고, 힘이 없으면 죽고 힘이 있으면 사는 것이 하늘이 정한 원리요 원칙이외다. …… 그런고로 천사만려(千思萬慮)하여 보아도 우리의 독립을 위하여 믿고 바랄 바는 오직 우리의 힘뿐이외다(주요한, 1963: 790-791).

우리가 믿고 바랄 것은 미국의 힘도 아니고 영국의 힘도 아니고 오직 우리 민족의 힘이어야 한다. 내가 믿고 의지할 것은 부모의 힘도 아니고 친구의 힘도 아니고 오직 나 자신의 힘이어야 한다. 이것이 도산의 자력주의의 원리다.

도산은 힘의 삼요소를 신용 · 지식 · 금전, 즉 인격의 힘, 지식의 힘, 경제의 힘으로 보았다. 이것을 '삼대 자본'이라고 표현했다. 그중에서도 인격의 힘을 가장 중요하고 근원적인 힘이라고 보았다. 나 하나를 건전 인격으로 만드는 것이 애국의 첩경이라고 생각했다. "그대는 나라를 사랑하는가? 그러면 그대가 먼저 건전인격이 되라."고 했다. 또한 힘이란 저절로 생기는 것이 아니다. 부단히 갈고 닦고 연마함으로써 생기는 것이다. 힘을 기르는 노력도 혼자 하는 것보다 공동으로 하는 것이 더 효과적이라고 했다. 돈을 모으는 것도, 몸을 단련하는 것도, 지식을 쌓는 것도, 인격을 닦는 것도 모두 동맹으로 하라고 권했다.

2) 인본주의

도산의 경우 인본주의는 두 가지 측면에서 생각할 수 있다. 하나는 인간에 대한 지극한 사랑으로서 인도주의(휴머니즘)를 뜻하며, 또 하나의 측면은 모든 일의 성패가 인간에서 달려 있다는 인간중심주의를 의미한다. 도산은 지극한 사랑의 인물이었다. 그는 인간뿐만 아니라 모든 생명에 대하여 깊은 연민과 애정을 가졌다. 방안에 둔 화초 한 포기조차도 무한한 애정과 정성을 가지고 돌보았다.

하물며 동지에 대해서야 말할 나위가 없다.

동오 안태국이 병사할 때 헌신적 간호와 후한 장례와 비통해하는 모습은 주위 사람들을 감동시켰고, 동지 윤현진이 병으로 죽을 때도 자기의 주머니를 털어서 치료에 전력을 다했고, 여운형이 러시아 여행 중 그 처자의 생계가 곤란하다는 말을 전해 듣고 여러 달 동안 생활비를 보냈다고 한다. 그때 도산은 여운형과 전혀 만나본 적도 없을 때였다.

도산은 늘 정의돈수를 강조했다. 이것은 자비(慈悲)·인(仁)·애(愛)의 인류의 이상을 실제화한 것으로 사랑이야말로 국가의 성쇠와 인류의 홍망을 좌우하는 열쇠라고 생각했다. "사회에 정의가 있으면 화기가 있고, 화기가 있으면 흥미가 있고, 흥미가 있으면 활동과 용기가 있다."고 했다(주요한, 1963: 8). 또한 어떤 이유로도 인명을 희생시키는 것은 정당화될 수 없다고 생각했다. 그는 철저히 비폭력 무저항주의를 신봉했다. 그래서 그를 간디에 비유하기도 한다(신일철, 1963). "적어도 동포끼리는 무저항주의를 쓰자. 때리면 맞고 욕하면 먹자. 동포끼리만은 악을 악으로 대하지 말자."(주요한, 1963: 5)

그는 사람을 대함에 있어서 노소, 귀천, 지위의 높고 낮음을 가리지 않고 한결같이 겸손하고 진지함을 보인다. 조지훈은 『한국 문화사 서설』에서 한국 휴머니즘의 전개 과정을 셋으로 분류하고 그 중의 하나를 '행화적 인간상'으로 멀리는 원효에서 가까이는 안도산에 이르기까지 "민중 속으로의 교화, 지성 궁행의 국민운동 사상의 계보"(조지훈, 1973: 334-337)라고 한 바 있다. 이것은 도산의 보편적 인류애의 측면을 파악한 것이라 생각된다.

도산은 모든 사회개조는 인간에서부터 시작된다고 보았다. "그대는 나라를 사랑하는가? 그러면 그대가 먼저 건전인격이 되라. 백성의 질고를 어여삐 여기거든 그대가 먼저 의사가 되라. 의사까지는 못 되더라도 그대의 병부터 고쳐 건전한 사람이 되라."(주요한, 1963: 5) 도산은 말하기를 인간은 스스로 개조하는 동물이라 했다. 나부터 스스로를 개조함으로써 민족이 개조되고, 궁극적으로 인간에 의해서 환경이 개조되고, 사회가 개조되고, 산업도 개조되고, 국가가 부흥하게 된다는 것이다. 이와 같이 모든 일의 성패의 제일 원인이 인간이라는 점이 도산의 인본주의의 또 하나의 측면이다. 그러므로 도산에게 있어서 인간은 최고의 가치이자 목적이며 어떤 다른 목적을 위해서도 인간의 비인간화는 용납될 수 없는 것이다.

3) 민족주의

"밥을 먹어도 잠을 자도 대한의 독립을 위하여" 한다고 했던 도산에게 있어서 민족은 곧 삶의 목적이며 생의 의미 바로 그것이었다. 도산의 민족주의는 민족이 스스로 자립 자존할 수 있는 민족의 힘을 기르자는 것이다.

종종 민족주의는 편협한 국수주의나 배타적 쇼비니즘과 동일시하기도 한다. 이러한 오해를 없애기 위하여 벤담(Bentham)은 국제주의(internationalism)라는 개념을 도입하여 세계주의(cosmopolitanism)와 엄격히 구분하고 있다. 그것은 민족국가와 민족국가, 민족과 민족 사이의 관계를 표현한 것으로서, 세계주의와 구별하면서 배타적 민족주의를 완화할 수 있다는 것이다. 과거의 세계주의자는 민족을 배척하고 애국심을 비난함으로써 '세계의 시민'이 되려고 하였다. 새로운 국제주의자는 보다 더 좋은 세계질서를 만들기 위하여 좋은 민족주의자가 아니면 안 된다는 것이다. 그런데 좋은 민족주의자란 자기 이외의 여러 민족에 대해 자기가 다른 민족에게 바라는 바와 같이 하는 것을 의미한다(Hayes, 1950: 132-134). 벤담은 세계주의와 달리 국제주의는 민족주의와 잘 조화될 뿐 아니라, 오히려 좋은 민족주의자라야 진정한 세계 평화를 이룰 수 있다고 보았다.

이런 의미에서 도산의 민족주의는 국제주의적이며 참된 세계 평화의 길로 통한다. 도산은 동우회 사건으로 검거되어 심문을 받을 때 다음과 같이 말했다.

> 나는 일본이 무력만한 도덕력을 겸하여 가지기를 동양인의 명예를 위하여 원한다. 나는 진정으로 일본이 망하기를 원하지 않고 좋은 나라가 되기를 원한다. 이웃인 대한을 유린하는 것은 결코 일본의 이익이 아니 될 것이다. 원한 품은 2천만을 억지로 국민 중에 포함하는 것보다 우정 있는 이웃 국민으로 두는 것이 일본의 득일 것이다. 대한의 독립을 주장하는 것은 동양의 평화와 일본의 복리까지도 위하는 것이다(주요한, 1963: 438).

동우회 사건으로
수감되었을 때의 도산

이것은 순간적인 임기응변이 아니다. 도산의 신념에서 나온 말이다. 비록 '일본'이라는 나라는 불공대천의 원수이지만, 그는 어느 경우에도 '일본 놈'이라는 표현을 쓰지 않았을 뿐만 아니라 자연인으로서의 일본인을 결코 미워한 적이 없다.

도산은 세계와 인류를 위하여 힘쓰는 길은 제 나라를 좋은 나라로 만드는 데 있다고 보고, 국제사회의 일원이라는 의식을 바탕으로 한 민족주의만이 옳은 민족주의라고 했다. "각 민족으로 하여금 외세의 간섭 없이 자유롭게 문화를 창조하고 발달하게 하면 형형색색의 각종 꽃들이 한 폭의 화단에 조화된 미를 구성하는 모양으로 인류의 진정한 조화와 통일을 가져올 것이다. 따라서 민족 상호 간의 간섭과 무력 투쟁은 이유 여하를 막론하고 반인류적"(주요한, 1963: 277)이라고 했다. 이처럼 도산의 민족주의는 순수한 인도주의를 바탕으로 하여 국제주의와 조화를 이루는 것이다.

4) 성실주의

성(誠)은 곧 참(眞)이요, 거짓이 없는 것을 뜻한다. 도산은 "죽더라도 거짓이 없어라. 농담으로라도 거짓을 말아라. 꿈에라도 성실을 잃었거든 통회하라."고 가르쳤다. 또 "거짓이여! 너는 내 나라를 죽인 원수로구나. 군부의 원수는 불공대천이라 했으니 내 평생에 죽어도 다시는 거짓말을 아니 하리라."라고 했다(주요한, 1963: 5). 도산만큼 뼛속 깊이 거짓을 미워하고 진실을 추구하고 정직하게 산 사람은 흔치 않을 것이다. 정직을 말로 가르친 사람은 많다. 또 동서고금을 막론하고 정직을 최고의 덕목으로 여기지 않은 사회는 없었다. 그러나 정직을 몸으로 실천하며, 말과 생각과 행동이 일치한 사람은 흔치 않다.

도산은 조국의 독립을 위하여 크고 작은 여러 가지 일을 도모함에 있어서 수많은 사람을 접하면서 수없이 많은 배신과 좌절도 맛보았다. 그리고 얻은 결론이 '인격혁명' 이다. 인격개조가 선행되지 않으면 아무 일도 할 수 없다는 것을 통감했다.

중용에 "참된 것은 사물의 시작과 끝이니 참되지 않으면 사물이 없다(誠者物之終始 不誠無物)." 라는 말이 있다. 도산은 사람을 대할 때나 일을 처리할 때나 온 정성을 다했다. 신분의 귀천과 연령의 고하를 막론하여 성심으로 사람을 대하고, 일의 크고 작음을 막론하고 열과 성을 다하여 처리했다. 또한 아무리 급박한 처지에 있더라도 거짓으로 위기를 모면하려 하지 않았다.

도산이 처음 미국에 가서 초등학교에 입학하려 했을 때 두 번씩이나 나이가 많다고 거절당하니, 하숙집 주인이 딱하다는 듯이 "그대는 동양 사람이므로 키도 작은데 23살이라고 고집 부리지 말고 17살이라고 얘기하라." 고 권하자, "입학을 못하면 그만이지 나이를 속일 수는 없다." 고 단호히 거절했다는 일화는 작은 예에 지나지 않는다. 우리는 대의를 명분으로 하여 작은 거짓말은 예사로 행하고 자기 합리화를 하는 경우를 흔히 본다. 그러나 도산에게 있어서 정직은 절대적이며 정언명령인 것이다.

도산은 「합동과 분리」라는 글에서 다음과 같이 말했다.

> 거짓말하고 속이는 것이 가죽과 뼈에 젖어서 양심에 아무 거리낌 없이 사람을 대하고 일에 임하매 속일 궁리부터 먼저 하게 되었습니다. 대한민국을 참으로 건질 뜻이 있으면 그 건지는 법을 멀리서 구하지 말고 먼저 우리의 가장 큰 원수 되는 속임을 버리고 각 개인의 가슴 가운데 진실과 정직을 모시어야 하겠습니다. …… 대한 사람이 대한 사람의 말을 믿고, 대한 사람이 대한 사람의 글을 믿는 날에야 대한 사람은 대한 사람의 얼굴을 반가워하고 대한 사람은 대한 사람으로 더불어 합동하기를 즐거워할 것입니다. 만일 대한 사람을 건질 뜻이 없으면 모르거니와 진실로 있다고 하면 네 가죽 속과 내 가죽 속에 있는 거짓을 버리고 참으로 채우자고 거듭 거듭 맹세합시다(안병욱, 1972: 35).

도산의 성실주의는 모든 사람을 대하는 근본 원리이며, 일을 처리하는 기본 원칙이다. 도산이 1913년 망명지 샌프란시스코에서 조직한 흥사단은 한마디로 하면 성실주의 운동이다. 혹자는 나라를 외적의 손으로부터 되찾아야 하는 절박한 순간에 인격운동 도덕운동이 무엇이냐고 비난하는 사람도 있었지만 도산은 결코 인격운동만 하자고 성실주의를 주창한 것이 아니다. 다만 그것이 선행되지 않고는 협동도 단결도 불가능하고, 무장 독립운동도 정치 외교를 통한 독립운동도 불가능하다는 것을 체험했기 때문이다.

밥 안 먹고 배불러 보겠다는 식의 인과율을 무시한 사고방식, 힘이 없으면서도 큰일을 할 수 있다고 믿는 허황된 생각, 아무 준비와 계획도 없이 일을 시작하는 무원칙 무계획의 태도, 약속을 하고

도 지키지 않고 맹세를 하고도 이행하지 않는 불성 불충의 악습, 실력과 실질을 준비하지 않고 빈말과 거짓말만 하는 공리공론과 허장성세의 폐풍, 조그만 어려움 앞에 주저앉고 마는 무기력한 정신, 자기가 한 말에 책임질 줄 모르는 비겁과 무책임, 협동과 단결을 이루지 못하고 대립과 파쟁에 휩쓸리는 소아(小我)와 고집의 폐습, 합리적 계획과 착실한 실천 없이 우연과 요행을 바라는 불합리한 생각, 사회적 동정심의 결여, 자주 독립적 태도의 박약, 진취와 적극적 정신의 부족 …… 모두다 우리 민족의 성격의 병, 마음의 병, 사고방식과 생활 태도의 병이다. 이러한 민족의 정신적 성격적 질환과 악습을 고치지 않는 한 우리 민족은 절대로 자주독립과 번영을 이룰 수 없다고 도산은 생각했다. 민족의 독립과 번영이 우리의 근본 목적이요, 이 목적을 달성하기 위한 방법은 국민 각자의 성격 개조에서부터 시작해야 한다고 그는 믿었다(안병욱, 1972: 90-91).

5) 합리주의

도산의 성실주의는 그대로 합리주의로 연결된다. 합리주의는 냉철한 지성의 산물이다. 도산의 지성은 일상의 평범한 행동거지에서부터 위대한 민족 경륜에 이르기까지 그것들의 논리성과 합리성을 추구하는 데서 드러나고 있다. 무실역행의 정신을 생명과 같이 여겨야 한다고 강조한다. 무실역행이란 곧 합리성의 표현이다. 경제적 능력을 돌보지 않고 분에 넘치는 살림을 한다든가, 감당할 능력을 갖추지 못하고 윗자리를 탐낸다든가, 씨 뿌리고 가꾸지 않고 추수를 기다리는 태도, 계획도 없이 일을 착수하는 태도, 계획만 하고 실천이 없는 태도는 모두 인과율을 무시한 불합리와 반지성의 태도다.

도산의 측근에서 도산을 도와 오래 흥사단 운동을 했던 장리욱(張利郁)은 도산의 지성과 합리적 태도에 대하여 다음과 같이 기술하고 있다.

> 도산은 숫자와 통계와 사실을 존중했다. 그러기에 그는 자기의 사랑, 조선 민족에 대해서 누구보다도 철저하게 그 결함과 단점을 낱낱이 찾아냈고, 또 시인한 것이다. 아무리 가슴 아픈 일일지언정 이것이 사실일 경우 사실 그대로 받아들여야 한다는 것이 그의 신념이다. 슬픈 사실일지언정 현실적인 그 사실에 처한 계획을 가지고서만 부흥과 재건을 이룩할 수 있다는 것이 그의 교훈이다.
>
> …… 도산은 일본 국력이 거대해진 사실을 부인하지 않았다. 또 일본이 영구히 조선 민족을 통치하려는 야심이 그 정책의 일단으로 되어 있다는 것을 모른다고 하지 않았다. 도산은 이 현존한 사실을 일일이 인정하고 시인했다. 그러나 그는 '일장기 밑에서' 라는 결론을 따르지 않았고 또 인정하지 않았다. 그러면 그는 뭐라고 했는가, "한 민족의 운명은 그렇게 간단하게 결정되고 마는 것이라고 나는 믿지 않소. 나는 우리 민족 문제에 대해서는 비관을 갖지 않소." 이것이 분명 도산의 그 지성이 말하는 결론일까. 숫자와 통계와 엄연한 사실을 인정하는 도산이라면 어디서 이 엉뚱스런 판단이 생겼을 것인가. 이 비현실적인 도산의 태도

는 어떻게 해석될 수 있는가.

나는 이 점에 대해서, 이때 도산의 가슴속에서는 보통 지성을 초월한 보다 높은 차원의 지성이 작용하고 있었다는 것을 믿고자 한다. 이것은 누구의 가슴속에라도 지극한 정열과 성의와 사랑이 가득 차 있을 경우, 어느 정도 자연스럽게 떠오르는 '지혜' 라고 생각한다. 칸트가 말한 선험지식이란 것이 곧 그런 것일는지도 모른다. 조선 민족에 대한 지극한 사랑이 그로 하여금 이런 지혜를 갖게 한 것이라고 믿는다.

도산이 만일 지성의 도산이 아니었다면 그저 비분강개한 애국자로서 그 일생을 마쳤을지도 모른다. 또 되건 아니 되건 그저 명분과 의분에 몰린 독립운동으로 한 평생을 보냈을지도 모른다. 물론 감상적 애국자도 좋고 또 의분에 사무친 독립운동도 귀하다. 그러나 도산의 지성은 민족을 위한 사업이 여기서 끝나고 마는 것을 용납하지 않았다. 원대한 독립운동의 방략을 세워야 했고 또 민성개혁을 위한 흥사단 운동을 일으켜야 했던 것이다. 도산이 만일 초지성적 도산이 아니었다면 옥사를 면했을는지도 모른다. 도산이 만일 많은 다른 사람들과 마찬가지로 숫자와 현실에 아주 사로잡혀 버렸다면 그도 또 누구나 마찬가지로 영리할 수 있었다. 즉, 요령 있게 일신의 안일을 가질 수 있었던 것이다.

그러나 그에게는 지성을 훨씬 뛰어넘은 높은 경지의 지성이 있었다. 그의 지조, 그의 절개, 그의 숭고한 인격은 모두 이 고급의 지성에서 우러나온 표현일 것이다(장리욱, 1973: 23-24).

이상에서 비교적 장황하게 인용한 것은 도산의 운동 방법과 사상을 시대적 상황 속에서 이해하는 데 매우 중요한 관점이라고 보기 때문이다. 도산의 지성, 즉 합리성은 인과의 법칙과 통계와 숫자, 즉 경험적 사실을 중요시하고, 계획과 절차를 중요시한다. 그러나 단순히 경험적 사실에만 얽매이지 않는 보다 높은 차원의 지혜가 있다. 다시 말하면, 그것은 원대한 역사성에 입각한 대의와 정의가 일시적인 특정 시간과 공간에서의 합리성을 초월하는 높은 차원의 합리성인 것이다. 논리로만 설명하기 어려운 고차원의 지혜이며, 도산의 합리주의는 그처럼 높은 경지에 달하고 있다는 것을 강조하고 있는 것이다.

도산은 민족적 대업이 일시적 의분이나 비분강개로 끝나는 것을 원치 않았다. 그의 원대한 민족 독립의 방략과 경륜은 이와 같은 합리성에 근거한 것이기에 어떤 어려움 속에서도 냉철한 지성에 근거하여 대응할 수 있었던 것이다.

4. 교육방법

여기서는 학교교육 및 사회교육활동을 통하여 나타난 교육방법의 특징을 살펴보기로 한다.

1) 본보기를 통한 교육

도산은 무엇보다도 본보기를 중요시했다. 스스로 인격의 본보기가 되고자 했고, 그가 하는 모든 사업은 좋은 모델이 되어 그와 유사한 사업이 널리 퍼져나가기를 바랐다. 그는 대성학교 개교식에서 다음과 같이 말했다.

> 나는 '본보기' 라는 것을 심히 중요시한다. 이론이 아무리 좋아도 그것이 실천되어 한 '본보기' 를 이루기 전에는 보급력이 생기지 못한다고 나는 생각한다. 소위 학교교육에 대한 천언만어보다도 '본보기' 학교 하나를 길러 놓는 것이 요긴하니 그리하여 사람들은 그것을 모방하려 하는 것이다. ……
>
> 이 학교뿐만 아니라 인격수련에 대하여서도 이 '본보기' 라는 생각을 가지고 있다. 우리 대성학교 학생 중에서 하나 거짓 없는 사람이 생기면 거짓 없는 많은 사람이 생길 수 있다고 본다. 그러므로 무엇보다 각자가 나 하나를 건전한 인격으로 만드는 것이 우리 민족을 건전하게 하는 유일한 길이다(강제환, 1950: 22-23).

더 이상의 설명이 필요하지 않을 정도로 명료하게 본보기(model)의 중요성을 강조하고 있다. 제도의 본보기뿐만 아니라 인격의 본보기를 길러 내자는 것이 도산의 교육 목표이며, 교육 방법이다. 새로운 이론을 만드는 것 못지않게 그 응용과 실천에도 비범한 천재성과 독창성을 요구한다는 점에서 실천력 있는 인물의 양성을 강조하고 있다.

실제로 도산은 대성학교를 모범적으로 운영함으로써 시설과 운영 및 교육이념과 교육방침 등 모든 면에서 '본보기'가 되었다. 대성학교의 학생들은 창립 1주년이 되기도 전에 평양 시민의 존경과 사랑을 받게 되었고, 방학 때 각각 고향에 돌아가면, 그들은 동네 어른들과 또래들로부터 경의와 존경을 받았다. 이 때문에 멀리 함북과 경남에서까지 대성학교의 문을 두드렸고, 각지에 신설되는 학교들은 대성학교를 표본으로 하였다(주요한, 1963: 80).

이승훈이 오산학교를 세운 것도 도산의 영향이며, 조신성(趙信聖)으로 하여금 평양진명여학교를 세우게 하였고, 후일 이종호가 세운 경성중학교, 의주의 양실학원, 안악의 양산중학 등은 대성학교를 본보기로 삼았다. 뿐만 아니라 대성학교란 이름의 많은 사립학교가 전국에 세워졌다(이광수, 1947: 29-30; 대한매일신보, 1909. 3. 16).

2) 준법의 생활화

도산은 준법(遵法)이야말로 국민생활의 제일 조건이며 의무라고 생각했다. 대성학교를 운영하면서 교내에 까다로운 규칙을 만들지 않았다. 규칙이 많으면 지키기 어렵기 때문이다. 그러나 한번 정한 규칙은 반드시 지키게 하였다. 일단 정해진 규범은 그것을 지키는 데 "대소와 경중이 없고, 상하와 귀천이 없다. 학교의 규칙이나 회(會)의 규약이나 기숙사의 전례(典例)나 모두 법이다. 단체생활은 곧 법의 생활이다. 국가란 법 위에 세워진 것이다. 법이 해이하면

단체는 해이해진다.”(이광수, 1947: 28)

그러므로 도산은 학생들이 단체를 조직할 때에는 입법을 신중히 하여 지킬 수 있는 정도를 넘기지 않도록 가르쳤다. 그 대신 한번 정한 법은 엄격히 지켜야 하며, 사정(私情)이 있어서는 안 된다고 했다. 법은 냉혹한 것이다. 법과 애정을 혼동하는 곳에서 기강이 해이하게 되며, 한 사람에게 사정을 둠으로써 법이 권위를 잃고, 법이 권위를 상실하면 그 단체가 와해되고 만다고 했다.

법을 지키는 일은 국민생활의 기본 훈련으로서, 약속을 잘 지키는 일, 시간을 잘 지키는 일, 규칙을 잘 지키는 일이 거짓 없고 성실한 인격을 기르기 위한 필수적인 요소라고 생각했다.

이런 점은 홍사단의 운영에서도 잘 나타나 있다. 홍사단의 규약을 「약법(約法)」이라고 하고 이를 철저히 숙지한 후에 입단할 수 있도록 문답을 통하여 확인하는 독특한 절차를 채택했다. 뿐만 아니라 입단한 후에도 여러 가지 의무와 약속을 철저히 이행했는가를 수시로 평가하고, 이를 어겼을 때는 징계를 하거나 출단을 하도록 되어 있다(홍사단, 1964: 27-37).

징계와 관련된 홍사단 원동위원부에서의 일화가 있다. 당시 중국인들의 도박을 좋아하는 악습을 고치기 위하여 장개석(將介石)이 마작 금지령을 내렸고, 이를 계기로 홍사단 단원들도 마작을 하지 않기로 결의하고 이를 어길 경우 상응하는 징계를 하기로 했다. 그런데 중진 단원 2명이 규약을 어겨서 징계를 논의하게 되었을 때, 찬반양론이 있었다. 이때 도산은 단호하게 징계를 결정했다. “그 동지를 미워하는 것이 아니라, 그 동지의 범칙 행동을 미워하는 바이다. 연령의 고하와 단의 간부 비간부가 어디 있느냐. 단규를 마땅히 잘 지킬 사람이 못 지켰으니 용서가 어디 있느냐."라고 했다(주요한, 1963: 891). 1913년에 창립된 흥사단이 순수 민간인들로 구성된 자율적 단체로 100년 가까이 지속되어 온 것은 결코 우연이 아니다.

3) 과외활동을 통한 인격교육

도산이 설립하여 운영한 모든 교육기관의 교육이념의 핵심은 '성실'이며, 교육 목적은 건전한 인격을 지닌 애국심 있는 국민을 기르는 데 있다. "죽더라도 거짓이 없어라." 이것이 학생에 대한 최대의 요구였다. 특히 대성학교의 교육은 정직과 시간엄수가 강조되었다.

> 도산의 교육 방침은 건전한 인격을 가진 애국심 있는 국민의 양성에 있었다. 도산이 주장하는 건전한 인격이란 무엇인가. 참됨으로 중심을 삼았다. 거짓말이 없고 속이는 행실이 없는 것이다. 생도의 가장 큰 죄는 거짓말, 속이는 일이었다. 이에 대하여는 추호의 용서함도 없었다.
>
> "죽더라도 거짓이 없어라." 이것이 도산이 생도들에게 하는 최대의 요구였다. 약속을 지키는 것, 집합하는 시간을 지키는 것이 모두 참의 공부요, 약속을 어기는 것, 시간을 아니 지키는 것은 허위의 실천이라고 보았다. ……
>
> "대신이 이름만 대신이요 다른 일을 함으로 우리나라가 이

> 모양이 되었다." 도산은 이렇게 훈계하였다. 허위로 쇠퇴한 국세를 회복하는 길은 오직 성실이 있을 뿐이다. 여러 학생들은 만인의 신뢰를 받는 사람이 됨으로 우리 민족이 만국에 신뢰받는 민족이 되게 하라(이광수, 1947: 26-27).

따라서 인격교육은 모든 것에 최우선할 뿐만 아니라 결코 교과교육과 분리해서 생각할 수 없다. 참된 인격교육은 모든 교과와 과외 활동과 잠재적 교육과정 속에 자연스럽게 스며들어야 한다고 생각했다. 이를 위하여 도산은 학생의 교육뿐만 아니라 교원을 감화함으로써 인격교육의 효과를 높이고자 했다. 그는 "교원을 동지의의로 굳게 결속하였다. 그의 인격의 감화력이 어떻게 위대했던가 하는 것은 잠시라도 대성학교의 학생이었던 사람은 평생에 도산을 앙모하게 되었으며, 어떤 사람이든 대성학교의 교원으로 들어오면 수 주 내에 도산화(島山化)한 사실로 보아서 추측할 것이다."(이광수, 1947: 26)

도산은 교과활동 못지않게 인격수련과 애국심의 배양과 강인한 정신훈련, 그리고 따뜻한 인간애를 기르기 위한 각종 과외활동을 적극 권장하였다. 대성학교에는 학생회, 웅변부 · 음악부 · 운동부 · 규율부(檢察部) · 사교부 · 연극부 등의 과외활동 조직이 있었고, 운동부 중에는 축구부와 야구부가 활발하였는데 충분한 장비를 갖추고 있었다. 이 무렵 경평(京平) 축구경기가 시작되었으며, 서양 선교사 팀과의 야구경기도 이루어졌다. 또한 교내에 각종 악기를 완비한 군악대(밴드부)를 둔 것도 처음이라고 한다(김형식, 1932: 15).

위에 언급한 각종 과외활동 외에도, 군사훈련, 명사초청 강연회, 수영훈련, 성경 연구회, 청결훈련, 오락회와 장기자랑 등을 정기적으로 시행했다. 특히 노래 부르기를 권장하여 스스로 많은 노래를 지어 부르기도 하였다. 도산은 비록 놀이를 할 때라도 성심성의 최선을 다할 것을 강조했으며, '훈훈한 마음으로 빙그레 웃는 얼굴'이라고 쓴 현판을 걸고 미소운동을 전개하기도 하였다.

도산은 개학식이나 방학식과 같은 행사를 통해서도 최대한의 교육 효과를 얻으려고 했다. 다음과 같은 신문 기사는 그 일단을 보여 준다.

> 대성학교 하기 방학식을 이달 23일에 기자능(箕子陵) 아래 민○단(愍○壇)에서 실행하였는데 관찰사 이진호(李軫鎬) 씨의 권면하는 연설과 생도 옥관빈(玉觀彬) 씨의 이충무공 역사담과 전덕기(全德基) 이동휘(李東暉) 최병헌(崔炳憲) 3인의 권면하는 연설과 각종 풍속에 관한 연극을 이어서 거행하여 일대 성황을 이루었는데 구경꾼이 삼천여 명에 달하였다더라(「대한매일신보」, 1909. 6. 30; 필자 번역).

방학식 행사가 결코 학교만의 행사가 아니고 시민의 행사로 치러졌음을 알 수 있다. 이 짧은 기사를 통해서도 전인교육과 애국심을 고취하려는 도산의 교육관을 엿볼 수 있으며, 대성학교가 일종의 지역사회 학교(community school)의 역할을 하고 있다는 것을 알 수 있다.

4) 대화를 통한 교육

도산은 대성학교 신입생을 뽑을 때도 직접 면접을 하였다. 가정환경, 경력, 정신 등에 관하여 일일이 문답을 하였다. 이는 당시의 상황으로 보아 학생을 선발하기 위한 시험이라기보다 입학의 동기를 확고히 하고, 동지적 결속을 다지기 위한 과정이라고 볼 수 있다. 이런 절차를 거치므로 4백 명 학생들의 이름을 거의 다 기억하고, 어디서건 학생을 만나면 직접 이름을 불러서 반겼다고 한다.

또한 담배를 피우는 학생들에게는 담배의 해독에 대하여 일일이 설명을 하고, 수음(手淫)의 해독을 설명해 주기도 하고, 결혼을 한 나이 많은 학생들(당시 30~31세 정도의 학생도 있었다.)에게는 부부생활에 관한 조언을 해 주기도 하였다.

또한 도산의 문답법은 소크라테스의 산파술 혹은 대화법에 비유된다. 그는 학생들에게나 동지에게 자신의 생각을 일방적으로 주입하는 것이 아니라, 끈기 있게 문답을 계속하는 동안에 상대방이 스스로 진리를 깨우치게 한다. 도산의 문답에 관하여 춘원 이광수는 다음과 같이 말했다.

> 선생은 …… 옛날 그리스 철인의 문답과 같은 방법으로 상대를 설복함에 능하였다. 논적(論敵)의 이론에는 만강의 경의로 경청한 후 서서히 묻고 대답하는 가운데 논자로 하여금 부지중에 자기 이론의 모순을 깨닫게 하였으며 또 배움을 청하는 이에게도 결론을 주입하는 방법을 취하지 아니하고 묻고 대답하여 자기의

대답으로 스스로 확연히 깨닫게 하였으니 선생은 천생의 교사라 할 것이다(전집, 12: 45).

도산은 특유의 탁월한 지성과 날카로운 분석력을 가지고 끝없이 질문을 던진다. 그리하여 한번 그에게 문답을 받은 사람은 평생 처음 자기를 발견한 것 같은 느낌을 갖는다. 그때까지 안다고 했던 것이 얼마나 터무니없는 것이었던가를 깨닫게 된다고 직접 문답을 받았던 사람들이 술회하였다.

5) 엄격함과 부드러움의 조화

도산은 무엇보다 거짓에 대해서는 추상같이 엄격했으나 다른 일에는 관용과 사랑을 보여 주는 데 인색하지 않았다. 전영택의 대성학교 시절 추억담에 의하면, 한번은 조회시간에 어떤 학생의 무기정학 사실을 공고하면서,

> 그 학생이 …… 결석계를 내면서 남의 도장을 슬쩍 비벼서 소위 카무플라주한 것입니다. 그래서 선생님 말씀이, "이것이 비록 작은 일 같지마는 우리 대성학교의 정신에 어그러진 것이니, 박절하지만 중벌을 할 수밖에 없소. 우리 대성학교에 이런 학생이 있다는 것은 참 부끄러운 일이오."라고 했다(주요한, 1963: 81).

이처럼 규칙을 어기는 일과 거짓에 대해서는 엄격하게 다스렸

으나 개인적으로는 어버이처럼 자애로웠다.

학생 중에 어려운 사정이 있어 호소하면 정성껏 듣고, 해결책을 마련하거나 격려하는 데 시간을 아끼지 않았다. 한번은 어떤 학생이 먹은 것이 체하여 조회시간에 쓰러지자 도산이 자기 방에 데려다가 눕히고 약을 구해 먹이고 간호한 후에 교실로 보냈다. 또 가난한 학생들을 위한 장학제도를 두어 매달 식비 3원과 월사금(수업료) 1원을 보조하였다. 여가에는 학생들의 숙소와 가정을 방문하여 학생들을 위로하고 격려하였다(주요한, 1963: 80-86).

도산은 육아와 유아교육에도 사랑과 엄격한 규칙을 적용하도록 하였다. 흥사단원의 집을 방문하였을 때 부인의 노고를 위로하며, 될 수 있으면 하녀에게만 맡기지 말고 아기에게 젖먹이는 시간과 간식 먹이는 시간, 수면시간 등을 규칙적으로 하고, 운다고 하여 아무 때나 먹을 것을 주지 말 것을 권했다. 또 동네 아이들이 싸우는 것을 보고, 직접 타이르고 몇 가지 벌칙을 약속하여 스스로 지키도록 하였다. "아이들에게 어른들이 신용을 지키시오. 어물어물 임시 처방으로 아이들을 속이지 마시오. 그리고 아이들을 진심으로 사랑하여 보십시오. 왜 싸우겠습니까?" 라고 했다(주요한, 1963: 888-889).

6) 노작을 통한 인격교육

대성학교 시절 학교의 돌담을 쌓기 위하여 도산은 학생들에게 매일 아침 등교 길에 돌을 한 개씩 가져오도록 하였다. 그러나 도산은 이를 통하여 돌담 쌓는 비용을 줄이려는 데 주된 목적이 있는 것이 아니라, 협동정신과 티끌 모아 태산이 된다는 이치를 가르치고, 항심(恒心)과 신의의 미덕을 교육하고자 했던 것이다.

김정환(1986: 146)은 "협동적 노작을 통하여 협동적 정신을 배양하고 문화의 원리를 체험시킨다는 교육방법, 이것 역시 도산이 제창한 귀한 교육방법이다. 이 원리를 현대적 표현으로 노작교육(Arbeits Schule)이라 한다."고 했다.

또한 '동맹작업'은 흥사단의 중요한 수련과정이기도 하다. 매주 일정한 시간에 함께 모여서, 혹은 약속한 시간에 각자 노동을 함께 하는 프로그램이다. 이런 전통은 해방 후에도 이어져서 필자도 학생시절 대성빌딩 지하 작업실에서 봉투 만들기 작업을 했던 것을 기억한다. 도산은 미국에서 동포들과 귤을 따면서, '귤을 따도 정성껏' 따는 것이 민족 독립운동을 하는 길이라고 했다.

지식층일수록 노동을 천시하는 전통사회의 관념을 불식시키고, 노동을 통하여 협동과 근면의 정신을 가르치고, 노동의 신성함을 일깨우기 위하여 일찍이 노작교육의 원리를 도입했던 것이다. 노작교육은 페스탈로치, 케르쉔슈타이너 등 유럽의 많은 교육사상가들이 전인교육의 필수적인 요소로 강조하고 있다.

7) 점진주의

점진주의(漸進主義)는 도산의 삶의 태도이며, 교육과 일을 추진하는 방법적 원리다. 그가 처음 세운 학교의 이름을 '점진학교'라고 한 것도 이와 같은 원리가 반영된 것이다. '점진'이라는 교명은 도산의 실력배양주의, 즉 '힘을 기르자'는 평생 과업의 첫 번째 표현인 셈이다. 점진은 단순히 급진의 반대 개념이 아니라 쉬지 말고 꾸준히 그리고 서두르지 말고 단계를 밟아서 치밀한 계획을 가지고 용기 있게 전진하라는 뜻이다. 습관을 개조하고, 인격을 개조하고, 힘을 기르는 일이 하루 이틀에 되는 일이 아니기 때문이다. 따라서 점진주의는 인과의 원리이며, 합리성의 원리요, 계획성의 원리를 포함한다(박의수, 1993: 166–167).

교육은 근본적으로 미래를 준비하는 일이며, 의도적이고 계획적인 활동이다. 일시적 비분강개나 충동에 의한 행동 또는 원인을 준비하지 않고 좋은 결과만을 기대하는 요행심리, 과학성이 결여된 비합리적 태도, 계획 없이 일을 추진하는 무모함, 이런 것들을 배격하자는 것이다.

도산은 「동포에게 고하는 글」에서 우리 사회의 가장 큰 병폐 중의 하나가 거짓과 허장성세라고 지적하고, 부허(浮虛)를 버리고 착실(着實)로 나가야 한다고 했다. 그는 "대저 착실이란 것은 무슨 일에든지 실질적 인과율에 근거하여 명확한 타산 하에 정당한 계획과 조직으로써 무엇을 어떻게 하여 어떠한 결과를 지어내겠다 하고 그 목적을 달할 때까지 뜻을 옮기지 않고 그 순서에 의지하여 각근한 노력을 다함"(주요한, 1963: 484)을 의미한다고 했다. 처해 있는 상황이 절박할수록 기초부터 착실하게 다져가야 한다는 것이 점진주의의 원리다.

8) 동맹수련

도산은 '힘은 건전한 인격과 공고한 단결에서 나온다는 것'을 굳게 믿었다. 뿐만 아니라 인격개조, 민족성 개조는 오랜 세월 꾸준히 지속되어야 한다. 그런데 개인의 생명은 유한하며 작심삼일(作心三日)이 되기 쉽다. 그러나 단체의 생명은 무한하며 뜻을 같이 하는 사람들이 모여서 서로 격려하며 함께 한다면 더욱 효과적이고 오래 지속할 수 있다. '동맹저축' '동맹체조' '동맹독서' '동맹작업' 등은 도산이 즐겨 사용한 수련의 방법이다. 이는 예속상교(禮俗相交) 덕업상권(德業相勸) 과실상규(過失相規)의 정신을 근본으로 하는 조선시대 향약(鄕約)의 정신과도 상통하는 것이다. 동맹수련은 도산이 제창한 홍사단의 중요한 수련 방법이다.

> 힘을 준비함에는 특별한 새 주의와 새 방법을 연구할 것이 없습니다. …… 속이거나 거짓말하지 아니하고 진실하여 '신용의 자본' 을 동맹저축 합시다. 한 가지 이상의 학술이나 기능을 수학하여 전문 직업을 감당할 만한 '지식의 자본' 을 동맹저축 합시다. 각기 수입에서 10분지 2 이상을 저금하여 적어도 10원 이상의 '금전의 자본' 을 동맹저축 합시다(주요한, 1963: 792).

도산은 개인이건 국가건 힘은 자본의 축적에서 생긴다고 보았다. 그런데 금전적 재산만 자본이 아니고 지식과 신용까지도 자본이라고 보았다는 것은 도산의 탁월한 지혜이며 선견지명이다. 그중에서도 신용의 자본, 즉 도덕성을 가장 중요한 자본으로 보았다. 무엇보다도 도덕성을 '자본'의 개념으로 파악한 것은 매우 선구적인 발상이라고 할 수 있다. 21세기 지식사회에서 지식의 자본은 강력한 힘의 요소로 등장하고 있다. 더 나아가서 미래의 신용사회에서는 신용의 자본이 더욱 중요한 힘의 요소이며 일류국가의 요건이 될 것이다. 도산은 이처럼 여러 가지 자본을 축적하는 일을 동맹으로 할 때 더욱 효과적이라고 믿었다.

동맹수련은 또한 공동체의식의 함양을 위하여 매우 효율적인 방법이며, 모든 생활 영역에 적용될 수 있다. 이런 원리는 그 후 흥사단의 동맹수련 120개조(흥사단, 1955: 325)로 발전하여 회원들의 행동지침으로 삼게 하였다.

9) 일인일기 교육

일인일기(一人一技)는 무실역행 정신의 구체적 실천 방법이다. 3대 자본 중 지식의 자본을 축적하는 방법이며, 실학정신의 표현이다. 누구나 한 가지 이상의 전문 지식이나 기술을 익혀 건전한 직업인이 되어야 하며, 나아가서 자기 분야에서 제1인자가 되어야 한다는 것이다. 도산은 상해에서 독립운동 방략을 논하는 연설에서 국민개업(國民皆業)을 강조했다. 모든 국민이 일을 가져야 한다는 것이다. "여러분 다 일하시오. 할 일이 없거든 서북 간도에 가서 농사를 하시오. 독립운동을 하노라 하면서 노는 자는 독립의 적이오."라고 말했다.

다음의 인용문은 도산의 직업관을 잘 보여 주고 있다. 오늘날 교육개혁이 추구하는 직업교육과 특기교육에 대한 견해와 맥을 같이한다.

> 어느 중국사람 하나는 평생에 연꽃 그리기를 공부하여 썩 잘 그렸으므로 미국과 유럽을 순회하면서 큰돈을 모았다더라. 어떤 일본인 하나는 평생에 총 쏘기를 공부하여 썩 잘 쏘므로 만국 사격협회에서 일등상을 받았다더라. 작은 것이나 큰 것이나 무엇이든 썩 잘만 하면 족히 부자도 되고 이름도 이루며, 국가 민족에게 큰 이익을 줄 수 있나니……(홍사단, 1964: 27).

> 지금으로부터 1년 혹은 1년 반 후에는 각각 그 정도와 처지를 따라 혹은 대학으로 혹은 중학으로 혹은 소학으로 혹은 단기학교로 혹은 전습소(傳習所)로, 그렇지 않으면 말 기르고 양치는 마당으로, 삼림과 과목(果木)을 재배하는 동산으로, 생선 잡는 바다로, 쌀 찧고 밀가루와 죽 가루 만드는 춘정간으로, 장막 짓는 데로, 양철통 만드는 데로, 철공창으로, 비누와 양초 만드는 데로, 캔디와 쿠키 만드는 데로 어디든지 배울 구멍을 뚫고 들어가 배워야 하겠고(주요한, 1963: 523-524).

누구나 자신의 형편과 능력에 맞는 교육의 장 혹은 일터를 찾아가서 생산적이고 실용적인 교육을 받아서 전문 지식이나 기능을 갖추어야 한다는 것이다. 이것이 개인을 위해서나 국가와 민족의 번영을 위해서 필수적인 요건이라고 생각했다. 독립운동의 방법이 멀리 있는 것이 아니다. 애국하는 방법이 멀리 있는 것이 아니라 가까이 있는 작은 일이든 큰일이든 할 수 있는 것을 최선을 다하는 것이 곧 애국하는 길이며, 독립운동의 방법임을 기회 있을 때마다 강조했다. 이것이 '일인일기' '국민개업' 주의다.

10) 솔선수범

솔선수범은 모든 일에 일관된 도산의 삶의 태도다. 그는 결코 남의 윗자리에서 지시나 하는 인물이 아니었다. 직접 행함으로써 남에게 모범을 보였다. "작은 일부터, 나부터" 이것이 도산의 생활신조였다. 아무리 중요하고 큰일도 작은 일부터 시작된다는 것과, 아무리 어렵고 힘든 일이라도 나부터 솔선수범 한다는 자세다. 처음 미국에 갔을 때, 직접 동포들의 집을 방문하여 집안을 가꾸고 변소 청소까지 해 주었다. 그런 그의 태도에 추호의 위선이나 가식이 없었기 때문에 동포들이 머지않아 곧 감화를 받게 되었던 것이다. 이와 같은 삶의 태도는 대성학교를 운영할 때도, 상해 임시정부 시절에도, 가정생활에서도, 심지어 감옥에서도, 언제 어디서나 예외 없이 발견된다. 그가 상해에 도착했을 때, "나는 여러분의 머리가 되려고 하지 않습니다. 여러분을 섬기러 왔습니다."라고 한 말이 결코 헛된 수식어가 아니라는 것을 도처에서 확인할 수 있다. 스스로 건전한 인격을 갖추기 위하여 부단한 자아혁신과 극기수양의 생활을 평생 계속함으로써 그는 실제로 크고 높은 인격의 모범이 되었다.

그 밖에도 도산은 미소운동을 전개하였고, 많은 시와 노랫말을 직접 지었으며, 놀이에 있어서도 누구나 한 가지 특기를 가져야 한다고 하여 레크리에이션의 중요성을 일찍부터 인식하고 실천한 선구적 교육자다.

5. 현대 한국교육에 주는 시사점

오늘날 한국교육은 심각한 위기에 처해 있음을 많은 사람들이 공감한다. 그 위기의 실상이 무엇인가? 그것은 인격교육의 부실과 지적 창의력 교육의 문제로 귀결된다. 그 원인은 교육 외적인 측면과 교육 내적인 측면으로 나누어 생각해 볼 수 있다. 외적으로는 부정부패와 황금만능주의에 병든 사회에서 오는 가치의 전도(顚倒) 현상이다. 목적을 위하여 수단이 정당화되고 양심이 마비되어 부정과 비리에 대한 심한 불감증에 걸려 있다. 내적으로는 오직 입시 위주의 교육에서 오는 인간교육의 부실함은 물론, 스스로 생각하고 창조하는 지성의 계발에도 실패하여 지식교육에도 심각한 위기를 맞고 있다는 점이다. 이러한 외적 원인과 내적 원인은 서로 어울려 그 선후를 가릴 수 없게 되었다. 사회가 교육을 오염시키고, 교육은 사회를 정화하고 선도하는 능력을 상실했다.

한국교육이 당면한 위기를 이렇게 진단해 볼 때 도산의 삶과 사상과 교육 방법들은 한국교육 개혁의 방향을 모색하는 데 시사하는 바가 크다.

첫째, 그동안 우리의 교육은 비본질적이고 지엽적인 문제에만 집착하여 장기적이고 근본적인 목적의 설정보다 수단적 가치 추구에 급급해 왔다. 작게는 눈앞에 있는 시험 점수를 올리는 일에, 좀 더 크게는 특정 이데올로기의 주입이나 물질적 생산성 향상을 위한 수단으로 전락시켰다. 어렵고 급할 때일수록 교육은 원대하고 근본적인 시각에서 그 방향을 설정해야 함을 도산은 가르치고 있다.

도산은 조국의 앞날이 가장 암울했던 시대에 민족 앞에 이상과 희망을 제시하였고, 민족의 독립과 자존을 위한 원대하고 치밀한 방략을 제시하였다. 그의 독립운동 방략은 군사 · 정치 · 경제 · 외교 · 교육 등 다방면에 걸친 총체적이고 전면적 접근이었다. 도산이 실천한 모든 사업은 모두가 독립과 번영이라는 하나의 목적을 향했고, 근본을 인격혁명에 두었다. 교육의 방향은 보다 장기적이고 본질적인 전망을 토대로 설정되어야 한다.

둘째는 교육에서 정직의 가치를 재인식하는 일이다. 윤리 도덕 교과서에나 나오는 죽은 덕목으로서의 '정직' 이 아니고 진리에 도달하는 바른 길이며 참된 힘의 원천이며 삶의 원리인 동시에 교육의 원리로서 정직의 가치를 바로 인식해야 한다. 우리의 교육을 진(眞)과 정(正)을 기초로 하여 다시 세우지 않으면 안 된다. 그러기 위해서는 우리의 학교에서 정직과 성실이 최상의 교육적 가치가 되어야 하며, 모든 교육활동의 제일 원칙이 되도록 하지 않으면 안 된다. 정직은 단순히 윤리적 덕목의 하나가 아니고, 모든 것의 시작이며 기초이기 때문이다. 율곡 선생은 "학문(교육)은 어두운 방에서도 스스로 속이지 않는 데서 시작된다." 는 것을 강조했다.

셋째는 교육에 있어서 인식과 실천의 통일이다. 도산의 글이나 말씀을 그것만 떼어놓고 보면, 진부한 도덕 교과서처럼 보일 수도 있다. 그러나 도산의 말씀을 그의 삶과 결합시킬 때 비로소 참뜻을 제대로 인식할 수 있다. 그는 스스로 깨달은 것을 실천함으로써 가르쳤다. 자신의 앎은 스스로 삶 속에서 체득한 것이며, 뜨거운 조국애와 민족애로 승화되어 입을 열면 웅변이 되어 듣는 이에게 깊은 감동을 주었다. 그는 말씀과 행동, 앎과 삶이 하나로 통일되었기에 더욱 깊은 감동을 준다.

넷째, 도산의 민족주의와 자력주의 사상은 더욱 치열해지는 국제 경쟁 속에서 민족의 생존과 번영은 물론 진정한 세계 평화를 위하여 재음미할 필요가 있다. 진정한 세계 평화는 모든 나라가 독창적인 민족문화를 바탕으로 조화롭게 발전될 때 가능하다. 도산의 국제주의적 민족주의 사상을 재음미할 필요가 있다.

다섯째, 도산의 인본주의 사상은 참된 인간애를 바탕으로 한 인간중심의 교육을 통하여 인간이 왜 모든 가치의 중심이 되고 최고의 가치로 존중되어야 하는가를 일깨워 준다. 따라서 교육의 인간화에 시사하는 바가 크다.

끝으로 도산이 창립한 흥사단 운동의 재평가와 활성화가 필요하다는 점이다. 2013년이면 흥사단 창립 100주년이 된다. 흥사단은 순수한 자율적 민간단체로서 일제 강점기에는 독립운동의 기초 역량을 키우고, 해방 후에는 조국 부흥운동과 국민운동에 앞장섰고, 자유당 독재와 이어지는 군부독재 시대에는 민주화 투쟁에 앞장 선 청년 지도자를 양성했고, 민주화 이후에는 건전한 민주시민 육성을 위한 다양한 사회교육 운동에 앞장서 왔다. 민주시민성의 훈련과 의식개혁은 자율적 범국민적 대중운동을 통해서 효율성을 극대화할 수 있다.

정직하게 살고자 하는 사람들이 동맹하여 스스로의 의지를 격려 · 강화하고, 단결된 힘으로 부정과 비리에 맞서 투명하고 건전한 사회를 건설해야 한다. 그리하여 정직한 삶이 현실적으로도 이롭고, 거짓된 삶이 손해를 가져다준다는 사실을 실증적으로 입증해 주어야 한다. 의식개혁은 끊임없는 자기반성과 자아혁신이 필요조건이지만, 동시에 단결된 다수의 힘이 수반되어야 성공할 수 있다. 국민교육은 사회교육과 학교교육을 포괄하는 거시적 차원에서 구상하고 추진되어야 한다고 볼 때, 홍사단과 같은 순수한 자율적 시민 단체의 사회교육적 기능은 청소년기부터 활성화되어야 할 것이다.

3장 _ 4대 정신

안병욱(安秉煜) 교수는 일찍이 도산의 사상을 '힘의 철학'이라고 명명한 바 있다. 이런 힘의 철학을 사회진화론을 바탕으로 하는 약육강식의 제국주의 논리의 연장으로 간주하여 이를 비판하는 시각도 있다. 즉, 도산의 점진주의 혹은 준비론은 결과적으로 강자의 침략을 정당화하고 국권상실의 책임을 안으로 돌림으로써 외부의 적에 대한 저항의지를 약화시키고, 궁극적으로 독립의지를 무력화하여 일제의 식민지 정책을 정당화할 우려가 있다는 것이다.

그러나 이런 비판은 대개 도산사상의 핵심을 잘못 이해한 데서 비롯되는 것으로 보인다. 도산의 생각이 아닌 것을 도산의 생각인 것처럼 단정하고 비판을 한다면 이는 정당한 비판이라고 볼 수 없다. 물론 어떤 사상이나 결함이 있게 마련이고 정당한 비판은 많을 수록 좋다. 다만 이런 비판이 지나치게 도식화된 단순논리로, 그 사상의 참뜻과 시대적 배경을 제대로 이해하지 못한 상태에서, 비판을 위한 비판으로 이루어지는 경우도 적지 않다. 이는 마치 정직한 사람에게 도둑의 누명을 씌워놓고 교화를 하겠다고 하는 것과 같이 어처구니없는 일이다.

도산의 힘의 논리는 단순히 19세기 국가주의 시대의 부국강병이나 제국주의 시대의 약육강식의 논리가 아니다. 도산이 말하는 '힘'의 중심에는 언제나 인간이 있다. 이 인간은 조화된 인격을 추구하는 사랑이 가득한 따뜻한 인간이다. 인류애를 의미하는 휴머니즘과 모든 일의 성패는 인간으로부터 비롯된다는 인간중심의 논리를 기초로 한다. 그렇다고 도산이 완벽한 개인의 인격만을 추구하는 소승적 도덕주의자는 아니다.

도산은 그 활동 범위가 넓고 끼친 바의 영향이 방대하므로 다양한 모습으로 비친다. 정치가로서, 독립운동가로서, 교육자로서 혹은 혁명가로서, 때로는 거인의 모습으로, 어떤 때는 소심하기 이를 데 없는 범부(凡夫)의 모습으로 비쳐진다. 그러나 그가 어떤 모습을 하건, 어떤 경우에 처하여 어떤 일을 하건 일관되게 견지하고 있는 것은 바로 '성실의 원칙'이다. 도산의 4대 정신, 즉 무실(務實), 역행(力行), 충의(忠義), 용감(勇敢)은 곧 '성실'이라는 하나의 용어로 집약된다. 따라서 도산사상의 핵심을 이해하

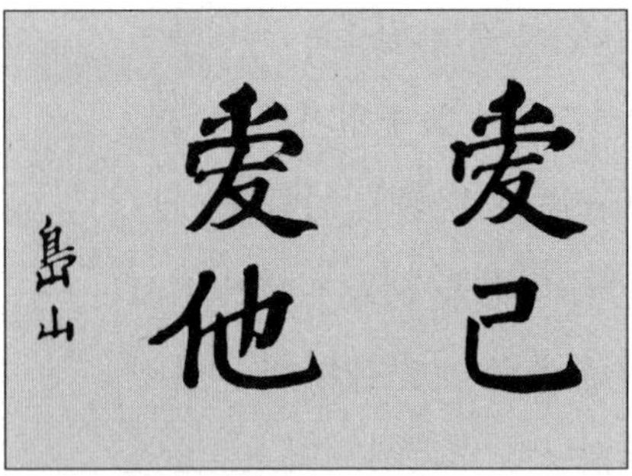

도산의 친필휘호(애기애타)

기 위해서는 도산의 성실주의 즉, 4대 정신을 보다 깊이 음미해 볼 필요가 있다.

이 장에서는 4대 정신의 형성과 위상, 4대 정신의 의미와 구조를 밝히고, 4대 정신의 뿌리를 전통 사상 속에서 찾아봄으로써 그 의미를 더욱 풍부하게 하고 도산이 삶을 통하여 4대 정신을 어떻게 실천했느냐 하는 것을 살펴보기로 한다.

1. 4대 정신의 형성과 위상

도산이 인격의 핵심 요소로 강조하는 4대 정신이란 무실·역행·충의·용감의 정신을 가리킨다. 이런 생각이 언제부터 도산의 의식 속에 싹텄는가는 분명하지 않다. 적어도 이 개개의 덕목들은 이미 동양의 고전 속에 존재해 왔으므로 새로울 것이 없다. 특히 『중용(中庸)』에서는 성(誠)을 강조하고 있고, 16세기 율곡 이이는 『성학집요(聖學輯要)』와 『만언봉사』 등에서 일관되게 무실·역행·실리(實理)·실심(實心)·실공(實功)을 강조하고 있다. 도산이 소년시절 서당에서 한문을 공부할 때 이미 이런 가르침에 접했을 것이므로 이것이 도산의 독창이라고 할 수는 없을 것이다. 그러나 도산의 언행이 책에서 무엇을 배웠다고 하여 그대로 옮겨 쓰기보다는 자신의 체험과 사색을 통하여 터득된 것들이라고 볼 때, 고전 속에 나오는 같은 말도 도산의 사유를 거쳐 그의 입을 통하여 전달될 때는 새로운 의미와 생명력을 갖는다. 최남선이 도산의 '무실역행'을 '독특한 표현' 이라고 한 것은 이를 의미하며, 당시에는 지식인들 사이에도 그다지 유행하는 용어가 아니었을 것으로 보인다.

도산의 '무실역행' 정신이 문서에 처음 나타난 것은 1908년에 창립된 청년학우회 취지서라고 할 수 있다. 취지서 기초를 의뢰 받은 최남선의 회고에 의하면, "우리 국가와 민족이 이렇게 쇠망한 근본 이유가 진실한 국민적 자각, 역사적 자각, 사회적 자각을 못 가진데 있다. 배일운동이 있기는 하지만 그중에는 그냥 비분강개에 그치는 수가 많고 지속적인 책임의식이 결여되어 있다. 그러므로 우리가 하는 청년운동은 어디까지나 '진실' 을 숭상해야 한다. 언변보다 실행을, 형용보다도 내용을 준수해야 한다. 그것이 '무실역행' 이다."라고 했다(흥사단, 1964: 1011). 그 후 1913년 창립 당시 도산이 직접 지은 흥사단 약법 2조와 3조에 아래와 같이 구체적으로 명시되었고, 현재까지 계승되고 있다.

제2조 본단의 목적은 무실역행으로 생명을 삼는 충의 남녀를 단합하여 정의를 돈수하며 덕 · 체 · 지 3육을 동맹수련하여 건전한 인격을 지으며 신성한 단체를 이루어 우리 민족 전도대업의 기초를 준비함.

제3조 본단의 목적을 달성하기 위하여 다음과 같은 실무가 있음.

1. 무실역행과 충의 용감과 단결의 정신을 고취하여 덕육에 관한 학과를 강습하여 덕성을 기르게 함.
2. 유연(柔軟) · 병식(兵式) · 기계 등 체조와 각종 운동을 연습하여 체육에 관한 학과를 강습하여 기력을 강장케 함.

3. 보통 상식을 수양하고 고등학술을 전수하거나 기예를 학습하여 일종 이상의 학술 혹 기예를 해득케 함.

제4조 상기 조 3항에 재(載)한 실무를 천행키 위하여 통신 교수부와 강습소와 강연회와 서적출판부와 도서종람소와 간이박물원과 체육장과 구락부와 학교 등을 설립함(흥사단, 1986: 76-77).

그 밖에 초창기 약법의 표지에는 2대 강령(건전인격, 신성단결)과 3대 육(지육, 덕육, 체육)과 4대 정신이 도표로 명료하게 요약되어 있다. 그 후 1921년 상해에서 미주와 멕시코 및 하와이에 있는 동포들에게 보낸 공개서한에서 "내가 오래간만에 여러분을 향하여 붓을 들매, 쓰고 싶은 말도 많고 써야 될 말도 많으나 내가 이에 간절히 바라는 바는 이것이외다. '여러분은 힘을 기르소서, 힘을 기르소서' 이 말씀이외다."라고 하면서, 금전의 힘, 지식의 힘, 도덕의 힘, 단결의 힘을 기를 것을 당부하고, 각 개인의 건전한 인격을 이루기 위하여 4대 정신과 3대 육을 수련할 것을 간곡히 호소하고 있다(주요한, 1999: 1017).

도산은 그 밖에도 기회 있을 때마다 연설이나 편지를 통하여 4대 정신으로 건전한 인격을 길러야 한다고 강조했다. 비록 때와 장소와 대상에 따라서 표현을 달리 할지라도 쉽고 간결하면서도 다양한 말로 4대 정신의 실천을 역설하고 있다. "속이지 말자, 놀지 말자."는 곧 무실역행의 다른 표현이며, 흥사단 '단우회 노래'의 가사에 "참되자 일하자 미쁘자 날쌔자."는 무실 · 역행 · 충의 · 용감의 순수한 우리말 표현이다. 4대 정신은 진리에 살고 정의를 위하여 죽는 삶의 자세다. 도산은 "진리는 반드시 따르는 자가 있고, 정의는 반드시 이루는 날이 있다."고 했다. 또 "죽더라도 거짓말을 하지 마라. 꿈에라도 성실을 잃었거든 통회하라."고 가르쳤다. "거짓이여! 너는 내 나라를 죽인 원수로구나. 군부의 원수는 불공대천이라 했으니 나는 죽어도 거짓말을 하지 않으리라." 하고 스스로 다짐했다.

도산은 민족의 장래가 가장 암울했던 시대에 독립협회에 가입하여 민족의 각성과 독립의식을 고취하였고, 학교를 세우고, 신민회를 조직하고, 도자기회사를 창설하고, 청년학우회를 결성하고, 태극서관을 설립하는 등 다방면으로 조국의 독립과 민족의 영원한 번영을 위하여 동분서주 하면서 뼈저리게 느낀 것이 있다. 그것은 서로 믿고 합동하여 일을 추구할 수 있는 인격과 단결력이 부족하다는 것이다. 일제의 탄압과 방해공작에 의한 실패와 좌절도 컸지만, 그에 못지않게 적(敵)은 늘 우리 내부에도 있음을 깨달았다. 참으로 믿고 스스로의 책임을 다하는 능력 있는 사람들의 결속이 절실히 필요함을 느꼈다.

4대 정신을 기초로 한 인격수련과 단결훈련은 구체적 사업을 위한 전제 조건이며, 일의 성패를 좌우하는 필수 요건이다. 일을 추진하는 방법과 사상의 경향에 따라 다양한 '…주의자'가 될 수도 있으나, 그가 어떤 '…주의자'가 되던 건전한 인격이 선행 되어야 제대로 된 '…주의자'가 될 수 있으며, 사심 없고 정직하고 실천적 인물이어야 대화와 타협도 가능하다. 도산은 누구보다도 다양성을 존중한 인물이다. 건전한 인격은 바로 그 다양성을 유지하기 위해서도 선행되어야 할 조건이다. 도산이 제시한 독립운동 6대 방략 중 그 어느 것을 위해서도 4대 정신으로 무장된 건전한 인격이 필요하다고 생각했다. 도산에게 있어서 건전인격과 신성단결은 일의 성공을 위한 필요충분조건이다.

따라서 4대 정신은 도산의 사상체계의 중심에 위치하는 것으로 기초와 합리성을 강조한 것이다. 4대 정신은, 단순한 윤리적 덕목을 넘어서, 삶의 원칙이며, 운동의 원리이며, 진리의 원천이며, 사물의 본질이다. 이런 의미에서 한기언(韓基彦) 교수는 4대 정신을 '훈훈한 마음씨', 즉 성(誠)이라 해석하고, 이를 도산 사상의 핵(核)이라고 표현했던 것이다(한기언, 1993: 127-163).

2. 4대 정신의 의미와 구조

기존의 연구에서 4대 정신에 대한 종합적이고 체계적인 논의는 그다지 보이지 않는다. 박현환(1955: 31)의 『홍사단운동』과 이광수(1967: 46)의 『민족개조론』에 부분적인 풀이가 보이며, 안병욱(1972: 87-135)의 『도산사상』에서 비교적 상세하게 설명하고 있다. 이들을 참고로 보다 체계적으로 그 의미구조를 살펴보기로 한다.

1) 무실

무실(務實)은 힘쓸 무, 열매 실, 참되기를 힘쓰고, 진실 되기를 힘쓰자, 실질에 힘쓰자, 정직하기를 힘쓰자는 뜻이다. 무실의 반대는 거짓이다. 거짓말 하지 말자, 속이지 말자는 뜻이다. 무실의 '실'은 실천, 실행, 실용, 진실, 실질의 실이다. 진실은 곧, 진리요 참이다. 따라서 무실은 곧 진리 탐구에 힘쓴다는 뜻도 포함한다. 학문이란 진리를 탐구하는 지적 작업이다. 학문 탐구의 결과로 얻어진 것을 지식이라고 한다. 학문 탐구, 즉 지식 탐구는 인간과 사회와 우주의 참된 이치를 탐구하는 것(窮理)이다. 그래서 율곡은 정자(程子)의 말을 인용하여, "학문은 어두운 방에서도 속이지 않는 데서 시작된다(學始於不欺暗室)."고 했다(『성학집요』, 수기). 공부는 참되고 거짓 없는 마음과 태도로 접근해야 한다는 것이다. 확실한 앎에 도달할 때까지 사물의 이치를 한 점 의혹이 없이 추구하는 것이 바로 궁리(窮理)이며, 궁리를 통해서 비로소 참된 앎에 도달하게 되는 것이다. 이것이 또한 『大學』에서 말하는 격물치지(格物致知)인 것이다. 제대로 알면 행하지 않을 수 없게 된다. 대강대강 얼렁뚱땅, 모르는 것을 아는 체 하는 것은 곧 자기를 속이고 남을 속이는 것이며, 참된 앎에도 도달할 수 없다.

결국 지식교육은 결코 정의적 측면, 즉 도덕교육과 분리될 수 없다는 것을 의미한다. 현대 교육철학자들도 지식의 조건(conditions of knowledge)으로 신념조건(belief condition), 진리조건(truth condition), 증거조건(evidence condition)을 들고 있다. 어떤 명제를 제대로 알았다고 할 수 있으려면, 먼저 어떤 명제(서술된 지식)를 믿어야 하고, 그것이 진리여야 하며, 또한 그것이 진리임을 적절한 방법으로 증명할 수 있어야 한다는 것이다. 그러므로 무실은 지성과 결합되어야 한다.

무실은 또한 실용주의와 통한다. 도산은 일찍이 소년시절에 서울에 와서 구세학당에 들어가 미국인 선교사들로부터 기독교의 영향을 받고, 미국에 건너가서 미국인의 철학인 프래그머티즘(Pragmatism)의 영향을 받았다. 'Pragmatism'의 어원은 그리스어의 'pragma'이다. pragma는 행위, 행동, 사실, 행적, 실천, 상호작용의 의미를 포함한다. 프래그머티즘은 구체성과 실용성과 효용성을 중요시 한다. 듀이는 "관념은 행동을 위한 계획(an idea is a plan for action)"이라고 했다.

무실은 또한 합리주의로 통한다. 도산은 '동포에게 고하는 글'에서 "부허(浮虛)는 패망의 근본이요, 착실은 성공의 기초다."라고 전제하고, "우리가 하고자 하는 위대하고 신성한 사업의 성공을 '허'와 '위'로 기초하지 말고 '진'과 '정'으로 기초합시다." 하고 외쳤다. "착실이란 것은 무슨 일에든지 실질적 인과율에 근거하여 명확한 타산 하에 정당한 계획과 조직으로써 무엇을 어떻게 하여 어떠한 결과를 지어내겠다 하고 그 목적을 달할 때까지 뜻을 옮기지 않고 그 순서에 의지하여 각근한 노력을 다하는 것"이라고 했다(주요한, 1963: 484). 인과율을 존중하는 것이 무실이며 합리주의적 태도이다.

2) 역행

역행(力行)은 행하기를 힘쓰자는 뜻이다. 참이라고 믿고, 옳은 일이라고 생각하는 일, 마땅히 해야 하는 일 혹은 마땅히 걸어가야 할 길을 주저하지 않고 꾸준히 실천하고 노력하는 한결같은 자세를 말한다. 빈 말과 헛된 생각, 공리공론을 하지 말자는 뜻이다. 무실과 역행은 밀접한 관계에 있다. 무실과 역행은 분리될 수 없다. 역행이 없는 무실은 존재할 수가 없고 무실이 없는 역행 또한 온전할 수가 없다. 궁리(窮理)가 무실이라면, 궁행(躬行)은 곧 역행이다. 철저하게 알았으면 행하지 않을 수 없는 것이다. 그러나 참된 앎이 없이 행동만 앞선다면, 이는 나침반 없이 항해하는 것과 같다. 따라서 참된 행위는 참된 앎이 뒷받침되지 않으면 안 된다. 율곡은 "궁리가 분명하여야 궁행할 수가 있고, 반드시 마음이 진실하여야 비로소 진실한 공효(功效)에 도달할 수 있다. 그러므로 성실은 궁행의 근본이다."라고 했다(『성학집요』, 수기).

율곡은 또 "지와 행은 비록 선후로 나누었으나 실은 동시에 함께 진행되는 것이다. 그런 까닭에 어떤 이는 지를 거쳐서 행에 도달하고 어떤 이는 행을 거쳐서 지에 도달한다."고 했다(『성학집요』, 수기). 결국 이론과 실천, 지와 행, 앎과 삶은 동시에 진행되며, 부단히 상호작용하는 것이다. 관념상으로는 지와 행이 분리될 수 있으나, 실제로는 결코 분리될 수 없는 하나라는 것이다.

안병욱은 역행에 대하여 다음과 같이 설명하고 있다.

> 중국의 유학자 왕양명은 지행일치를 역설했다. "'지'는 '행'의 '초(初)요, '행'은 '지'의 '성(成)"이라고 주장하여, 지식과 행동의 생명적 통일을 강조했다. 안다는 것은 행동의 시초요, 행동은 아는 것이 이루어진 상태라고 그는 말했다. 지는 행의 시

발점이요, 행은 지의 완성태라는 것이다.

> 실용주의의 철학자 듀이는 지식은 행동을 위한 도구라고 주장했다. 우리가 알려고 하는 것은 행하기 위해서다. 지식과 이론을 탐구하는 것은 행동과 실천을 하기 위해서다. 아는 것을 행하지 않으면 의미가 없다. 지가 행으로 결실하지 않으면 공리공론이 된다. 공리공론, 빈말 빈 소리, 행하지 않고 말만 하는 것, 실천궁행이 따르지 않는 이론과 지식은 헛되고 무의미할 뿐 아니라 우리에게 손과 해를 끼친다(안병욱, 1972: 102).

참된 이론은 현실에 바탕을 두고 있으며, 이론은 실천을 위해서 존재한다. 그런데 이론과 실천에 괴리가 생기는 것은 이론을 철저히 따르지 않았거나 이론이 잘못되었거나 둘 중의 하나 때문이다. 철저히 실천해 보고 맞지 않으면 그 이론은 잘못된 이론으로 폐기되어야 한다. 이론이 뒷받침되지 않은 실천은 불완전하며, 실천으로 검증되지 않은 이론은 거짓이며 허위에 불과하다. 이론과 실천의 부단한 상호작용과 검증과정이 진리탐구의 과정이며, 이를 통하여 이론이 발전하고 바른 실천과 참된 행위가 뿌리를 내리게 된다.

역행은 철저한 실천을 의미한다. 참된 실천은 바른 이론을 바탕으로 해야 한다. 흔히 이론과 실천은 별개의 것으로 생각하고, 이론과 실천은 당연히 간극이 있는 것으로 생각하는 경향이 많다. 학교에서 배우는 지식은 시험 보는 데나 필요한 것이고, 사회생활에는 쓸모가 없는 것으로 생각해 버린다. 그래서 머리와 몸, 생각과 행동이 따로 논다. 말은 말대로 행동은 행동대로 별개로 작용하는 데서 무책임과 불합리, 부정부패가 만연하게 된다. 말은 명분(名分)을 따르고, 행위는 실리를 추구한다. 입은 대의(大義)를 말하고, 손발은 사리사욕만을 추구한다. 그러고도 아무런 모순도 내면적 갈등도 느끼지 못하는 지경에 이르렀다. 이들이 모두 허명(虛名)만을 가진 지도자요, 지식인들이다. 율곡의 시대에도 그랬고, 도산의 시대에도 그랬고, 오늘날에도 예외가 아니다. 율곡도 도산도 이를 개탄하고 통탄했다. 그래서 개혁과 개조를 주장하고 스스로 실천했다.

3) 충의

충의(忠義)는 충성과 신의를 뜻한다. 맡은 일에 충성을 다하고, 사람에 대해서는 신의를 지켜야 한다는 것이다. 맡은 일에 최선을 다하는 것을 충이라고 한다(盡己之謂忠). 우리는 흔히 '충' 이라고 하면, '충군애국(忠君愛國)' 혹은 '충효(忠孝)'의 '충(忠)'을 연상하여, 봉건적 질서 하에서 가신(家臣)의 주군(主君)에 대한 충성과 복종을 생각하기 쉽다. 그것은 충의 일부에 불과하다.

율곡은 주자의 말을 인용하여, "스스로 양심에 충실한 것을 충이라 하고, 마음이 진실한 것을 신(信)이라고 한다. 충은 진실한 마음이고 신은 진실한 일이다. 사람이 '충' 하고 '신' 하지 못하면 매사에 모두 실상(實相)이 없을 것이다."라고 했다(『성학집요』, 수기).

안병욱(1972: 109-124)은, 인생은 대물관계와 대인관계 두 요소로 구성된다고 전제하고, 충성은 대물관계의 원리이고, 신의는 대인관계의 원리라고 했다. 홍사단 약법 7조에 "범사에 청백하며 말은 책임을 완수하자."는 바로 충의 실천을 강조한 것이고, "동지를 사랑하며 신의를 확수하며 환난상구하자."는 것은 곧 신의의 실천을 강조한 것이다.

도산은 동지들에게 주는 글 가운데서, "만일 우리가 우리 몸부터, 우리 집부터 고치는 것을 큰 일로 보지 않는 이가 있다고 하면 우리는 세상을 속이는 사람이요, 우리 스스로가 속는 사람이외다. …… 그러나 나는 나의 생명을 다하여 나의 오늘에 할 일을 오늘마다에 다하여 보려고 힘씁니다."라고 했다(주요한, 1963: 1-22). 이는 일에 대한 '충'의 자세를 극명하게 보여 주는 말이다. 아무리 작고 사소한 일이라도 '생명을 다하는' 자세로 열심히 최선을 다하는 것이 '충'이다.

또 신의는 인간 생활의 기본 질서요, 사회 존립의 근본 원리다. 참된 인간관계는 신의를 바탕으로 가능하다. 인간 상호 간에 신의의 질서가 무너질 때 대인관계는 붕괴되고 사회생활은 불가능해진다. 개인이건 국가건 신의가 있으면 흥하고 신의가 없으면 망한다. 이것은 명명백백한 진리다. 신의는 정직을 바탕으로 싹튼다. 무실역행을 생명처럼 여기는 사람이 곧 충의의 인물이다. 따라서 무실역행은 충의의 기초가 된다. 도산은 이와 같은 신의를 중요한 자본의 하나로 생각했다. 밴저민 프랭클린은 「젊은 상인에게 주는 조언」에서 다음과 같이 말했다.

> 신용은 금전이라는 것을 명심하라. …… 잘 지불하는 자는 만인의 주머니의 주인이 된다는 속담에 나오는 말을 명심하라.

…… 그러므로 빌린 돈의 지불은 약속한 시간보다 일각도 늦어지지 않도록 하라. 이것은 네 친구가 그것 때문에 노해서 그 후 네 앞에서 주머니를 잠그는 일이 없도록 하기 위함이다. 일신상의 신용에 관계되는 일은 비록 사소한 행위일지라도 주의하여야 한다. 너의 채권자가 너의 망치소리를 새벽 5시나 저녁 8시에 듣는다면 그는 지불기일이 6개월이나 연장된다 해도 만족해할 것이다. 그러나 네가 마땅히 노동해야 할 시간에 그가 당구장에서 너를 보거나 요리집에서 네 목소리를 듣는다면, 그는 다음날 아침에 즉시 지불을 독촉하고 준비가 되기 전에 자기 돈을 청구할 것이다(황산덕, 1987: 107-108).

이는 충의의 자본주의적 표현이다. 자본주의 사회에서는 정직과 근면과 성실이 경제적 신용으로 통한다. 약속을 잘 지키고 정직하고 근면한 것은 곧 무실역행의 실천적 표현이다.

4) 용감

용감(勇敢)은 옳다고 믿는 일을 두려움 없이 추진하는 정신적 태도이며 어려운 일을 당해도 참고 견디는 견인불발(堅忍不拔) 백절불굴(百折不屈)의 자세와 기백을 가리킨다. 용기는 정의와 진리에 대한 확고한 신념을 바탕으로 한다. 신념에 따라 거리낌 없이 일관된 삶을 사는 것이 용기다. 도산은 용감의 정신을 순수한 우리말로 '날쌔자' 로 표현했다. 이는 동작이 날렵하고 주저함이 없는 것을 뜻한다.

신념이 부족한 자는 남의 눈치나 보면서 주저하고 두려워한다. 무소신과 무책임은 비굴과 책임전가로 나타난다. 비겁한 자는 강자에게는 한 없이 비굴하고 약자에게는 오만하다. 반면 지성이 결여되어 진리와 정의에 대한 판단 능력이 부족한 자의 용기는 독선이나 만용에 흐르기 쉽다. 그래서 참된 용기란 비겁과 만용의 중용이라고 아리스토텔레스는 말했다.

도산은 1927년 「동광」에 게재한 '용단력과 인내력' 이란 제목의 글에서 청년들에게 다음과 같이 말했다.

> 오늘 대한의 청년들 앞에 공(公)으로나 사(私)로 막히어 있는 큰 원수는 곧 방황과 주저입니다. 할까 말까 하여 '말까' 에 머물러 있는 것이 방황이요 주저입니다. …… 흔히 저 하는 일이 옳은지 그른지 자세히 몰라서 방황하고 주저합니다. 예로 말하면 공부하는 것, 농사하는 것, 장사하는 것 …… 이러한 것들이 우리가 지금 다시 살아날 운동 하는데 맞는가 안 맞는가 하여 방황하고 주저합니다. 심지어 어떤 이는 이러한 것들을 하고 있는 이는 운동을 하지 않는 이라 하여 비난하고 공격합니다. 그러나 비기어 말하면, 그물질하는 사람만 어업자라 하고, 고기 잡기 위하여 그물을 만들며 양식을 나르는 사람은 어업자가 아니라고 하겠습니까. 또 총을 메고 전장에 나선 사람만을 전쟁하는 사람이라 하고, 뒤에 있어서 군기(軍器)를 만들고 군량을 장만하는 사람은 전쟁하는 사람이 아니라 하겠습니까. …… 그러니 지금 배울 기회가 있을 때는 배우고 벌이할 기회가 있을 때는 벌이하다가 그보다 긴

급한 일이 있을 때에는 다 나서는 것이 옳습니다.

이 일이 옳은가 그른가, 이 일을 할까 말까 방황하고 주저하면 거기에는 고통이 생깁니다. 또 결국은 낙망합니다. 낙망은 청년의 죽음이요, 청년이 죽으면 민족이 죽습니다. …… 남이야 알건 모르건 오늘 대한의 청년된 이는 대한 민족을 위하여 무엇을 할까를 스스로 연구하고 참고하여 옳다 하는 바에 뜻을 세우고 그 세운 바를 다른 사람에게 선포하여 함께 나아갈 것입니다. …… 목하에 안 될 것만 생각 말고 장래에 될 것을 헤아리어 순서를 밟아 나아갈 것입니다. …… 끝으로 한 마디 말씀을 여러분에게 선사합니다. '어떤 신(神)이 무심중에 와서 홀출 네게 묻기를 너는 무엇을 하느냐 할 때에 나는 아무것을 하노라고 서슴지 않고 대답할 수 있게 하라.' (주요한, 1963: 31-33)

다소 장황하게 인용한 이 말에서 도산이 말하는 용감의 정신이 어떤 것이며, 무실역행과 충의를 포함하는 4대 정신이 어떤 것인가를 알 수 있을 것이다. 허장성세로 큰 소리만 치면서 자신은 아무 일도 하지 않고, 남이 하는 일은 다 신통치 않아 보여, 비난과 공격만을 일삼는 자들이 언제나 있게 마련이다. 뿐만 아니라 스스로 자신을 갖지 못하고 용단을 내리지 못하여 주저와 방황으로 허송세월하는 자들은 용기가 없는 자들이다.

1921년에는 "최후의 승리는 혈전에 있나니 혈전을 하려면 그 성의와 그 용기가 있어야 하리로다. 진정한 성의와 용기가 있는 자는 입으로 혈전하지 않고 그 혈전이 실현되도록 몸으로 노력하리라.”(주요한, 1963: 152)라고 하면서, 당장에 할 수 있는 일을 주저 없이 성실히 실천하는 자가 혈전에도 용감할 수 있다는 것을 강조하고 있다.

이상에서 4대 정신의 각각에 대하여 고찰해 보았다. 4대 정신은 결코 따로 떨어져서 존재할 수 없다는 것을 확인했다. 무실 · 역행 · 충의 · 용감은 서로 밀접한 관계를 가지고 있으며, ‘성(誠)’이란 한 글자로 집약할 수 있다. 다만 무실은 4대 정신 중에서 지적 요소가 강하며, 역행은 행동적 요소가 강하다고 볼 수 있으며, 충의는 의지적 요소가 강하고, 용감은 정서적인 요소가 강하다고 볼 수 있다. 다시 말하면, 무실은 성실의 지적 측면이며, 역행은 성실의 행동적 측면이며, 충의는 성실의 의지적 측면이며, 용기는 성실의 정서적 측면이다. 그중에서도 무실은 지적 측면과 실천적 측면을 포함하고 있다. 따라서 성(성실)은 지(知) · 행(行) · 정(情) · 의(意)를 포함하고 있다.

『중용』에서는 ‘성’은 사물의 처음이며 끝이니 성이 없으면 사물이 없다(誠者物之終始 不誠無物)고 했다. 또 ‘성’ 은 하늘의 도(道)이고 ‘성’ 을 지향하는 것은 사람의 ‘도’(誠者天之道 誠之者人之道)라고 했다. 성은 곧 참이며 진리며, 성실이다. 진실무망한 하늘의 구체화된 실체가 자연이며, 그 자연은 거짓이 없다. 이와 같이 자연과의 합일을 추구하며, 자연의 질서를 본받고 따르는 것이 인간의 성실성이다. 4대 정신이 하나로 통합되고 조화를 이룬 것이 곧 성실이다.

4대 정신이 내면적으로 조화를 이루고 신념으로 자리 잡고, 행동의 원리가 되고 삶으로 표현되어야 참으로 4대 정신을 체득했다고 할 수 있고, 자연스럽게 실천으로 이어질 수 있다. 그것이 바로 도산이 추구한 인격의 목표이며 모든 사업에 앞서서 선행되어야 할 근본적인 조건이라고 보았던 것이다.

3. 4대 정신의 뿌리

도산의 인격과 사상 형성에 크게 영향을 준 것은 유교적 전통과 실학사상, 서양의 기독교 사상, 미국의 프래그머티즘 등이다. 이런 사상들이 소년 시절에 강한 충격을 준 서세동점의 시대 상황 속에서 형성된 '힘의 원리'와 열렬한 조국애가 결합하여 그의 독특한 사상체계를 이루게 된 것이다. 도산의 사상은 문헌을 통하여 습득한 것이라기보다 경험과 직관을 통하여, 관찰과 사색에 의하여 체득된 실천 철학이다. 도산에게 있어서, 아무리 심오하고 위대한 사상이나 지식도 행동과 실천을 전제로 하지 않고는 무의미하다. 지식이나 앎이라고 하는 것은 실용과 실천을 위한 도구이며, 현실 생활에 도움이 될 때 비로소 가치가 있는 것이다. 이런 점에서 도산의 사상은 실용주의적이다(박의수, 1985: 21-23). 따라서 기독교 사상과 프래그머티즘의 영향도 간과할 수 없을 것이다. 그러나 여기서는 4대 정신과 직접 관련이 있는 동양의 고전을 중심으로 그 연원을 추적해 보기로 한다.

앞에서 부분적으로 지적하고 인용한 바와 같이 4대 정신, 즉 성실사상은 이미 동양의 고전과 우리의 전통 사상 속에 뿌리를 두고 있다. 그러나 그러한 고전의 가르침이 한낱 죽은 덕목으로 썩은 선비들의 공론의 도구가 되어 실천으로 이어지지 않았다는 데 비극이 있다. 이를 누구보다도 개탄하며 개혁을 시도했던 인물들 중의 하나가 조선 중기에는 율곡 이이이며, 근세사에서는 도산 안창호다. 이들은 누구보다도 무실역행을 강조하고, 성실을 모든 개혁의 선행조건으로 보았으며, 지와 행, 인식과 실천, 앎과 삶을 일치시키고 통합하려고 노력했으며, 스스로의 삶을 그 원리에 따라 살았다.

여기서는 도산의 4대 정신의 핵심을 좀 더 깊이 이해하기 위하여 율곡의 성실사상을 고찰해 보고자 한다. 율곡은 모든 일에 먼저 뜻을 바로 세운 후에 무실과 역행이 있어야 비로소 실질적인 효과가 있음을 역설했다. 그런데 조선의 지배계층은 언제나 빈 말뿐이며, 어느 것 하나 실천이 따르지 못하여 실효를 거두는 것이 없음을 탄식하고 있다.

> 뜻이 선 다음에는 무실이 으뜸이다. …… 아침이 다 지나도록 밥상만 차려놓고 배 한 번 불려보지 못한 것처럼 빈 말뿐이요, 실효가 없으면 무슨 일을 할 것인가. 지금 임금 앞에서 경서를 강의하는 자리와 상소하는 말에 넉넉히 나라를 다스릴 만한 아름다운 계책과 좋은 의논이 없는 것은 아니나, 폐단 한 가지를 개혁한 것과, 시책 한 가지를 실시한 것을 보지 못하였으니, 이것은 오직 실효에 힘쓰지 않기 때문이다. 지금 우리의 임금이 꼭 고도(古道)를 회복하고자 한다면, 마땅히 실효에 힘쓰시고 겉치레에 힘쓰지

말아야 할 것입니다(『율곡전서』, 잡저, 동호문답).

또 궁리와 역행에 대하여 다음과 같이 말하고 있다.

경을 실천하고(居敬) 그 근본을 세우며, 이치를 궁구하여(窮理) 선(善)에 밝으며, 힘써 행(力行)하여야 실(實)을 행할 수 있으니, 이 세 가지는 일생 동안의 일이다(『격몽요결』, 지신).

궁리가 분명하여야만 궁행할 수 있고, 반드시 마음이 진실하여야만 비로소 진실한 공효에 도달할 수 있는 것이다. 그러므로 성실은 궁행의 근본이 된다(『성학집요』, 수기).

여기서 경(敬)이란 몸가짐과 마음가짐에 있어서 단정하고 성실한 태도를 의미한다. 4대 정신 중에서 무실과 충의의 의미에 가깝다. 충의가 외부적인 대물관계와 대인관계를 규율하는 것이라면, 거경은 스스로의 내면적 마음가짐과 몸가짐에 역점을 둔 덕목이라고 볼 수 있다. 먼저 마음가짐과 몸가짐을 바르게 하고, 사물의 이치를 철저하게 탐구하여 그것을 실천에 옮김으로써 실효를 얻을 수 있다는 것이다. 율곡은 또 공부(학문)하는 자세에 있어서도 무실역행을 강조하고 있다.

무릇 독서하는 자는 단정하게 앉아서, 삼가 공경하여 책을 대하되, 마음을 모으고 뜻을 극진히 하여 생각을 정돈하여 숙독하고 그 의미를 깊이 풀이하여 구절마다 반드시 그 실천할 방법을 구할 것이다. 만일 입으로만 읽고 마음으로 체득하지 못하고 몸으로 행하지도 못한다면, 글은 저대로 글이요, 나는 나일 뿐으로 아무런 끼침이 없을 것이니 무슨 유익함이 있겠는가(『격몽요결』, 독서).

아무리 훌륭한 성현의 글이라도 마음으로 체득하고 몸으로 실천하지 못하면, "앵무새가 말 잘하는 것과 무엇이 다르겠는가."(동호문답)라고 했다. 따라서 성(誠)과 경(敬)은 서로 보완적이며, 성은 경에 의하여 나타나고 경은 성에 의하여 온전할 수가 있다. 그러므로 율곡은 인격수련(修己)의 참된 효과는 거경 · 궁리 · 역행에 의하여 이루어진다고 보았던 것이다(『성학집요』, 수기).

율곡이 무실을 강조한 것은 그의 사상의 실학적 성격의 한 단면을 나타낸다고 볼 수 있다. 그는 무실의 내용으로 격치지실(格致之實), 성의지실(誠意之實), 정심지실(正心之實), 수신지실(修身之實), 효친지실(孝親之實), 치가지실(治家之實), 용현지실(用賢之實), 거간지실(去姦之實), 보민지실(保民之實), 교화지실(敎化之實) 등 10가지를 열거하고 있다. 이는 학문을 탐구하고, 인격을 수련하고, 부모에게 효도하고, 가정을 다스리고, 인재를 등용하고, 간신을 멀리하고, 백성을 보살피고, 백성을 교화하는 데 있어서 무실과 실용과 실효를 얼마나 중요시 했는가를 보여 주는 것이다(윤사순, 1980: 152).

이상에서 살펴본 바와 같이 율곡이 무실 · 역행 · 실리 · 실심 · 실공 · 실효 등의 표현을 써서 강조한 성실사상의 핵심은 참된 앎은 거짓 없는 삶을 바탕으로 가능하며, 실천을 통하여 실질적인 성과가 보장되지 않는 이론은 무의미하다는 것이다. 율곡에 있어서 앎(認識)은 현실적인 삶에 뿌리를 두었을 때 참된 것이고, 삶(實踐)은 참된 앎을 근거로 했을 때 더욱 성실한 것, 즉 윤리적 삶이 된다. 즉, 앎은 성실한 삶으로 표출되었을 때 더욱 확실한 앎으로 확인되며, 삶은 진리를 토대로 이루어졌을 때 진 · 선 · 미 · 성이 조화된 이상적인 삶이 되는 것이다.

율곡의 이와 같은 성실사상은 도산이 구체적으로 의식 했건 안 했건, 그대로 도산의 사상과 삶으로 계승되고 도산의 경험과 결합하여 더욱 철저히 실천적인 것으로 뿌리를 내리게 되었다고 볼 수 있다.

4. 4대 정신의 실천

도산이 무실 · 역행 · 충의 · 용감의 정신으로 일관된 삶을 살았다는 일화와 증언들은 수 없이 많다. 그는 어떤 역경에 처해서도 성실의 자세를 잃지 않았고, 타인에게는 온화하고 관대하나 자신에게는 추상같이 엄격한 극기수양인의 자세로 일관했다. 그를 접한 많은 인물들이 가장 공통으로 평가하는 특징은 지행이 합일되고, 언행이 일치된 지성(至誠)의 인물이며, 탁월한 인격자라는 것이다. 또한 진정한 용기의 표상으로 평가된다. 도산의 삶은 제1장에서 충분히 소개되었으므로 여기서 상세히 열거할 필요를 느끼지 않는다. 몇 가지 일화를 언급하는 것으로 성실로 일관된 삶의 편린을 확인하기로 한다.

도산이 처음 미국에 가서 초등학교에 입학하려 했을 때 두 번씩이나 나이가 많다고 거절당하니, 나이를 속여 입학하라는 하숙집 주인 영감의 권고에, "입학을 못하면 그만이지 연령을 속일 수는 없다."고 했다는 일화는 널리 알려진 이야기다.

상해 임시정부 시절 어느 날 옥관빈(玉觀彬)이 찾아와서 독립운동의 자금 조달 방법으로 일본 지폐를 위조할 것과 미국에 아편을 밀매할 것을 건의하자, "사기 행위는 적(敵)에 대해서도 절대 할 수 없는 일이다. 위조지폐로 독립운동 자금에 도움을 얻는다 하더라도 신성한 광복 사업을 비열한 사기 행위에 의하여 추진할 수는 없는 일이오." "미국에 아편을 밀매하면 자금을 얻을 수 있을는지 모르겠소. 그러나 이것은 도덕상 못할 일이오. 주색잡기보다 인류에게 더 큰 해독을 주는 것은 사기 행위니 어떤 이유든지 그런 짓은 절대로 아니할 터이니, 다시는 그런 죄악을 범하지 않기를 바라오." 하고 단호히 거절했다(이만근 편, 1986: 217).

우리는 흔히 대의를 명분으로 내세워 크고 작은 거짓을 예사로 행하고 자기 합리화를 하는 경우를 흔히 본다. 도산의 경우 거짓은 어떤 경우에도 용납되지 않는다. 대의나 목적 못지않게 방법과 절차 또한 정당해야 한다는 것이 도산의 성실주의이며, 그의 인격이다.

신일철(申一澈, 1963: 127-129)은 「민족성 개혁의 선구자」란 글에서, 도산을 인도의 비폭력 무저항주의자 간디에 비교하여, 그를 정치가나 사회개혁자 · 민족주의운동자라는 시각에서만 포착하려고 하면 도산 역시 간디가 네루로부터 받은 비판, 즉 비현실적인 철학적 아나키스트와 같다는 비판을 면할 수 없지만, "오히려 도산에게는 다른 위대한 점이 많다. 즉, 도산은 티 없는 인격자요, 이상주의적 국민교육자요, 오히려 '성인' 이라고 하는 말이 옳을 것이다."라고 했다. 도산은 '작은 일부터 나부터' 의 실천궁행을 주창하고 스스로 그 모범을 보였다.

안병욱(1972: 107)은, "도산은 실천의 위력, 모범의 위력을 믿었다. 그래서 도산은 우리 민족 앞에 위대한 본보기를 보였다. 도산은 진실의 본보기, 부지런의 본보기, 용기의 본보기, 신의의 본보기, 협동의 본보기, 사랑의 본보기, 희생의 본보기를 우리에게 보여 주었다."라고 기술하고 있다.

도산이 성실로 일관된 삶을 실천한 위대한 인격자라는 사실을 부인하는 사람은 없는 것 같다. 다만 그 점이 오히려 세상 사람들로 하여금, 수단이 부족하고, 고지식하여 정치가의 자격이 부족하다든가, 혹은 다급한 시대적 상황에서 임기응변으로 문제를 해결하는 데는 오히려 장애가 될 수도 있다는 비판을 받게 한다. 그러나 그런 비판은 시각에 따라 견해를 달리 할 수 있는 일이지만, 문제는 그러한 시각 자체가 오늘의 현실까지도 크게 병들게 하고 있음을 간과해서는 안 된다. 정치가는 권모술수와 임기응변에 능해야 하며, 큰 목적을 위해서는 작은 거짓은 용납될 수 있다는 생각이 결국 스스로를 속이고 정치지도자를 병들게 하고 정의가 설 자리를 잃게 했다.

거짓말하고 속이는 것이 가죽과 뼈에 젖어서 양심에 아무 거리낌 없이 사람을 대하고 일에 임하매 속일 궁리부터 먼저 하게 되었습니다. 대한 민족을 참으로 건질 뜻이 있으면 그 건지는 법을 멀리서 구하지 말고 먼저 우리의 가장 큰 원수 되는 속임을 버리고 각 개인의 가슴 가운데 진실과 정직을 모시어야 하겠습니다. …… 대한 사람이 대한 사람의 말을 믿고, 대한 사람이 대한 사람의 글을 믿는 날에야 대한 사람은 대한 사람의 얼굴을 반가워하고 대한 사람은 대한 사람으로 더불어 합동하기를 즐거워할 것입니다. 만일 대한 사람을 건질 뜻이 없으면 모르거니와 진실로 있다고 하면 네 가죽 속과 내 가죽 속에 있는 거짓을 버리고 참으로 채우자고 거듭 거듭 맹세합시다."(주요한, 1963: 478)

도산의 이 말씀은 차라리 절규에 가깝다. 진정으로 나라를 건질 뜻이 있다면, 거짓을 버리고 참으로 거듭나지 않으면 안 된다.

이러한 도산의 주장은 한 세기가 지난 오늘날에도 절실하다. 정치판은 말할 것도 없고, 교육계조차도 여전히 온갖 불합리와 비리와 부정이 올바른 교육을 가로막고 있지 않은가! 부정과 부패, 거짓과 비리는 자율과 자치의 가장 큰 적이며, 거짓과 불신이 자율을 바탕으로 하는 교육개혁을 가로막고 있는 것이 오늘의 현실임을 공감한다면, 도산이 4대 정신을 생명처럼 여기라고 한 뜻을 이해할 수 있을 것이다.

4장 _ 점진주의

안창호는 1894년 16세 되던 해에 청일전쟁을 목격하고 나라에 힘이 없음을 절감했다. 그리하여 무엇보다 힘을 길러야 한다는 생각으로 서울로 올라가 구세학당에 입학하여 신학문을 배우고 기독교 세례를 받았다. 19세 되던 해에 독립협회에 가입하여 만민공동회에 참여하였으나 그 운동도 곧 한계에 부딪치자 평양 강서에 돌아가 학교를 세워 교육사업에 착수했다. 이것이 1899년 21세에 처음 세운 한국 최초의 남녀공학 초등학교인 점진학교(漸進學校)다.

점진 점진 점진 기쁜 마음과
점진 점진 점진 기쁜 노래로
학과를 전무하되 낙심 말고
하겠다 하세 우리 직무를 다

이것은 도산이 직접 지은 점진학교의 교가이며 교훈이었다. 노래하듯 기쁜 마음으로 학업에 힘써 어떤 어려움이 있더라도 낙심하지 말고 맡은 책임을 완수하도록 하자는 것이다. 도산이 '점진' 이란 용어를 공식적으로 사용한 것은 이것이 처음으로 알려져 있다. 비록 도산 스스로 '점진주의' 란 용어를 사용한 것 같지는 않지만, '점진' 은 그가 평생을 살아간 삶의 원칙이며, 학습의 방법이며, 운동의 원리로 작용했다는 점에서 점진주의는 곧 도산사상의 한 특징을 이루고 있다고 볼 수 있다.

그렇다면 혈기왕성한 21세의 청년 도산이 왜 학교 이름을 '점진학교'라고 짓고, 점진적 방법을 선택했을까? 과연 도산이 말하는 점진의 참뜻은 무엇인가? 안병욱(1972: 106-107)은 도산의 점진주의에 대하여 다음과 같이 설명했다.

> 역행은 부단한 노력을 요한다. 꾸준히 힘쓰고 또 힘써야 한다. 이제까지 게으르던 사람이 오늘부터 갑자기 부지런해질 수는 없다. 거짓말의 습관이 생긴 사람, 게으름의 습관이 생긴 사람, 무책임의 습관이 생긴 사람, 먼저 그 악습을 깨뜨리고 점진적으로 꾸준히 그 반대의 좋은 습관을 형성해 나가야 한다. 습관형성, 성격형성은 서서히 점진적으로 이루어진다. 도산이 '점진공부' 를 강조한 까닭이 여기에 있다. …… 어제보다 오늘, 오늘보다 내일, 금년보다 내년, 날마다 새롭고, 날마다 전진하고, 날마다 향상하는 점진적 수학과 수양을 계속해야 한다. …… 온 국민이 꾸준히 쉼 없이 점진적 방법으로 자아를 개조하고, 인격을 혁신하여 민

족개조를 실현하자는 것이 도산의 점진주의다.

점진의 사전적 의미는 '순서대로 차차 나아감' 혹은 '조금씩 앞으로 나아감'으로 풀이하고 있다. 사전적 의미로는 '급진'의 반대어로 되어 있다. 그러나 도산이 의미하는 점진의 참뜻은 서두르지 말고 중단하지도 말고 꾸준히 앞으로 나아간다는 것이다.

도산의 생존당시에도 그의 점진주의적 방법은 급진론자들의 비판을 받았다. 그들은 "국가의 존망이 목첩에 달린 이때에 국력·민력의 배양을 말하는 것은 백년하청을 기다리는 것"이라고 하면서 당장에 정권을 손에 넣고 모든 정치를 혁신하고 국가의 총력을 기울여서 독립을 이룩해야 한다고 주장했다(이광수, 1947: 19). 또 후세의 일부 역사가들은 도산의 점진주의를 '민족개량주의' 혹은 '준비론'이라는 이름으로 싸잡아서 일제의 '문화정치'에 동조하여 '절대독립론' '독립전쟁론'의 분위기를 약화시키기 위한 민족분열정책의 한 변형이라고 비판하기도 한다.

오늘날에 와서도 일부 학생운동가나 사회운동가들 사이에서는 인격을 수련하고 힘을 기르자는 것은 비겁하고 나약한 사람들이나 하는 일이라고 생각하고, 급진적 폭력혁명을 주장하기도 한다. 급진적 사회운동가들은 민주화를 주장하면서 민주주의의 기본원리인 절차와 과정을 무시한 급진적 방법을 쓴다거나, 인권과 자유를 주장하면서 비인간적이고 인간의 존엄성을 스스로 포기하는 폭력적 방법의 사용을 정당화하기 위하여 이런 비판적 관점을 동원하기도 한다. 이러한 비판들 역시 도산이 제창한 점진주의의 참뜻을 이해하지 못하는 데서 연유하는 것으로 보인다.

이 글에서는 먼저 점진주의의 참뜻을 좀 더 구체적으로 살펴보고, 도산의 전체 사상체계와 교육관 속에서의 점진주의는 어떤 의미를 갖는가를 고찰한 후에, 점진주의 원리를 기초주의와 인본주의와의 관련 속에서 의미의 지평을 넓혀보고, 사회개혁 방법으로서의 점진주의 그리고 점진주의 비판론의 한계에 대하여 논의해 보기로 한다.

1. 점진주의의 의미

도산에게 있어서 '점진' 은 결코 천천히 나가라는 뜻이 아니다. 쉬지 말고 꾸준히 그리고 서두르지 말고 단계를 밟아서, 치밀한 계획을 세워서 희망을 가지고 용기 있게 전진하라는 뜻이다. 점진주의는 곧 인과의 원리요, 합리성의 원리요, 계획성의 원리를 의미한다.

도산은 우리가 나라를 잃은 원인이 힘이 없기 때문이니 힘을 길러야 독립을 쟁취할 수 있다고 진단했다. 그렇다고 당시의 국제정세나 국제적 힘의 역학관계를 무시한 것은 아니다. 여러 가지 원인 중에서도 가장 근본적 원인이 우리나라의 힘이 약하다는 것이고 따라서 우리가 무엇보다도 먼저 힘써야 할 일은 우리 자신의 힘을 기르는 일이라고 강조했던 것이다. 도산은 동지들에게 이렇게 말했다.

참배나무에는 참배가 열리고 돌배나무에는 돌배가 열리는 것처럼 독립할 자격이 있는 민족에게는 독립국의 열매가 있고 노예 될 만한 자격이 있는 민족에게는 망국의 열매가 있습니다. 독립할 만한 자격이라는 것은 곧 독립할 만한 힘이 있음을 이름이외다. 세상만사에 크고 작은 것을 막론하고 일의 성공이라는 것은 곧 힘의 열매입니다. 힘이 적으면 성공이 작고 힘이 크면 성공이 크고, 힘이 없으면 죽고 힘이 있으면 사는 것이 하늘의 정한 원리요 원칙이외다(주요한, 1963: 789-794).

도산은 "콩 심은 데 콩 나고 팥 심은 데 팥 난다."는 자연의 이치를 굳게 믿은 사람이다. 원인 없는 결과는 없다는 인과의 법칙을 믿었다. 철저하게 문제의 원인을 분석하고 그 원인을 제거함으로써 문제를 해결할 수 있다는 합리적인 태도가 곧 점진주의의 원리다. "아무리 급하더라도 바늘허리 매어 못쓴다."는 속담이 있다. 급하고 바늘구멍이 작아서 실이 들어가지 않는다고 바늘허리에 실을 매어서는 바느질이 되지 않는다. 모든 일에는 순서가 있고 단계가 있는 법이다. 그 단계와 절차를 충실히 밟아야 한다는 것이다. 비약이 없는 인과의 원리에 충실하자는 것이다.

노력 없이 좋은 결과를 바라는 것은 요행을 기대하는 것이고, 요행을 바라는 것은 거짓이며 불성실한 삶의 자세다. "나의 생명을 다하여 나의 오늘에 할 일을 오늘마다에 다하여 보려고 힘씁니다." 이것이 도산의 삶의 자세다. 작은 일이건 큰일이건 최선을 다하는 것이 충(忠)이며 무실역행이다. 도산은 1919년 12월 7일 민단 주최

강연에서 이렇게 말했다.

> 각인이 결심하고 전진하면 우리 일은 성공할 것이요, 각인이 할까 말까 하고 방황하여 실제로 무엇이나 하는 일이 없으면 우리 일은 실패할 것입니다. '하겠다.' 하시오. '할 것'이 무엇이냐. 물론 결국은 피 흘리는 것이지요. 생명을 희생하는 것이지오마는 금일에 우선 할 것은 돈을 만들거나 몸으로 사역을 하거나 무엇이든지 하는 것이 있어야 할 것이요, '너는 무엇을 하느냐' 하고 물을 때 대답 못하는 자는 큰 죄인입니다(주요한, 1999: 652).

3·1운동 이후 그 어느 때보다 국민이 단결되었고 국제적으로도 관심을 끌게 된 '지금'이야말로 생명을 바쳐 진격을 해 볼 때라고 도산은 생각했다. 그런데 정작 전진을 해야 할 시점에서 '할 것인가 말 것인가' 망설이면서 아무것도 하지 않고 있는 것이 아닌가! 입으로는 급진적인 주장을 하면서 실제로는 아무것도 하지 않는 사람은 도산이 가장 경계하는 공론가일 뿐이다. 비록 작은 일이라도 지금 할 수 있는 일부터 곧 시작하는 것이 바로 점진적 자세다.

도산의 점진적 준비론은 일부의 비판처럼 독립전쟁을 기피하려는 것이 아니다. 이길 수 있는 독립전쟁을 하자는 것이다. "우리 국민은 대대적으로 일어나 독립전쟁다운 전쟁은 할지언정 신성한 우리 국민에게 비도(匪徒)나 폭도라는 악명을 씌우지 마시오. 대규모로 준비 있게 통일 있게 일어나면 독립전쟁이지만 대부분 통일 없이 일어나면 비도라 하오."라고 1920년 신년사에서 말했다(주요한, 1975b: 56).

독립전쟁다운 전쟁을 위해서는 돈도 모으고 군사훈련도 하고, 무엇보다 국민적 통일과 단결이 필요하다는 것이다. 그와 같은 실질적 준비 없이 말로만 떠드는 '독립전쟁'은 공상이며, 준비 없는 전쟁은 성공을 보장할 수 없을 뿐 아니라 '비도'나 '폭도'라는 오명만 쓰게 되고 귀중한 인명만 희생하게 된다. 그와 같은 희생이 되풀이 되면 결국 독립의지마저 약화되고 분열은 더욱 심화될 것은 불을 보듯 명확한 일이다.

점진주의는 무실역행의 다른 표현이다. 도산은 착실(무실)이란 무슨 일에든지 실질적 인과율에 근거하여 명확한 계산 하에 정당한 조직과 치밀한 계획으로써, 일을 추진하는 목표와 방법과 결과를 분명히 하고, 그 목적을 달성할 때까지 그 뜻을 변치 말고 계획된 순서에 따라 최선의 노력을 다하는 것이라고 했다(주요한, 1975b: 40). 어떤 일을 성취하려면 합당한 목표를 세우고 그에 도달하기 위한 치밀한 계획과 조직을 가지고 일관된 노력이 뒤따라야 한다는 것이다. 인과율을 무시하고 치밀한 계획과 준비도 없이 무모하게 덤벼드는 것은 허황된 일이며 그 결과는 패망이 있을 뿐이다. "실패한 계획은 실패하기를 계획하는 것과 같다(To fail to plan is to plan to fail)."는 서양 속담은 서구적 합리주의의 한 표현이다.

도산은 "지금은 '수호지'적 시대가 아니고 학자의 시대"라고 했다(주요한, 1975a: 41). 무모하고 과장된 불합리성이 지배하는 시대가 아니고 과학성과 합리성이 재배하는 시대라는 말이다. 정치가는 종종 그 시대의 군중심리에 맞추어 뜬 구름처럼 헛된 것을 장려하는 폐단도 있음을 지적하고, 정치든 무엇이든 일을 위해서는 '학자적 지식' 은 없더라도 '학자적 관념' 은 있어야 한다고 했다. '학자적 관념' 이란 곧 합리적 사고를 뜻하는 것이다.

도산의 점진주의는 또한 유교의 고전인 『대학』의 수양방법과도 통하는 것이다. 『대학』 총론에 "모든 사물에는 본질적인 것과 지엽적인 것이 있고 모든 일에는 시작과 끝이 있다. 먼저 할 일과 후에 할 일을 알면 목적을 달성할 수 있다." 고 했다. 도산은 어려서 서당에서 『대학』을 공부하면서 인간사회와 사물의 이치를 극명하게 설명한 이 원리를 깊이 새겨두었을 것이다. 그가 1907년에 만든 비밀결사의 이름을 '신민회' 라고 한 것도 새로운 시대의 새로운 국가의 새로운 국민을 의미한다.

도산의 점진주의는 "서두르지도 말고 쉬지도 마오(Haste not Rest not)." 라는 독일의 문호 괴테의 시를 연상시킨다.

서두르지도 말고 쉬지도 마오.
이 말씀을 가슴에 깊이 지니고
비바람 속에서도 꽃피는 길에서도
한결같이 한 생을 살아 보구려.

'서두르지 말아요.' 이 한 말씀을
마음을 바로잡는 고삐로 삼아
깊은 사려, 올바른 판단
한 번만 결심이 끝난 다음엔

온 힘을 기울여 앞으로만 나가 보오.
먼 훗날에도 뉘우침이 없게 걸어가 보오.

쉬지 말아요.
세월이 강물처럼 흘러가요.
반짝이는 인생이 덧없이 가기 전에
영원히 기터남을 보람 있는 업적을
이 세상에 유물로 남겨 놓구려.

서두르지 말고 쉬지도 마오.
운명의 폭풍우에 꾸준히 견디면서
나침처럼 한결같이 의무에만 살고
무엇에도 굽히잖고 정의에만 살아보오.
투쟁의 모든 날이 지나간 훗날에는
역사 위에 찬란하게 그대의 면류관이 빛나리라(류달영 역).

위의 시는 점진주의적 삶의 자세가 어떤 것인가를 잘 보여 주고 있다. 사려 깊은 판단을 기초로 뚜렷한 목표와 확고한 신념과 역사의식을 가지고 서두르지도 말고 쉬지도 말고 용기 있게 전진해 가는 것이다. "진리는 반드시 따르는 자가 있고, 정의는 반드시 이루는 날이 있다."는 확고한 믿음이 없이는 불가능하다.

도산의 점진주의는 인과의 원리, 질서의 원리, 합리성의 원리, 계획성의 원리, 성실의 원리로 설명될 수 있을 것이다. 어떤 상황에서도 일관된 점진적 삶의 자세를 견지한다는 것은 진정한 용기를 필요로 하는 일이다.

2. 점진주의와 기초주의

기초주의(Foundationism)는 한기언 교수가 한국교육철학의 정립을 위하여 제창한 새로운 교육철학이다. '기초'란 일상적인 의미로 초보적 · 시원적이란 뜻을 가지고 있다. 그러나 한기언은 그 이상의 의미를 부여했다. "기초는 그 분야에 있어서 처음이자 끝이요, 시초이자 궁극이요, 알파요 오메가다. 그러므로 기초는 그 분야의 핵이요, 진리요, 모든 것"이라고 했다. 그러므로 "어느 분야에서 도통했다고 하고 달인이라고 하는 사람들은 모두가 그 기초를 터득한 사람들"이라고 한다. 그런데 이 기초는 일생동안 쉴 새 없이 끝없이 추구되는 그러한 것이다. "정수(精髓)와 우아(優雅)가 곧 기초요, 멋이다." 그러므로 어느 분야에서나 '제1인자'라고 하는 사람들은 한결같이 자애롭고 부드러움을 지니고 있다. 자신을 다스리는 데는 추상같이 엄하지만 타인을 대할 때는 그토록 부드러울 수 있는 것은 바로 힘들일 곳과 뺄 곳을 알기 때문이며, 한편으로는 성취감에서 오는 여유와 자신감의 표출이라고 보았다(한기언, 1973: 200-213).

나아가서 기초주의는 곧 역사와 전통의 존중이요, 근본과 뿌리를 중요시하는 것으로 풀이된다. 한기언(1973: 65-77)은 기초주의의 생활 자체를 이렇게 설명한다. "첫째, 닥쳐오는 고난을 두려워하지 않고 그것은 나를 한없이 단련한다는 것을 알 것, 둘째, 어떤 경우든 무리라는 것은 통하지 않는 것이고 모든 것에 때가 있다는 것을 알 것, 셋째, 오직 끝없는 노력만이 소중하다는 것을 알 것"이라고 했다.

이는 곧 백절불굴의 정신, 극기수련의 자세이며, 원리원칙과 인과율을 존중하는 합리적 생활태도이며, 전 생애에 걸쳐 일관된 자기수양의 자세이며, 자아혁신을 위한 평생학습의 자세라고 볼 수 있다. 이와 같은 기초주의 원리에 비추어 도산의 말씀들을 다시 음미해 보자.

> "나 하나를 건전한 인격으로 만드는 것이 우리 민족을 건전하게 하는 유일한 길이다."
>
> "농담으로라도 거짓말을 말아라. 꿈에라도 성실을 잃었거든 통회하라."
>
> "천병만마(千兵萬馬)를 쳐 이기기는 오히려 쉬우나 내 습관을 이기기는 어려운 일이니 우리는 이 일에 일생을 노력해야 한다."
>
> "모든 큰일은 가장 작은 것으로부터 시작하고 크게 어려운 일은 가장 쉬운 것에서부터 풀어야 한다."
>
> "우리의 하려고 하는 위대하고 신성한 사업의 성공을 허(虛)와 위(僞)의 기초위에 세우려 하지 말고 진(眞)과 정(正)의 기초 위에 세우려고 하자."
>
> "부허(浮虛)는 패망의 근본이요, 착실은 성공의 기초다."
>
> "공고한 기초 위에 좋은 건설이 있고, 튼튼한 뿌리 위에 좋은

꽃과 열매가 있다."

"우리가 무엇을 하든지 근간이 되는 바는 인격혁명이라고 생각합니다."

이상에 열거한 도산의 말들은 모두 '기초'의 중요성을 강조한 것이며, '기초' 중의 기초는 건전한 인격이며, 이것은 일생을 통하여 꾸준히 닦아야 할 처음이자 마지막 과업이라고 보았다. 도산은 여러 가지 일을 추진하면서 언제나 기초적인 준비의 부족을 절감했다. "경술국치 이후로 우리는 언제나 '싸우자' '싸우자' 했다. 그러나 싸우는 힘을 기르는 일은 아니했다. 그렇기 때문에 언제나 싸우자는 소리뿐이요, 싸우는 힘이 있을 수도 없다."(안병욱, 1972: 29)고 통탄했다. 돈도 없고, 무기도 없고, 기술도 부족하고, 인물도 부족했다. 더구나 부족한 인물과 금전마저도 하나로 뭉쳐지지 않았다. 동포끼리도 서로 불신하고 비난하여 함께 일을 도모할 수가 없었다. 이것이 모두 기초적 훈련이 부족한 탓이라고 보았다.

도산은 한 가지 이상의 전문지식과 기술을 지니고 정직하고 강한 실천의지를 갖춘 인물을 기르는 것이 가장 기초가 되는 독립운동의 방안이라고 생각했다. 이와 같은 생각은 그가 직접 지은 '홍사단 약법'에서 집약적으로 나타나 있다. 홍사단약법에는 홍사단의 목적을 "무실역행으로 생명을 삼는 충의남녀를 단합하여 정의를 돈수하고 덕 · 체 · 지 삼육을 동맹수련하여 건전한 인격을 지으며 신성한 단체를 이루어 우리 민족 전도대업의 기초를 준비함"이라고 했다(홍사단, 1986: 603).

또한 도산은 스스로도 전 생애를 통하여 이와 같은 기초를 닦기에 노력했다. 주요한(1963: 32-33)은 "그가 애국자의 사표가 될 것을 스스로 기약하고 육십 평생에 나날이 새로운 점진공부를 계속한 것은 사실이요, 또 아무리 도산이 스스로는 자기를 부족하게 생각하더라도 그가 도달한 경지로도 우리가 앙모하고 따라가기에 넉넉한 높이와 깊이가 있었다."고 했다. 실제로 그를 만난 모든 사람들은 그에게서 풍기는 훈훈하고 부드러운 인격의 향기를 느낄 수가 있었다고 한다.

이와 같은 도산의 사상과 삶의 자세는 한기언이 제창한 기초주의 이념과 맥을 같이하며, 이는 곧 점진주의 원리로 통한다고 볼 수 있다.

3. 점진주의와 인본주의

도산에게 있어서 점진주의는 인본주의와도 상통한다. 도산의 인본주의 사상의 특징은 두 가지 측면에서 생각할 수 있다. 하나는 인간에 대한 지극한 사랑으로서의 휴머니즘이며, 또 하나는 모든 사회개조의 출발이 인간에서 비롯된다는 인간본위 혹은 인간중심주의의 사상이다.

도산은 지극한 사랑의 인물이었다. 그는 인간뿐만 아니라 모든 생명에 대하여 깊은 연민과 애정을 가졌다. 동지에 대해서는 물론 방안에 둔 화초 한 포기까지도 무한한 애정을 가지고 보살폈다. 그는 늘 정의돈수(情誼敦修)를 강조했다. 이것은 자비(慈悲) · 인(仁) · 애(愛)의 이상을 실제화한 것으로 사랑이야말로 국가의 번영과 인류평화의 열쇠라고 믿었다. "적어도 동포에게는 무저항주의를 쓰자. 때리면 맞고 욕하면 먹자. 동포끼리만은 악을 악으로 대하지 말자."고 했다. 도산은 비폭력과 평화주의의 신봉자였지만 그렇다고 독립운동의 수단으로서 무력투쟁이나 군사적 방법을 전혀 배제하지 않았다. 이는 1920년 신년사에서 "우리가 오래 기다리던 독립전쟁의 시기는 금년인가 하오. 나는 독립전쟁의 해가 이른 것을 기뻐하오. 우리 국민은 일치하여 전쟁의 준비에 전력하기 바라오."라고 말하고, 이어서 같은 해에 발표한 독립운동 6대 방략 중에서도 군사를 첫 번째로 꼽고 있는 것을 보아도 알 수 있다(주요한, 1963: 554–556).

그러나 도산에게 있어서 독립을 위하여 부득이 무력투쟁을 불사하더라도 그것은 정당방위일 뿐이며, 그가 본래 평화주의자요, 인도주의자임에는 의심의 여지가 없다. 이광수는 이렇게 술회하고 있다.

> 도산의 판단에 의하면 민족 상호 간의 간섭과 무력투쟁은 이유의 여하를 불문하고 반인류적이다.
>
> 부부간의 복락을 결정하는 것이 사랑이듯이, 한 단체나 한 민족의 번창을 초래하는 것이 사랑인 것 같이, 세계 평화의 원인이요 유일한 원인은 오직 사랑이다. 공자께서 인을 가르치시고 예수께서 사랑을 이르심이 진실로 우연이 아니니 사람의 바른 길은 오직 사랑이요, 그 밖에는 없다. 현금 세계에 전쟁이 있고 투쟁

> 이 있어 평안한 날이 없거니와 이것은 그 목적이 악하다기보다는 그것을 달하려는 수단이 악한 것이니 곧 사랑으로 점진으로 하려 아니하고 증오와 폭력으로 성급히 해결하려 하는 까닭이다(이광수, 1947: 277-278).

위의 글에서 보는 바와 같이 목적도 중요하지만 그보다 수단과 방법이 더욱 중요하며, 인류의 크고 작은 모든 전쟁은 사랑과 점진으로 하지 않고 폭력과 성급한 수단을 택하려는 데서 비롯된다는 것이다. 그리하여 폭력은 폭력을 낳고 증오는 증오를 낳아서 악순환이 되풀이된다는 것이다. 도산의 점진주의는 사랑의 원리, 인도주의의 원리로 통한다.

또 도산은 사회개조는 개인의 인격개조에서 시작된다고 보았다는 점에서 인본주의적이다. "그대는 나라를 사랑하는가? 그러면 그대가 먼저 건전한 인격이 되라. 백성의 질고를 어여삐 여기거든 그대가 먼저 의사가 되라. 의사까지는 못 되더라도 그대의 병부터 고쳐 건전한 사람이 되라."고 했다. 이것은 세계평화를 위해서는 국가를 잘 다스려야 하고, 국가를 잘 다스리려면 가정을 잘 다스려야 하고, 가정을 잘 다스리려면 자신의 인격을 먼저 닦아야 한다는 유교의 가르침(修身齊家治國平天下)과 같은 원리라고 볼 수 있다. 모든 일의 성패는 사람에 달려 있고 사람에서 출발한다고 볼 때 개개인의 건전한 인격을 토대로 하지 않으면 안 된다. 그런데 인격을 개조하여 건전인격으로 만드는 것은 갑작스럽게 혁명적 방법에 의하여 이루어지는 것이 아니다. 장기간에 걸친 단계적이고 점진적인 수양의 과정을 거쳐야 한다.

실제로 인간사회의 대부분의 비인간화 현상은 인과관계를 무시하고, 합리성을 무시하고, 절차와 과정을 무시하고, 목적만을 추구하는 데서 비롯된다. 따라서 인본주의는 민주주의의 근본일 뿐 아니라 점진주의의 원리와 불가분의 관계를 갖는다. 인본주의를 바탕으로 하는 민주주의와 점진주의는 모두 합리적 절차와 과정을 존중하며 질서를 존중하기 때문이다.

4. 점진주의와 교육

도산이 성장하며 그의 사상이 무르익고 전개되었던 세계사적 배경은 한마디로 서세동점 양육강식의 시대였고, 우리 민족의 역사는 망국과 독립투쟁의 과정이었다. 이러한 시대적 상황 속에서 "한국민족에게 당면한 역사적 과제는 대외적으로는 국권회복이었으며, 대내적으로는 인간답게 살 수 있는 모범국가의 건설이었다." "이러한 과제를 해결하기 위한 그의 대응책은 그 어떤 일면적 대응이 아니라, 전면적인 통합적 대응이었다."(이명현, 1986: 74) 그의 행적과 언어를 자세히 살펴보면 확인할 수 있는 사실이다.

도산은 1920년 1월 3일 상해에서 교포들의 신년축하회에서 밝힌 독립운동 6대 방략에서 군사 · 외교 · 교육 · 사법 · 재정 · 통일 등을 제시한 바 있다(주요한, 1963: 555–556). 이 여섯 가지 중 어느 것도 중요하지 않은 것이 없다고 보았다. 그리고 실제로 그의 행적을 보면 이 모든 분야에 혼신의 노력을 기울였다. 군사적 측면에서는 국민개병주의와 군자금의 확보, 군사학의 교육과 군사훈련 등을 강조했고, 외교 면에서는 면밀한 국제정세의 분석을 바탕으로 평등의 외교를 범국민적 차원에서 해야 한다고 주장했다. 사법 면에서는 특히 임시정부의 사법제도 확립과 준법생활의 훈련을 강조했으며, 재정 면에서는 국민개납주의와 국민개업주의를 강조했고, 통일 면에서는 국민적 대동단결과 공사(公私)의 구별을 강조했다. 그러나 군사 · 외교 등 다른 모든 것이 다 잘 되어도 금력과 통일이 없으면 안 된다고 했다.

도산은 교육 사업을 위하여 점진학교(1899), 대성학교(1907), 동명학원(1924) 등 세 개의 학교를 세웠을 뿐만 아니라, 신민회, 청년학우회, 공립협회, 대한인국민회, 흥사단 등의 많은 단체를 조직했고 태극서관, 도자기회사 등을 설립했으며, 재외동포의 생활근거지, 독립운동의 실력양성 기지, 이상적인 지역공동체로서의 모범촌운동을 전개하기도 했다. 특히 1907년에 세운 비밀결사였던 신민회의 사업계획은 교육 · 문화 · 산업 및 군사 등에 이르는 광범위한 분야를 포함하고 있었다.

김정환(1986: 128) 교수는 일제하의 독립운동방식을 ① 외교입국방식, ② 무력항쟁입국방식, ③ 산업입국방식, ④ 인격입국방식, ⑤ 종교입국방식 등의 다섯 가지 유형으로 구분하고 도산은 이 다섯 방식을 사상과 실천으로 다 거치면서 이것을 인격입국방식(교육입국방식)으로 통일했다고 했다. 즉, 도산의 교육입국방식은 여러 가지 독립운동방략의 하나이면서 동시에 그 전체이기도 하다. 그러므로 "도산의 경우 사상은 그대로 교육사상이요, 거꾸로 교육사상은 그대로 그의 사상의 전부다."라고 했다.

다시 말하면 도산에게 있어서 교육을 통한 건전한 인격의 형성은 모든 독립운동의 기초이며 또한 도달해야 할 목표이기도 하다. 그러기에 도산은 "나 하나를 건전인격으로 만드는 것이 우리 민족을 건전하게 하는 유일한 길이다."라고 했다(주요한, 1963: 5). 도산의 점진주의는 이런 맥락에서 이해되어야 한다. 군사력 · 외교력 · 재정력 · 지식력 등 모든 힘이 합해져야 비로소 자력으로 독립국가를 유지할 수 있는 것이다. 그러나 이런 힘들은 결코 하루아침에 생기는 것이 아니며 저절로 생기는 것도 아니다. 장기간에 걸친 꾸준한 노력에 의해서만 형성되며, 교육을 통한 건전인격과 신성단결을 통하여 구체적으로 실현될 수 있다고 보았다. 따라서 점진주의는 궁극적으로 교육적 접근으로 통한다.

그렇다면 도산의 교육관은 어떤 것인가? 그는 결코 교육을 좁은 의미의 정규 학교교육에 국한하지 않았다. 그는 자신이 세운 세 개의 학교뿐만 아니라 그가 세운 모든 단체들이 교육기관의 연장이며 교육활동의 연속이라고 보았다.

오천석은 "흥사단은 일종의 엘리트로 조직된 캠퍼스 없는 교육기관이라고 할 수 있다. 가령 날마다 독서할 것과 운동할 것을 의무화한 것만 보아도 학교와 유사한 점이 많다. 그가 고매한 이상을 가지고 설립하였던 대성학교가 문을 닫게 되자 무형의 학교로 흥사단을 일으킨 것이다."라고 했다(오천석, 1979). 이는 사회교육기관 혹은 평생교육기관으로서의 흥사단의 성격과 도산의 교육관을 보여 주는 설명이다.

도산은 태극서관을 창립할 때 "책사(冊肆)도 학교다. 책은 교사다. 책사는 더 무서운 학교요, 책은 더 무서운 교사다."(주요한, 1963: 5)라고 했다. 그가 조직하고 설계한 청년학우회, 흥사단, 모범촌 등은 모두 이와 같은 종합적인 국민교육운동의 일환이며 독립운동의 한 방법이기도 했다. "도산은 모든 교육의 장(場)을 총동원하여 온 국민을 대상으로 한, 전 생애에 걸친 교육을 통해 민족의 힘을 기르려 했다. 이런 뜻에서 우리나라 최초의 조직적인 국민교육이념의 제창자였다."고 김정환(1986: 142) 교수는 평가했다. 도산에게 있어서 교육은 바로 삶의 과정이며 교육은 바로 독립운동으로 이어진다. 성실한 삶의 과정이 곧 독립운동의 한 과정이며, 건전한 사회, 모범국가를 건설하는 가장 확실한 길이라고 믿었던 것이다. 다음의 글에서도 이와 같은 도산의 생각을 읽을 수 있다.

> 흔히 저하는 일이 옳은지 그른지 자세히 몰라서 방황하고 주저합니다. 예로 말하면 공부하는 것, 농사하는 것, 장사하는 것-이러한 것들이 우리가 지금 다시 살아날 운동하는 데 맞는가 안 맞는가 하여 방황하고 주저합니다. 심지어 어떤 이는 이 운동(독립운동)을 하지 않는 이라 하며 비난하고 공격합니다. 그러나 비기어 말하면, 그물질하는 사람만 어업자라 하고, 고기 잡기 위하여 그물을 만들며 양식을 나르는 사람은 어업자가 아니라고 하겠습니까? 또 총 메고 전장에 나선 사람만을 전쟁하는 사람이라 하고, 뒤에 있어서 군기를 만들고 군량을 장만하는 사람은 전쟁하

> 는 사람이 아니라 하겠습니까? 앞에서 직접 행동하는 이나 뒤에서 간접 행동하는 이나 다 같은 그 일의 운동자입니다. 그러니 지금 배울 기회가 왔을 때에 배우고 벌이할 기회가 있을 때에 벌이하다가 그보다 더 긴급한 일이 있을 때에는 다 나서는 것이 옳습니다(주요한, 1963: 497).

이 말은 모든 국민이 각자 자기의 위치에서 맡은 바 임무를 성실히 수행하고 자신을 갈고 닦아 힘을 길러 때가 되면 결속된 힘으로 독립을 찾자는 논리다.

이상에서 살펴본 바와 같이 도산의 독립방식은 전면적 · 통합적인 것이며 그것은 장기적 안목에서 점진주의적 방법으로 추진될 수밖에 없는 것이다. 다시 말하면 점진주의는 모든 사업의 바탕에 일관되는 방법적 원리이며, 동시에 다양한 형식의 국민교육운동의 원리이기도 하다. 이런 시각에서 점진주의를 이해할 때 비로소 도산사상의 참뜻을 더욱 명료하게 이해할 수 있을 것이다.

5. 점진주의와 사회개혁

역사를 보면 언제나 보수와 진보 혹은 점진론자와 급진론자가 대립 · 공존해 왔다. 그러나 보수나 진보 혹은 점진과 급진은 진보란 무엇이냐의 개념에 따라, 또 변화를 추구하는 분야와 대상이 무엇이냐에 따라서 그 의미가 달라질 수밖에 없다.

급진론자들은 흔히 혁명이라는 방법을 선호해 왔다. 혁명의 정의에 관한 정치학적 · 사회학적 논의는 일단 접어두기로 하자. 다만 어떤 변화가 급격하게 이루어지는 것을 '혁명' 혹은 '혁명적'이라고 하자. 과학 · 기술 분야의 급격한 변화를 과학혁명 혹은 기술혁명이라고 하고, 생산수단과 산업구조의 급격한 변화를 산업혁명이라고 한다. 또 이데올로기나 사상면의 급격한 변화를 사상혁명이라고 하고, 권력(정치권력)의 주체가 급격히 바뀌는 것을 정치혁명(좁은 의미의 혁명)이라고 하고, 개인의 내면적 가치관이나 인생관이나 삶의 자세에 일대 변혁이 일어나는 것을 각성 혹은 인격혁명이라고 한다.

기술혁명이든, 산업혁명이든, 사상혁명이든, 정치혁명이든 대개 모든 혁명은 상당한 충격과 그에 따른 부작용이 생긴다. 그런데 과학 · 기술의 혁명과 산업혁명은 일시적 충격이 장기적으로는 해소되면서 인간의 물질생활에 편리함을 가져다주었고, 사상의 혁명은 인간의 사고에 다양성을 제공해 주고 상호이해의 폭을 넓혀 주었다. 또 인격혁명과 자아의 각성은 개인의 삶의 방향에 전환을 가져다주고 인간의 도덕적 품성을 높여주고 내면적 만족감을 증대시키며 질서의식을 고양한다. 또 정치혁명은 인간사회의 뿌리 깊은 종적 질서를 횡적 질서로 재편성하였고 또 잔존하는 종적 질서 하에서도 적어도 그 위치가 바뀔 수 있다는 가능성을 보여 줌으로써 인간이 보다 겸손해지고 입장을 바꾸어 생각(易地思之)할 수 있는 계기를 만들었다는 긍정적 측면을 갖는다.

물론 기술혁명 · 산업혁명 · 정치혁명 · 사상혁명 · 인격혁명

등이 실제로 긴밀한 관계 속에서 이루어지며 따로 분리할 수 있는 성질의 것은 아니다. 특히 정치혁명과 사상혁명은 항상 함께 존재해 왔으며 상호의존적이다.

그러나 폭력을 수반하는 정치혁명은 결코 이상에서 살펴본 긍정적인 측면만 있는 것이 아니다. 오히려 그에 못지않은, 아니 그보다 훨씬 더 심각한 해독과 폐단을 낳았다는 것을 인류의 역사가 증명한다. 역사상 대부분의 정치혁명은 무엇보다도 가장 소중한 인명을 파괴했으며, 폭력을 그 수단으로 하여 때로는 전쟁으로까지 발전했다. 다른 혁명(기술혁명 · 인격혁명 등)들이 인간의 지적 호기심이나 내면적 자기성찰의 산물인 데 반하여 정치적 혁명은 일차적 동기가 헤게모니 혹은 권력의 쟁취에 있기 때문이다. 혁명에 의한 권력의 쟁취는 일차적으로 소수의 권력에 대한 욕구에서 비롯되는 경우가 많다. 물론 그것은 여러 가지 이데올로기나 대의명분으로 착색되고 수식되지만 대부분의 경우 진위를 판단하기가 쉽지 않다.

간혹 권력에 대한 욕구가 없는 순수한 정의에 입각한 '정당방위'의 차원에서 이루어지는 비폭력의 혁명이 있기는 하다. 그러나 결국 권력의 주체가 없는 혁명은 성공을 기약하기 어렵다. 독재자의 손에서 빼앗은 권력을 관리할 주체가 없거나 있더라도 허약하면 다른 독재자의 손에 다시 넘어가게 된다. 물론 긴 역사의 흐름으로 보면 실패한 혁명이 진정으로 승리하는 혁명이 된 경우도 적지 않다. 그러나 그러기에는 그 대가로 지불해야 할 희생이 너무나 크다.

폭력적 혁명의 또 하나의 치명적 약점은 '증오심의 확대'에 있다. 막강한 권력집단을 몰아내기 위하여, 이에 대항하기 위해서는 다수의 대중을 동원해야 하며 이들을 동원하여 행동으로 옮기게 하기 위해서는 어떤 형태든 증오심이나 적개심을 자극하지 않으면 안된다. 이렇게 해서 생긴 증오심은 설사 혁명이 성공했다 하더라도 오랫동안 치명적인 상처를 남기게 된다. 마치 핵폭탄이 대기 속에 보이지 않는 방사선 낙진을 남겨 놓듯이 헤아릴 수 없는 해독을 남긴다.

결국 사회개혁운동으로서 급진적 혁명을 택할 것인가 점진주의를 택할 것인가 하는 문제는 그 사회개혁운동의 궁극적 목적이 정치권력의 획득에 있는가 인간의 내면적 자유의 확대와 성숙한 사회의 건설에 있는가에 달려 있다. 물론 사회의 권력구조가 인간의 내면적 자유를 보장하는 중요한 요소의 하나이기는 하다. 그러나 개개인의 주체적 자각과 국민적 훈련이 수반되지 않으면 권력의 주체가 바뀌었다고 인간다운 삶은 보장되지 않는다.

때로는 폭력혁명도 정당화될 수 있는 극히 예외적인 경우가 있을 수 있다. 그러나 그 결과가 정당화될 수 있다고 하더라도 그것을 위하여 개인의 희생이 강요될 수는 없다. 인간 개개인의 오늘의 삶이 소중하다면 불확실한 내일을 담보로 오늘의 희생과 고통을 강요할 권리는 아무에게도 없다. 그러나 각성된 개인의 의지에 의하여 스스로 선택한 희생이라면 그것은 이미 희생이 아니다.

도산은 기회 있을 때마다 국민적 주체의식과 공민훈련을 강조했다. 김성식(1986: 17-28)은 일찍이 국민적 훈련의 시급함을 역설했다. "국민적 훈련은 자율적 · 자각적 혹은 주체적 훈련"이 되어야 하며, "국민적 단합은 구심적이 아니고 원심적 단합이어야 한다."

고 했다. "원심적 단합은 국민 개개가 주체성을 갖고 다원적으로 단합한다는 뜻이다." "국민화는 역시 국민적 문화에의 접근"이라고 했다. 국민적 훈련이 되었을 때 진정으로 국가의 공고한 힘이 생긴다고 보았다.

도산이 흥사단을 통하여 실현하려고 한 것도 바로 단결훈련과 공민훈련이며 이는 곧 김성식이 말한 국민적 훈련인 것이다. 이와 같은 국민적 훈련은 점진주의를 통해서만 가능하다고 굳게 믿었던 것이다. 점진주의적 시민운동을 통해서만 국민 다수가 주체가 되는 민주적 시민사회가 이룩될 수 있는 것이다.

6. 점진주의 비판론과 그 한계

한 때 일부 사학자들이 도산의 점진주의를 '준비론' 혹은 '민족개량주의'라는 이름으로 싸잡아서, 독립운동전선을 약화시키고 민족분열을 획책하기 위한 일제의 '문화정치'에 동조한 것으로 비판하고 있다.

먼저 이들 비판론자들 중의 한 사람인 강동진의 관점을 그의 저서 『일제의 한국침략정책사』를 통하여 살펴보면 그 요지는 다음과 같다(강동진, 1980: 379-399).

① 그는 주로 조선총독부의 관계문서와 일제의 고위관리들이 주고받은 서한과 일기 등을 주된 자료로 하여 일제의 한국침략

정책을 분석했다.

② 그 결과 3 · 1운동 이후 1920년대에 총독부는 종교단체의 어용화를 통하여 민족주의자의 축출공작을 펴나가는 한편, 민중에게 영향력 있는 저명한 민족주의자 몇 명을 포섭하여 그들에게 '민족개량주의'를 선전 · 유포시키기로 방침을 세웠다는 것이다.

③ 그리하여 1921년 5월 총독부는 상해의 이광수를 회유하여 귀국시키는 한편, 6월에는 복역 중인 최남선(崔南善)과 최린(崔麟)을 가출옥시켰다.

④ 이광수는 1922년 총독부의 주선으로 수당만도 한 달에 300엔이란 엄청난 돈을 받고 「동아일보」 논설위원으로 들어갔고, 최남선은 당국의 원조로 1922년 월간잡지 「동명」과 1924년 일간지 「시대일보」를 창간했으며, 최린은 천도교의 분열에 관여하여 나중에 '자치론'을 앞세워 민족주의자의 대일(對日) 타협을 부채질했다(이들이 모두 일제당국의 자금지원으로 이루어졌음이 일본 고위 관리와 총독 간의 편지에서 밝혀졌다고 한다.).

⑤ 이광수 · 최남선 · 최린 등이 내건 '민족개량주의'의 논리가 일제당국이 내건 '문화운동'의 3대 슬로건인 '자치' '실력양성' '민족성개량' 등과 일치하며, 특히 이광수가 1922년에 발표한 『민족개조론』의 논지가 "조선민족 쇠퇴의 근본 원인을 타락한 민족성에 있다."고 하여 일제의 식민지사관과 일치한다는 것이다.

⑥ 따라서 '민족개량주의'는 민족주의의 탈을 썼지만, 실은 일본

식민주의자의 정치적 도구로 민족의 독립운동을 부정하는 이데올로기로 이용당한 데 지나지 않는다는 것이다.

이들의 주장은 결국 '인격개조'와 점진적 준비론과 같은 도산의 독립운동방식은 이광수 · 최남선 · 최린 등의 '민족개량주의자'들과 입장이 같은 것으로 친일적이고 비겁한 온건론으로 비판받을 수밖에 없다는 논리다. 그러나 이들의 비판이 실증적 자료를 근거로 하고 있으며, 상당한 정도로 타당성을 인정할 수 있지만 다음 몇 가지 점에서 그 한계를 지니고 있다.

첫째, 그의 주장이 침략자 일본관리들의 정책자료를 근거로 하고 있다는 점이다. 즉, 그들의 의도가 우리의 민족주의자들을 이용하고 분열시키려고 했다고 하더라도 그것이 곧 우리의 민족주의자들이 그들에게 협조했다는 증거가 될 수는 없다는 점이다. 즉, 일제가 '무단정치'에 한계를 느껴서 '문화정치'로 전환한 것은 그들의 정책이고, 그것을 역이용하여 언론과 교육 · 문화활동을 활성화하게 된 것은 또한 우리의 전략이다. 누가 더 실질적으로 이용하고 이용당했느냐 하는 것은 별개의 문제이며 쉽사리 측정할 수도 없다.

둘째, 시기로 보아 도산의 인격혁명론과 점진주의는 한일합방이 이루어지기 훨씬 전부터 싹텄고 성숙되었다는 점으로 보아 도산의 점진주의를 일제의 '문화정치'와 직결시킬 수는 없다. 도산이 점진학교를 세운 것이 1899년의 일이고, 1907～1909년에 신민회와 대성학교 · 태극서관 · 마산동 도자기회사, 청년학우회 등을 조직 혹은 설립했으며, 1913년에 홍사단을 창립하여 일생 동안 일관된 점진주의와 실력배양운동을 실천했다는 사실이 그를 입증한다.

셋째, 1906년부터 1910년까지 5년간의 상황만 보더라도 "당시 피아간의 세력관계로 보아 급진론자들의 주장(최석하·이갑 같은 급진론자들은 일본의 힘을 업고 정권을 장악하여 서정을 혁신하여 일거에 독립의 열매를 거두어 일제의 병탄 구실을 주지 않도록 하자고 주장)은 심정적 원망(願望)이 앞서나가 현실성이 극히 희박한 것이었다고 하지 않을 수 없다." "독립운동의 장기적 전망에서 본다면 조선 말기의 시점에서 국권회복을 위한 주체적 역량을 배양하고 온존하여 결정적 시기에 대비한 것은 그 나름의 적극적 의미를 지니고 있었다."고 보는 강재언(1981: 372)의 견해가 오히려 타당하다고 볼 수 있을 것이다.

넷째, 도산의 1920년의 '신년사'와 '독립운동 6대 방략'을 깊이 음미해 본다면 결코 도산의 점진주의가 독립전쟁을 기피하는 온건론자의 태도가 아님을 알 수 있을 것이다.

> 우리 국민은 일치단결하여 전쟁의 준비에 전력하기를 바라오. …… 독립전쟁다운 전쟁을 할지언정, 신성한 우리 국민에게 비도나 폭도라는 악명을 씌우지 마시오. 물론 나의 준비라 함은 결코 적의 역량에 비할 만한 준비를 칭함이 아니나, 그래도 준비는 절대로 필요하오. …… 군사 1명에 1일 20전이라 하여도 1만 명을 먹이려면 1개월에 6만 원이나 되오. 준비 없이 개전하면 적에게 죽기 전에 기아에 죽을 것이오(주요한, 1963: 557).

위의 글에서 도산의 '준비'가 의미하는 것이 어떤 것인가를 알 수 있다. 적을 능가하는 완벽한 준비를 의미하는 것이 아니라, 최소한 싸움다운 싸움을 할 수 있는 준비를 뜻한다. 혹은 "선언적 의미밖에 없는 독립전쟁이 아니라 실질적 독립운동을 해야 한다는 것이다." "지더라도 싸워보자는 것이 아니라 이길 싸움을 해 보자는 것이 그 주장의 참된 의도였다."(이명현, 1986: 96) 그러기 위하여 필요한 힘을 준비하자는 것이었다. 역사에 우연이나 요행은 없다는 것이 점진주의의 참뜻이다. "짖는 개는 물지 않는다."는 속담도 있다. 대개의 경우 급진론자보다 점진론자에게 더 큰 용기와 인내가 요구된다.

다섯째, 『일정하 동아일보 압수사설』(1930. 4. 10: 「신동아」 1974년 1월호 별책부록)에 있는 일본인(室伏高信)이 쓴 「점진주의」라는 글을 눈여겨볼 필요가 있다. 그는 일본 제국주의의 침략전쟁을 비난하면서, "조선동포가 취할 방도가 둘이 있는데, 첫째는 폭력적 운동이고, 둘째는 점진적 운동이다. 전자는 국제적 정세로 보아 희망이 없고, 후자는 조선인을 단결시켜 일본주의자를 이용해서 항상 고도의 정치적 요구를 관철하는 데 그 목적이 있으므로 일본사회 안에서도 이 운동에 대한 공명자는 적지 않다."고 했다. 이는 일본 제국주의정책에 비판적 시각을 가진 일본인 지식층의 점진주의에 대한 견해로 강동진의 주장과는 다른 것이다.

대한민국 임시정부 시절의 도산

끝으로 1945년 해방을 전후한 우리의

현대사는 도산의 점진주의의 참뜻을 다시 한 번 되새겨 보게 한다. 도산은 상해임시정부를 명실상부한 우리 독립운동의 핵심체로 정비하기 위하여 온갖 노력을 아끼지 않았다. 그러나 동족 간의 내분으로 그것마저 제대로 되지 않았다. 그리하여 일본의 패망으로 독립을 맞았으면서도 정권을 인수할 통일된 기구를 갖지 못했던 탓으로 또다시 혼란을 거듭했고 분단의 고착화라는 역사의 비극을 초래하고 말았다.

도산은 국제정세에 대해서도 상당한 식견을 가지고 있었고 독립의 기회도 그와 같은 국제정세의 변화와 밀접한 관계가 있음을 알고 있었다. 먼저 1913년 5월 12일 샌프란시스코 한인예배당에서 행한 도산의 연설 내용을 살펴보자.

> 혹자는 말하기를 우리가 비록 대단결을 이룰지라도 국가를 회복할 수 없다고 할 터이나, 이는 아무 일도 알지 못하고 일을 하지 않고자 하는 자이니 말할 것 없거니와 우리가 대단결을 이루면 장래의 희망이 없지 아니할 것은 일본이 미구에 3대 강국과 전쟁을 피치 못할 것은 자연한 형세이니 이 3대 강국은 미국 · 중국 · 아라사다. 이와 같이 일본이 만일 그 나라들과 전쟁을 시작하면 이는 우리의 큰 기회니 그때를 당하여 우리가 만일 아름다운 단결이 있으면 매사를 이루려니와, 그렇지 못하면 기회도 쓸데없을지라. …… (이만근, 1986: 11)

도산은 국제 정세의 흐름으로 보아 기회는 반드시 올 것이라는 믿음을 가지고 있었고, 그때를 대비하자는 것이다. 준비 없이 맞이하는 기회는 기회가 될 수 없다는 것이다. 또 도산은 1938년경 임종을 앞두고 일본의 패망을 예언했다. "일본은 자기 힘에 지나치는 큰 전쟁을 시작했으니 필경 이 전쟁으로 인해서 망할 것이오."라고 했다.

혹자는 도산을 막연한 비과학적 낙관론자라고 평하기도 한다. 그러나 막연한 낙관으로 점진주의는 불가능하다. 진리에 대한 확고한 신념과 역사의 방향에 대한 투철한 믿음이 없이는 점진주의는 불가능하다. 도산의 생애와 언행을 면밀히 검토해 본 사람이라면 그가 얼마나 치밀하고 주도면밀한 합리적 지성의 소유자인가를 알 수 있을 것이다.

그러므로 일부 사학자들이 도산의 점진주의와 인격혁명론을 춘원과 육당 등의 '민족개량주의'와 동일시하여 싸잡아 비난하는 것은 논리적으로도 모순이며, 사실에 대한 인식의 부족이라고 보지 않을 수 없다. 도산 자신도 이미 생존 당시에 춘원의 「민족개조론」이 비판받고 있다는 것을 알고 있었음을 1936년 2월 『사해공론』 제2권 2호에 실린 다음 말에서 알 수 있다.

> 물산장려도 해야 되고, 문자운동도 해야 되고, 발명도 힘써야 하고 할 일이 많지요. 그러나 우리가 무엇을 하든지 근본이 되는 바는 인격혁명이라고 생각합니다. 민족변화란 말씀입니다. 이렇게 말하면 이거 또 춘원식의 민족개조론이구나 하고 비웃을는지 모릅니다만 ……(주요한, 1963: 863).

도산은 스스로 옳다고 믿으면 그것으로 충분하지, 그것이 친일파의 주장이라고 철회하고, 적의 주장과 일치한다고 하여 주장을 바꾼다거나 하는 그런 인물이 아니다.

그럼에도 불구하고 안타까운 점은 이광수와 최남선이 모두 도산이 아끼던 동지요 제자들이었고, 특히 이광수의 「민족개조론」은 그 기본 발상이 도산의 사상을 담고 있다는 것과 그들이 말년에 지조를 굽혀 친일적 활동을 했다는 점이다. 그 때문에 도산의 점진주의와 준비론까지 오해를 받을 여지가 있고, 이는 민족사의 불행이 아닐 수 없다.

7. 맺는 말

진보와 발전은 인류의 이상이며 생명의 본질이기도 하다. 그러나 무엇을 발전 혹은 진보라고 보느냐 하는 데는 견해가 일치하지 않는다. 콩트는 문명의 진보가 "완전해지고자 하는 인류의 본능적 경향으로부터 비롯되는 자연법칙을 따르고 있다."고 했다. 실증주의 사회학자들은 '진보는 질서의 발전'이라고 보았다.

어떻든 인류는 유사 이래 계속 발전을 추구해 왔고, 비록 진보에 대한 관점을 달리하더라도 어떤 형태든 진보가 이루어져 왔음을 부인할 수 없다. 이러한 진보는 근세를 거쳐 현대에 올수록 더욱 가속화되었다. 과학기술의 발달에 따라 인간의 환경에 대한 지배능력이 향상되고, 인간의 관습과 도덕에 대한 이해와 개선을 통하여 인간관계의 능력이 향상됨으로써 인간존재의 조건이 꾸준히 개선되어 왔다(Appelbaum 저, 김지화 역, 1983: 22-23).

이처럼 자연의 위험, 기아, 사회적 제도의 속박 등으로부터 벗어나 인간은 꾸준히 자유의 영역을 확대해 왔으나 다른 한편으로 인간이 만든 기계와 새로운 제도로 인하여 보다 더 강한 또 다른 구속이 인류의 진보와 발전이라는 관념에 부정적 증거를 던져주고 있는 것도 사실이다.

그렇다면 진보란 무엇인가? 발전의 준거는 무엇인가? 이 문제는 쉽게 결론을 내릴 수 있을 만큼 단순한 문제는 아니다. 그러나 분명한 것은 과거에는 보다 많은 사람들이 노예상태에 있으면서도 그것을 의식하지 못했으나 점차 더 많은 사람들이 자신의 상태가 부자유하다는 것을 의식하게 되었다는 점이다. 교육의 대중화와 보편화를 통하여 인권사상이 확대되었기 때문이다. 인간의 존엄성에 대한 인식이 확대되었다는 점은 아무도 부인할 수 없는 뚜렷한 진보라고 할 수 있다.

그러한 인권사상에 대한 자각은 과거에는 느낄 수 없었던 불평등과 부자유에 대한 문제의식을 증대시켰고, 그와 같은 부자유와 불평등 상태를 벗어나려는 욕구와 의지도 더욱 강화되었다. 오직 굶주림만 있고 자유를 경험하지 못한 자는 "빵만으로는 살 수 없다." 혹은 "자유가 아니면 죽음을 달라!"라는 외침을 이해하지 못한다.

일제에 의한 강제합병 당시에 상당수의 무지한 민중들은 '독립' 이라는 것이 무엇인지도 몰랐을 것이며, 더구나 목숨을 걸고 싸워서 쟁취해야 할 만큼 소중한 것으로 인식하지 못했다. 과거에도 탐관오리의 수탈에 의하여 빈곤의 늪에서 허덕였고 반상의 계급질서 속에서 억압받았던 무지한 민중들로서는 양복으로 갈아입고 일경의 앞잡이로 나타난 새로운 한국인 수탈자에 대하여 특별한 의미를 부여할 필요도 없었을 것이다. 무지몽매한 민중들로서는 먼 장래에 닥쳐올 더 큰 불행을 예측할 수도 없었고 일제의 병탄이 자신의 운명과 어떻게 직결되는가를 곧바로 이해할 수 없었을 것이다.

이렇게 볼 때 참된 진보는 의식의 변화를 수반하지 않으면 안 된다. 자유의식과 평등의식의 각성은 분명 하나의 발전이며 진보라고 볼 수 있다. 부당한 억압과 속박은 그에 저항하는 의식이 성장하면 어떤 형태로든 무너져 내리게 된다는 것이 역사의 법칙이다.

프레이리(P. Preirie)나 일리치(I. Ilich) 등과 같은 사상가들의 표현을 빌리지 않더라도 예부터 교육은 의식화를 의미했다. 특히 사회교육 혹은 국민교육 운동은 계몽적 · 윤리적 성격이 강조되어 왔다. 페스탈로치의 민중교육운동, 그룬트비의 국민대학운동, 피히테의 민족교육운동 등은 모두 지식이나 기술의 습득보다 국민의 정신적 각성을 통하여 민족성을 개조하자는 데 주된 목적을 두었다.

결국 무엇을 진보라고 보느냐, 진보의 방향이 무엇이냐에 따라 그 추구하는 방법도 달라질 것이다. 일시적 제도의 개혁이나 통치권의 획득이 아니고 인간의 의식의 확대, 진정한 내면적 자유의 확대, 인간 존엄성의 확보, 도덕성의 발달 같은 것들을 근본적이고 본질적인 진보라고 믿는다면 기초주의 · 인본주의와 맥을 같이하는 점진주의적 방법만이 참된 진보와 발전을 보장하는 확실한 길이 될 수 있다.

우리 민족의 오랜 숙원이며 당면 과제인 통일된 민주복지국가의 건설도 점진주의적 방법에 대한 믿음을 토대로 하지 않으면 안 된다. 기초주의, 인본주의, 합리주의를 본질로 하는 도산의 점진주의는 오늘날 한국사회가 당면한 많은 문제들을 해결하기 위하여 재음미하고 발전시켜야 할 삶의 철학이며 실천원리라고 할 수 있다. 점진주의적 방법은 다소 느린 것처럼 보이지만 궁극적으로 가장 확실하고 빠른 길이기 때문이다.

5장 _ 대성학교

대성학교는 개화기 우리나라에 서구식 근대교육이 도입되고 신학제가 제정된 후에 '신민회' 사업의 일환으로 도산 안창호가 유지들의 후원을 받아 서북 지역의 중심지 평양에 설립하였던 모범적인 중등교육기관이다.

대성학교는 비록 1908년부터 1913년까지 만 5년 정도 지속되었으나 그 학교에 대한 민족적 관심과 애정이 어떠했는가는 당시의 각종 언론에 나타난 기록으로 입증된다. 그 학교의 시설과 교사진과 교육과정은 당시의 다른 어떤 학교에 비추어 보더라도 매우 훌륭한 것이었으며, 무엇보다도 학교에 거주하며 일선에서 교육활동 전반을 지휘한 안창호의 탁월한 영향력으로 인하여 당대에 가장 선망의 대상이 된 학교였다는 것이 학교에 관여했던 사람들과 졸업생들을 통하여 전해지고 있다.

또한 학교 설립 시기가 일제 통감부에 의하여 이른바 '사립학교령'이 발표된 직후였다는 점도 주목할 필요가 있다. '사립학교령'은 우리 민족 선각자들의 교육 구국 운동을 탄압하고 기존의 수많은 사립학교들조차 문을 닫게 되는 결과를 낳았다. 이런 시점에서 덕 · 체 · 지를 겸비하고 민족의식이 투철한 인재를 양성할 모범적인 학교를 운영했다는 점은 교육사적으로 매우 의미 있는 일이다.

1987년 역사학자 이광린(李光麟)이 충실한 사료를 바탕으로 대성학교의 설립과 운영 및 폐교에 이르기까지의 과정을 연구하여 「구한말 평양의 대성학교」라는 논문을 발표했다. 그러나 아직도 많은 한국교육사 교과서에는 학교의 설립과 폐지의 연대조차 정확하게 기술되지 않고 있으며, 더욱이 교육사적 의의에 대한 평가가 제대로 이루어지지 않고 있다. 여기서는 이광린의 연구를 기초로 대성학교 설립의 배경과 설립과정, 교육과정, 교육이념 및 교육방법을 재고찰하고, 대성학교 설립과 교육과정 운영의 교육사적 의의를 조명해 보기로 한다.

1. 교육사적 배경

우리나라에 서구식 근대 학교가 설립되고, 신교육과정이 도입된 것은 1880년대부터라고 할 수 있다. 1895년 신학제가 마련되기까지 원산학사, 통변학교, 육영공원을 제외하고는 주로 외국인 선교사에 의한 기독교계의 학교가 주류를 이루었다. 즉, 배재학당, 제중원(광혜원), 이화학당, 구세학당(경신학교), 정신여학교 등이 서구식 근대 교육의 선구적 역할을 하였고, 뒤를 이어 전국 각지에 기독교 선교사들에 의한 학교들이 설립되었다.

1894년 갑오개혁으로 정부의 직제가 바뀌고 학무아문에서 교육 행정을 관장하게 되었으며, 이듬해 1월 7일 「홍범 14조」가 공포되고, 이어서 2월에는 고종 임금이 '교육입국조서'를 발표하여 유교 중심의 전통적 교육을 지양하고 덕 · 체 · 지 3양(養)과 실용적인 교육에 힘쓸 것을 선언하였다. 1895년 4월에 한성사범학교 관제, 5월에 외국어학교 관제를 비롯하여 각 급 학교 관제와 규칙을 속속 제정하여 법적인 기초를 마련하였고, 그에 따라 소학교와 중학교, 사범학교, 외국어학교 및 각종 전문 직업 기술인 양성을 위한 학교들이 정부에 의하여 세워졌다. 학계에서 근대 교육의 시점을 1895년으로 잡는 것도 이 때문이다.

1899년 4월 4일 관립 중학교 관제가 제정 · 공포됨으로써 이듬해에 관립중학교가 설립되었다. 이 학제에 의한 수업연한은 심상과(尋常科) 4년과 고등과 3년으로 되어 있었으나, 고등과는 끝내 설치되지 못했다. 그러다가 일제 통감부의 관여로 제정된 1906년 8월 27일 '고등학교령'에 의하여 종래의 소학교령과 중학교령은 폐지되고 4년제의 보통학교와 4년제의 고등학교로 개편되었다(유봉호, 1995: 304-319). 결국 우리의 교육 연한은 더욱 축소되고 실업교육이 강화되는 등 한국인에 대한 우민화 정책의 일단이 모습을 드러내기 시작했다. 특히 중학교를 고등학교로 그 명칭을 고친 것은 사실상 중등교육을 최종 교육기관으로 삼아서 한국인들의 대학교육의 욕구를 차단하기 위한 조치로 볼 수 있다(오천석, 1975: 125).

그러나 관립중학교 졸업생은 1900년 개교 이래 1906년까지 2회에 걸쳐 27명이 졸업했을 뿐이며, 고등학교로 개편된 후 학생정원을 500명으로 하였으나 1906년 22명, 1907년 11명, 1908년 15명, 1909년 18명, 1910년 43명, 1911년 15명의 졸업생을 배출했을 뿐이다(김영우, 피정만, 1995: 243, 285).

한편 1895년부터 「독립신문」을 비롯한 언론에서도 교육의 중요성을 역설하고, 정부는 물론 민간인 유지들도 다투어 학교를 설립하기 시작했다. 특히 을사조약의 체결로 국운이 위태로워지자 뜻있는 민족 선각자들이 '교육입국'의 기치 아래 저마다 학교를 세우니, 우후죽순처럼 학교가 생겨났다. 당시의 상황을 오천석은 이렇게 설명하고 있다.

> 이처럼 민간의 교육사업은 하나의 국민운동, 애국운동의 성격을 지니고 전개되어, 산불과 같이 전국 방방곡곡을 휩쓸었다. 이동휘 같은 지사가 함경도지방을 순회하면서 학교 설립의 필요를 역설하면, 백여 개의 학교가 새로 일어나는 풍경을 보여 주었다고 한다. 평안남도만 하더라도 약 2천의 사립학교가 있었고, 선천일군에만도 백여 개의 학교를 셀 수 있었다고 한다.
>
> 당시의 사학이 보호조약의 체결에 의하여 격동된 울분을 풀 길이 없어 세워진 것인 만큼, 이들을 유치할 만한 자원의 결핍은

말할 것도 없고, 그 교사, 설비, 교육내용 및 교원 등에 있어서 극히 불완전한 것이 대부분이었던 것은 물론이다. 많은 경우에 있어 시골의 한두 간 방이 학교 구실을 하지 않지 못하였고, 학교 생명도 또한 길지 못하였다. 거기에는 이 시대적 풍조를 이용하여 학교를 세움으로써 자기의 생계를 삼으려 한 자도 없지 않았으며, 지방민으로부터 강제로 기부금을 징수하는 폐단도 있었다(오천석, 1975: 169).

그리하여 전성기에는 5, 6천을 헤아릴 정도의 사립학교가 전국적으로 존재했을 것으로 짐작하나, 당시에는 정부의 인가나 보고의 의무가 없었으므로, 그 숫자를 정확하게 추산할 자료가 없다. 이러한 학교설립의 열기는 1908년 8월 26일 공포된 '사립학교령'에 의하여 제동이 걸렸으나, 그렇다고 우리 민족의 교육에 대한 열의가 꺾인 것은 아니다.

'사립학교령'의 핵심 내용은 첫째 학교의 설립은 학부대신의 인가를 받아야 하며, 경우에 따라 폐쇄를 명할 수 있으며, 둘째 사립학교에서 사용하는 교과용 도서는 학부 편찬 또는 학부대신의 검정을 받은 것 중에서 택해야 한다는 것이다. 그리하여 신설 학교는 물론 기존의 사립학교는 모두 학부의 인가를 받아야 했다. 그 결과 1910년 5월 현재로 2,250개교가 학부의 인가를 받은 것으로 나타났다.

이 '사립학교'령은 행정적 실태 파악과 질적 향상이라는 긍정적 측면이 전혀 없는 것은 아니지만, 우리의 민족교육을 탄압하고 통제하는 것이 주된 목적임은 의심할 여지가 없다. 특히 한국인 사립학교의 인가신청 총 1,217건 중 42건만 인가를 받았으며, 검인정 신청을 한 교과용 도서 중 특히 수신, 국어, 한문, 역사, 지리와 같은 과목에서 압도적으로 많은 책들이 인가를 받지 못했다는 사실이 이를 간접적으로 증명하고 있다(한국교육사연구회, 1984: 240-241). 한편 「대한매일신보」(1908.9.20.)에서도 "몇몇 간악한 무리가 국민 지혜의 개발됨을 장해코자 하여 이 불리한 법령을 제정" 했다고 비난하고 있다. 『매천야록』에는 당시의 상황을 다음과 같이 기록하고 있다.

> 학부대신 이재곤(李在崑)이 중외에 사립학교령을 반포했다. 이때에 사립학교는 각 군마다 다투어 일어났고, 그 교과서의 찬술은 모두 우리나라 사람들이 하였다. 그러므로 나라가 망하는 것을 통분하여 비슷한 내용으로 말을 엮어 내려가서 왕왕 비분격발의 의미를 부여하여 서로 감동케 하였으니 일본인은 그것을 미워하여 이재곤에게 칙지하고 겸재하여 모든 교과서에서 애국이란 말이 들어 있는 것은 모두 모아 소각시키고 다시 관리들이 편찬하도록 명하니 단지 온순하고 공손한 행실만을 가려내어 책을 만들어 외워 익히게 하였다(황현 저, 이장희 역, 1982: 79).

이처럼 대성학교가 설립될 당시의 상황은 이미 을사조약과 정미7조약의 체결로 통감이 본격적으로 내정을 간섭하게 됨으로써 사실상 국권이 반 이상 넘어간 때이고, 비록 의욕은 앞서서 많은 사립학교들이 생겨났으나 시설과 운영 면에서 학교다운 학교가 얼마 되지 않았으며, 몇 안 되는 관립학교도 학생들의 관심을 끌지 못하였다. 더욱이 '사립학교령' 을 발표함으로써 사학에 대한 감시와 통제가 심화되어 가고 있었다.

2. 학교의 설립과 폐교

1) 설립 동기

안창호는 1907년 일본을 거쳐 귀국하는 즉시 양기탁, 전덕기, 이갑, 이동영, 이시영, 이동휘, 안태국, 최광옥, 이승훈, 김구, 이강, 신채호 등의 지사들을 규합하여 비밀 결사 '신민회' 를 조직하고, 이듬해에 그 산하의 표현기관으로 청년학우회, 대성학교, 태극서관, 자기회사 등을 설립하여 운영하였다.

신민회의 목적은 국민에게 ① 민족의식과 독립사상을 고취하고, ② 동지를 발견하고 단합하여 국민운동의 역량을 축적하고, ③ 교육기관을 각지에 설치하여 청소년의 교육을 진흥하며, ④ 각종 상공업 기관을 만들어 단체의 재정과 국민의 부력을 증진(주요한, 1963: 73)하는 데 있으므로, 위에 열거한 기관들은 그 목적을 달성하기 위한 구체적 사업들이다.

도산은 평양에 대성학교를 세워 윤치호(尹致昊)를 교장으로 추대하고 자신은 대리교장을 맡아서 교내에 기거하며 진실 정신과 독립 정신을 고취하고, 직접 학교의 모든 살림을 관리하였다. 또 우리 국가와 민족이 쇠망한 원인은 '진실한 국민적 자각, 민족적 자각, 역사적 자각, 사회적 자각'이 없기 때문이라고 보고 진실을 숭상하는 청년운동 단체 '청년학우회'를 만들기 위하여 최남선에게 취지서 작성을 지시하고(실제 작성자는 신채호), 최광옥을 인격적 모범으로 삼아 무실·역행·충의·용감의 정신을 실천하는 청년운동을 전개하고자 했다. 그 이념과 목적과 방법은 그대로 1913년 흥사단으로 다시 탄생되었다. 이런 점들을 보더라도 그가 대성학교와 청년학우회에 쏟은 정성과 열정을 짐작할 수 있을 것이다.

그러면 도산이 왜 하필 평양에 대성학교를 세웠는가? 경성지방법원에서의 심문(1932년) 기록에 의하면, 당시에 경성에는 중등학교가 있었으나 평양에는 그런 교육기관이 없었고, 자금 마련도 경성보다는 평양이 유리했으므로 평양에 세웠다고 한다(주요한, 1999: 1055). 그러나 그의 궁극적 목표는 어디든 모범적인 교육기관을 세워서 충실하게 운영함으로써 그것을 모방한 많은 학교가 여러 지역에 생겨나기를 바랐던 것이다.

2) 재정 확보

도산은 먼저 학교 설립에 필요한 재정을 확보하기 위하여 이용익의 손자 이종호(李鍾浩), 평양의 유지 김진후(金鎭厚), 선천의 부자 오치은(吳致殷), 오희원(吳熙源) 등에게 협조를 구했다. 대성학교의 설립과 운영을 위한 기부금에 관한 기록은 몇 가지가 있으나, 이광수의 『도산 안창호』, 주요한의 『안도산전서』와 이광린의 논문에 약간의 차이가 있다.

> 평양 대성학교는 당시의 유지 김진후 씨가 그때 돈 2만 원을 하사하여 설립하였다(이광수, 1947: 25).

> 대성학교는 평양의 유지 김진후가 희사한 2만 원(약 1만 달러 상당)으로 세운 중등 정도의 학교로서, 선천의 오치은도 재정적 원조를 했고, 이용익의 손자 이종호와 오희원도 설립에 관계하였다 한다(주요한, 1963: 78).

> 이종호는 전 내장원경 이용익(李容翊: 1854~1906)의 손자로 1905년 한·일간 보호조약이 체결된 뒤 조부가 러시아 땅으로 망명하자 거액의 유산을 물려받았고, 또 조부의 유업을 계승하여 보성학교와 보성사라는 인쇄소를 운영하고 있었다. 그는 남달리 교육사업에 관심을 가져 이미 서북학회 회관 건축에도 1만 원을 희사한 바 있었다. 안창호의 요청이 있자 즉각 받아들여, 10만 원이란 거금을 내놓았다. 이 금액은 학교 건물을 짓는 데 충분하였다(이광린, 1987).

> 개교한 지 1개월 가까이 되었을 때 평북 철산 사람 오희원이 5,000원, 선천 사람 오치은이 2,000원, 평양 사람 김진후가 3,000원을 운영 보조비로 각기 기부하는 쾌거가 있었다(이광린, 1987).

황현의 『매천야록』에는 "이종호 · 윤치호 · 안창호 등이 평양에 대성중학교를 세웠다. 이종호는 서울에 있으면서 10만 원을 출연하여 이미 협성학교를 세운 바 있다."라고 했으며, 이광린이 참고한 문헌이 바로 이 『매천야록』이었던 점으로 보아, 이종호가 대성학교 설립에 "10만 원을 내놓았다."고 한 것은 이광린의 착오로 보아야 할 것 같다.

그러나 첫 번째 학생 모집 광고로 보이는 1908년 9월 15일자 「대한매일신보」(905호)에 "대성중학교 주무인 이종호, 안창호, 윤치호" 라고 하여 이종호의 이름을 가장 앞에 표기하였으며, 같은 해 「대한매일신보」 10월 20일자 논설 '평양의 대성학교' 에도 '이종호, 윤치호, 안창호' 3인을 주무(主務)로 소개하고 있다. 재정지원 외에는 다른 어떤 방법으로 이종호가 대성학교에 관여했다는 기록이 발견되지 않는다. 이런 사실들을 종합해 보면 이종호가 가장 많은 돈을 출연했을 가능성은 있다.

'김진후 씨 2만 원' 설에 대한 근거는 확인하기 어려우나, 도산과 대성학교에 관한 주요한의 기록이 비교적 정확성을 가지고 있는 것으로 보아 근거 없이 쓰지는 않았을 것으로 보인다. 여러 가지 기록과 연구 결과를 종합해 볼 때, 이종호가 학교 설립에 필요한 가장 많은 재정지원을 했고, 김진후, 오치은, 오희원 등이 후원을 했을 것으로 보인다.

3) 교장과 교사

도산은 학교 설립과 운영에 필요한 재정 확보에 노력하는 한편 함께 추진할 교육 전문가를 물색했다. 그리하여 선택된 사람이 윤치호(1865~1946)였다. 그는 일찍이 신사유람단을 수행하여 일본에 갔다가 유길준과 함께 최초의 일본 유학생이 되었고, 상해 중서학원에서 교편생활을 하다가 미국 밴더빌트(Vanderbilt) 대학과 에모리(Emory) 대학을 졸업하고, 다시 상해의 중서학원에서 교편을 잡다가 1895년에 귀국하여 정부의 관리를 역임하고, 독립협회에 참여하여 독립신문 사장을 지내기도 했으며, 1906년에는 대한자강회를 조직하여 회장을 지낸 인물로 국민적 신망이 두터웠다. 그러나 그는 그때 개성의 한영서원을 운영하고 있었으므로 학교에 머물 시간이 거의 없었고, 실질적인 교장의 업무는 안창호가 맡아서 수행했다. 따라서 대외적으로도 대성학교는 안창호의 학교로 통했다.

초대 교장 윤치호, 대판교장 안창호, 2대 교장 장응진(張膺震: 동경 고등사범학교 졸업, 교무, 교감: 과학) 외에 『안도산전서』와 김형식의 회고록과 그 밖의 기록들을 종합해 보면 당시 대성학교에 교사로 몸담았던 사람들은 다음과 같다.

김진초(金鎭初: 동경제대 농과졸업, 농업), 김두화(金斗化), 옥성빈(玉成彬, 영어), 차리석(車利錫: 1881~1945, 성경), 나일봉(羅一鳳, 한문), 장기영(張基永, 생물, 지리), 문일평(文一平: 1888~1939, 명치학원 중학부 졸업), 황의돈(黃義敦, 역사), 최예항(崔叡恒), 유기열(柳祈熱), 김현식(金絃軾), 류진영(柳鎭永), 이상재(李相在), 정인목(鄭仁穆, 체조), 이승설(李昇卨, 체조),

이상래(李祥來), 안태구(安泰國), 서병호(徐炳浩) 등 이름이 밝혀진 사람 외에도 10여 명이 더 있을 것으로 추측된다.

이들 중에는 널리 알려진 유명 인사도 있으나, 생몰 연대는 물론 어떤 과목을 담당하였고 언제부터 언제까지 재직했는지 분명치 않다. 다만 이 학교가 개교 당시부터 세인의 관심을 끌었고 도산의 인품과 영향력으로 유능하고 훌륭한 인재들을 교사로 초빙하였을 것으로 보인다.

4) 교사와 부속 시설

교사(校舍)는 평양 시내 설암리 모란봉 부근에 있는 높은 대지에 자리 잡았다. 도산의 측근 인사였던 곽임대(郭林大)의 『안도산』에 의하면, "이층 건물이고, 좌우에 교실을 별도로 건축하여 거의 1,000명을 수용할 수 있었다."(전집 11: 620)고 한다. 한편 전영택(田榮澤)의 추억에 의하면, "지금도 가만히 눈을 감으면 그때의 임시 교실로 쓰던 이층집이며 한편에 정자처럼 외따로 있던 사무실이며……"(이만근, 1986: 187)라고 되어 있는 것으로 보아 개교 당시부터 있던 2층 건물을 그대로 두고 이듬해에 새 교사를 신축했을 것으로 보인다.

대성학교 교직원과 학생

1909년 봄에 찍은 것으로 추측되는 대성학교의 사진 한 장이 전해지고 있다(전집 14: 56). 이 사진에 의

하면, 제법 큰 2층 복합 건물로 지붕은 한국의 전통적인 기와집 양식으로 곡선미를 자랑하고 있다. 건물 앞에 교사인 듯한 13명의 성인과 교복을 입은 학생 184명이 7줄로 앉아 있다. 학교 시설의 전모를 알 수는 없지만 2층에 태극기와 교기를 교차하여 걸고 가운데 교훈인 듯 '충애(忠愛)' 라고 쓴 글씨가 함께 게양되어 있는 것이 보인다.

그 밖에 부속 시설로 기숙사, 과학 실험실 및 과외활동을 위한 시설과 교사를 위한 사택이 있었을 것으로 추정되나 그 규모와 정확한 위치에 관한 기록을 확인할 수는 없다.

1909년 7월 26일 「황성신문」 기자였던 박은식(朴殷植)이 관서지방 여행 중 대성학교를 방문하고 8월 11일자 「황성신문」에 쓴 '서도여행기' 에 의하면, 방학 중이라 많은 학생을 만나 볼 수는 없었으나 제반 시설의 장엄함과 몇몇 청년의 건전한 기상이 국내 중학교 중에서 첫 손가락을 꼽을 만하다고 하였다(이광린, 1987).

이상의 여러 기록을 종합해 볼 때 시설 면에서도 최고 수준이었을 것으로 판단된다.

5) 설립 시기

대성학교 설립 소식은 1908년 7월 29일자 「황성신문」의 사설에서 처음 발견된다. '평양의 중학교' 라는 제목의 이 사설에서, "평양에는 소학교, 보통학교, 여학교, 사범강습소, 법률전문학교, 예수교회, 대학교 등이 차례로 일어났으나 아직 중학교가 설립되지 않아서 큰 결점이 되었으나 머지않아 안창호 씨가 교육계에 완전하고 정미(精美)한 모범학교를 건립하기 위하여 고심전력(苦心全力)으로 뜻있는 사람들을 모집하고 있다고 하니, "안군의 진지한 성격과 순결한 이상과 고상한 품행과 탁월한 식견으로, 일반사회의 신망이 두터우니 지역 인사들의 협조로 완성될 것을 확신한다." 고 했다.

1908년 9월 15일자 「대한매일신보」에 예비과와 초등과 학생 모집 공고를 게재하여, 지원서는 9월 24일까지 접수하고, 입학시험은 24~25일 실시하여, 개학은 9월 26일에 하는 것으로 공고하였다. 그대로 옮기면 다음과 같다.

> 本人等이 願學青年을 教育ᄒᆞ기 爲ᄒᆞ야 中學校를 設立ᄒᆞ고 豫備科와 初等級 學員을 募集ᄒᆞ오니 願學僉員은 今月 二十四日內로 請願書를 提呈하시옵. 但 請願紙는 本校에 來請ᄒᆞᆷ/ 試驗日字: 九月貳十四日(木曜) - 九月 貳十五日(金曜) 時間: 自午前八時至午後四時/ 開學日字: 九月貳拾六日(土曜)/ 平壤大成中學校 主務人 李鍾浩 安昌浩 尹致昊(「대한매일신보」, 1908. 9. 15.)

위의 광고에는 시험 일시와 개교일까지 명시하고 있으나 정작 시험 과목은 빠져 있다. 그래서 같은 신문 다음 호에 곧이어 시험과목(독서: 국한문, 작문 :국한문, 산술: 사칙)을 명시한 모집 광고를 다시 게재했다. 원서접수 마감일은 하루 더 늦추어 9월 25일로 공고했다. 예비과와 초등과의 시험 과목이 같으나, 이는 같은 시기의 다른 학교 모집 광고에서도 대개 같은 현상으로, 충분히 단계적인 교육을 받고 진학할 만한 여건이 마련되지 못했던 탓에 선발 과정에서 까다롭게 할 형편이 아니었던 것이 당시의 상황이다.

「대한매일신보」 9월 19일자에는 '교육계의 대종경(大鐘警)' 이란 제목으로 평양사립 대성학교의 '찬성권고서' 를 게재하였다. 열강의 경쟁이 더욱 치열해 가는 이때 조국이 처한 현실을 직시하고, 이를 극복하고 자자손손 번영을 누리려면 '지식계발' 이 급선무이며 이를 위한 교육기관의 설립이 필요함을 역설하고, 윤치호 이종호 안창호 3인이 평양에 대성학교를 세우기로 하였으니 이를 방관하지 말고 적극 찬성(협조)해 달라는 내용이다.

1908년 9월 26일 드디어 신입생 90명과 내빈 1,000여 명이 참석한 가운데 개교식이 거행되었다(「대한매일신보」, 1908. 9. 3.). 이날 개교식 훈화에서 도산은 '본보기' 의 중요성을 강조하고, "대성학교는 '본보기' 학교를 만들어 삼천리강산 방방곡곡에 이런 학교가 많이 설립되도록 하는 것이 학교교육 발전에 진선미(眞善美)요, 8백 학도는 각자 '본보기' 인물이 되어 2천만 민족에게 보급케 하는 것이 국민자격 향상에 참되고 선하고 아름다운(曰眞, 曰善, 曰美 眞善美)" 것이라고 했다(강제환, 1950: 23).

한편 김형식(1932: 14−17)의 회고에 의하면, "대성학교 설립의 보도가 세상에 전파되자 이를 성원 · 지지하는 소리가 전 조선을 흔들었으며 입학지원자는 조수와 같이 밀리어 불시에 오륙백 명의 청년이 모였다." 고 했다. 「대한매일신보」(1908. 10. 22.) 논설에서는 '평양의 대성학교' 라는 제목으로, 「서북학회월보」(1권 6호: 1908. 11.)에서는 '축하 대성학교' 라는 제목으로, 「태극학보」(1908. 10.)에서는 '평양의 중학교 소식' 이란 제목으로 개교를 축하하며 앞날에 대한 기대를 나타내고 있다.

6) 학생

실제로 대성학교를 거쳐 간 학생은 대략 1,000여 명 정도 될 것으로 추정된다. 여러 기록을 종합해 보면 도산이 당초에 목표로 한 학생의 규모는 800~1,000명 정도였으리라고 생각되나, 재학생 수는 많을 때는 700~800명, 적을 때는 약 300명 정도 되었을 것으로 생각된다.

개교식 연설에서 안창호가 '8백학도'라고 한 것은 의문의 여지가 있다. 10월 1일자 「대한매일신보」에 추가 학생 모집 광고가 나갔고, 당시의 정황으로 보아 개교식부터 800명의 학생이 있었으리라고 보기는 어렵다. 도산이 목표로 하는 학생의 규모가 800명 정도였을 것으로 생각되며, 또 어떤 이의 회고담에 의하면, 도산은 "400명 학생의 성격과 이름을 모두 기억하고 있었다."고 한다(주요한, 1963: 79, 82). 이로 미루어 보아 재학생이 통상 400명 내외가 되었을 것으로 보인다.

학생 모집 횟수를 보면 ① 1908년 9월 24, 25일에 첫 번째 학생 모집을 하고, ② 1909년 1월 24일, ③ 9월 1일, ④ 1910년 1월 11일과 ⑤ 24일, ⑥ 4월 4일, ⑦ 9월 1일, ⑧ 1911년 4월 10일, ⑨ 9월 1일, ⑩ 1912년 4월 8일까지 모두 10차례에 걸쳐 예비과와 초등과 학생을 모집한 것으로 되어 있다. 이는 「대한매일신보」와 「황성신문」의 광고를 통해 확인된 것이다.

그러나 3년 혹은 4년의 전 과정을 무사히 마치고 졸업하는 사람은 그다지 많지 않았던 것 같다. 이는 학생 측의 사정이 전 과정을 이수하고 졸업을 하기에는 어려움이 많았을 것이고, 한편으로는 입학은 비교적 쉬웠으나 철저한 학사관리로 인하여 졸업까지 버티는 학생이 그만큼 적었던 탓일 수도 있다. 또 학생들의 질이 낮아서 거의가 예비과에 입학시키고 중학과정 1학년에 입학하는 학생은 얼마 되지 않았을 것이다.

대성학교의 첫 졸업식이 이루어 진 것은 1912년 3월 3일인데, 이날 교장 장응진으로부터 졸업장을 받은 학생은 20명이었다. 이들은 6개월 정도의 예과를 거쳐 3년간의 본과를 모두 이수하고 3년 반 만에 첫 졸업의 영예를 안은 사람들이다. 졸업생인 김형식의 기억을 토대로 명단이 확인된 사람들을 근거로 산정한 것이라 정확성이 떨어질 수 있다는 점을 감안하더라도 전체 학생 수에 비하여 전 과정을 마치고 졸업하는 사람은 극히 적은 부분에 지나지 않았음을 알 수 있다. 졸업 후 약 50% 정도가 보통학교 교원이 되었으나, 20년 후에는 중등학교 교원, 신문기자, 실업가 등 다양한 직업을 가지고 활약하고 있음을 알 수 있다.

참고로 1885년에 설립된 배재학교의 경우 1885년부터 1908년까지 약 300명이 수료했고, 1895년 정부에서 파견한 200명의 국비 위탁생을 포함하여 215명이 재적하였으나, 그 외에는 보통 50~80명의 학생이 재적했다. 1908년 본과 1회 졸업생이 4명, 1912년 4회 졸업생이 8명(『배재 80년사』, 789~790)에 불과했던 것을 감안하면, 대성학교에 대한 선호도와 학교 규모가 어떠했는가를 짐작할 수 있을 것이다.

7) 폐교

대성학교는 설립한 지 만 1년도 안 된 1909년 2월 12일자 「대한매일신보」 '논설' 에 폐지설이 등장하여 순탄치 않은 앞날을 예고했다. 그 논설의 요지는 다음과 같다.

> 서도(西道)의 교육 중심에 설립된 대성학교를 이번 황제의 서도순시에 일본기를 교차하지 아니한 이유로 일인이 장차 이 학교 폐지하기를 연구 계획 중이라는 설이 자자하더라.
>
> 이 말이 전해지자 뜻있는 이들이 가슴을 치고 눈물을 흘리며 말하되, 이로부터 서도중심 교육이 끝났다 혹은 국민정신 교육이 끝났다 하며 비분 낙망이 극에 달하여 오히려 그 학교 책임자를 책망하여 말하기를, 작은 것을 참지 못하고 어떻게 큰일을 도모하겠는가! 당초 그 학교가 발기한 목적이 민지(民智)를 발달코자 함이며, 국혼(國魂)을 배양코자 함이요, 결코 이런 사건으로 한 번 관령(官令)을 반대하여 중지할 의사로 설립한 것이 아니리라. ……
>
> 슬프다. 비록 대성학교가 이 일로 폐지된다 할지라도 이것을 폐지로 보지 말지어다. 대저 교육은 정신을 보나니 정신은 무엇

인가, 애국과 자존의 일념이다. 이 일념이 없다면 교사가 크고 넓어(宏敞) 학생이 많고 그 안에서 수백 년을 유지하며 지지 물리 화학 등의 교과를 아침에 가르치고 저녁에 읊는다고 할지라도 이것은 이미 폐지된 학교이며, 일념만 있으면 어제 발기한 학교가 오늘 아침에 무너지며(頹仆) 오늘 모집한 학생이 내일 아침에 해산된다 할지라도 이것은 진흥하는 학교니라.

일본기 교차를 반대하는 것은 황제에 대한 불경을 피하기 위함이니, 이토(伊藤)의 관직이 아무리 높다 하나 황제를 수행하는 신하인데 신하를 위하여 또 하나의 기를 교차함은 황제를 모독하는 것이다. 이를 알면서 관령에 복종한다면 이는 자국주권의 존엄을 경시함이며 제나라 민족의 이성을 박탈함이니, 설혹 대성학교가 일기 교차령에 순종하여 수백 년을 유지한다면 형식상 대성학교는 수명이 장구하다 할 것이나 정신상 대성학교는 폐멸될 것이니, 정신이 폐멸된 학교로 어찌 민지를 발달하며 국혼을 배양하리요. …… (한자는 한글로 고치고 축약했음)

위의 기사에서 알 수 있듯이 통감 이토의 강압에 의하여 순종황제가 전국 순시의 일환으로 1월 28일부터 2월 3일까지 평양을 비롯한 평안도와 황해도 지방을 방문하게 되었다. 이에 이토가 수행하게 되었고, 지방 관청에서는 집집마다 혹은 환영 군중에게 태극기와 일장기를 함께 게양하거나 들고 나오도록 지시했고, 군중들은 이를 무시했다. 특히 대성학교 학생들의 반발이 거세어 일제는 안창호를 연행하여 힐책하였다.

이에 대하여 안창호는 논리 정연하게 사리를 따져서 일장기 교차의 부당함을 역설했다. 이 기사가 2월 5일자 「대한매일신보」에 '안씨정론' 이란 제목으로 소개되었다. 다행히 첫 번째 폐교 위기는 무사히 넘어갔다.

그러나 그 해 10월 26일 하얼빈 역에서 안중근 의사가 이토를 처단하는 의거가 일어났다. 통감부는 이 사건의 배후를 조사한다는 구실로 안창호 · 이종호 · 이갑 등 서북지방의 유력인사들을 검거하였고, 안창호는 4개월의 옥고를 치르고 1910년 2월 22일 석방되었으나, 4월 7일 유명한 '거국가'를 남기고 망명길에 오르게 되었다.

그 후 대성학교는 장응진을 중심으로 운영되었다. 학교에는 형사와 헌병의 출입이 빈번하고 학생들의 동요도 심하였으나, 어려운 가운데서 학생들을 무마하며 한편으로 시민들의 기부금으로 학교 증축을 추진하였다(「황성신문」, 1910. 7. 19.). 그러나 한 달 후에는 대한제국이 주권을 상실하게 되고 일제의 식민지 교육정책이 본격적으로 펼쳐지면서 사립학교 특히 민족정신이 강한 오산학교와 대성학교에 대한 탄압이 더욱 강화되었다.

설상가상으로 1911년 일제는 105인 사건을 날조하여 윤치호 · 안태국 · 차리석 · 최예항 · 김두화 · 옥성빈 등 대성학교 관계자들을 검거하였고, 당국의 주목을 받던 과격파 학생들마저 대다수 만주로 망명하게 되어 남은 학생들도 의기소침하게 되었다. 그런 가운데서도 교장 장응진은 학교를 유지하기 위하여 최선을 다하였으나 1912년 1회 졸업식을 마친 후, 장응진 역시 105인 사건과 관련이 있다고 하여 구속되고 말았다. 이로 인하여 학교의 운영은 더욱 어려워지고, 학생도 줄어들어서 다음해인 1913년 결국 폐교를 할 수밖에 없었다(김형식, 1932). 총독부 기관지 「매일신보」 1913년 11월 2일자에 의하면, 일본 명치천황 생일 축하에 평양 각 급 학교 생도 일동이 일본기를 들고 행진하는데 대성학교 생도들은 참가하지 않았다고 되어 있다(이광린, 1987). 이런 기록들을 미루어 볼 때 폐교 일자는 1913년 말경으로 추측된다.

3. 교육과정

대성학교의 교육과정은 예비과 1년과 본과 3년의 정규과정이 있고, 사회교육 프로그램의 일환으로 부설 농림강습소와 여름 특별 강습을 실시하였다.

1) 정규 교과과정

1908년(隆熙 2년) 10월 1일자 「대한매일신보」(922호)에는 추가 학생모집 광고와 함께 예비과, 1학년, 2학년, 3학년의 교과과정이 제시되고 있다. 그 내용을 표로 만들면 〈표 5-1〉과 같다.

〈표 5-1〉 대성학교 교과과정(박의수, 1997b: 191)

과목명	예비과	1학년	2학년	3학년
수신	중등수신	윤리학교과서(상)	윤리학교과서(하)	심리학
국어	대한문전	대한사전	국어	국어
한문	한문독본	어정 오경백선	중학문법	고등문법
작문	논,서함	책, 기, 서함	명, 잠, 서, 발, 서함	의, 표, 소, 잠, 공문식
역사	동국사략	동서양 역사(상)	동서양 역사(하)	역사
지리	대한지리	만국신지지	지문학(地文學)	천문학
수학	사칙~분수	비례~구적(球積)	대수, 기하, 부기	기하, 삼각, 측량
박물	신편박물학	식물학	동물학	광물학
이화학	초등이화학	중등물리학	물리, 화학	화학
법제	경제	국가학	법학통론	경제학
농학	농학입문	림업학	수산학	농정학
상업	상업대요	상업대요	상업	상업
공업	공업	공업	공업	공업
외어	영청일어	영청일어	영청일어	일영청어
도화	자재화(自在畵)	자재화	자재화	용기화(用器畵)
음악	단음창가	악기용법	복음창가, 악기용법	복음창가, 악기용법
체조	보통, 병식	보통, 병식	보통, 병식	보통, 병식

이상에서 보는 바와 같이 예비과부터 본과 3년의 교육과정이 17과목으로 모두 같다. 다만 학년에 따라 수준을 달리하거나 교재 혹은 교과의 내용을 달리했음을 알 수 있다. 예를 들어, 박물의 경우 학년별로 식물학, 동물학, 광물학으로 나누어 가르쳤고, 농학 역시 예과에서는 농학입문을, 본과에서 임업, 수산, 농정을 차례로 가르쳤다. 교과목의 수가 오늘날의 고등학교 수준과 유사하며, 특기할

점은 농 · 공 · 상에 관한 실업 교과가 상대적으로 많은 비중을 차지하고 있다는 점이다. 이는 중학교 교육이 사실상 최종교육(terminal education)의 역할을 했던 당시의 상황을 반영하는 것이다.

또한 체육과 군사훈련(兵式)을 매우 중요시했으며, 흥미 있는 것은 작문 과목에서 전통적인 유교 교육의 제술(製述)에서 다루었던 다양한 형식의 글쓰기를 다루었으며, 실제로 작문 교육의 수준은 매우 높았던 것으로 보인다.

교과과정은 대체로 1906년 8월 27일에 발표된 고등학교령에 준하고 있음을 알 수 있다. 그 주요 내용은 종래의 중학교를 4년제 고등학교로 고치고, 윤리가 수신으로 바뀌고, 일본어를 필수로 했으며(주당 6시간), 독서와 작문을 합한 국어 수업은 주당 28~32시간으로 하고, 연간 수업일수는 200일 이상으로 했다. 1909년 7월에 일부 개정된 '고등학교령'에서는 국어와 한문을 통합하여 사실상 국어 시간을 감축하고, 실업을 필수로 하였다.

비슷한 무렵에 설립한 보성학교(1906)와 오산학교(1907), 휘문의숙(1906), 융희학교(1908) 등 사립학교의 교과과정을 보면 과목 수와 명칭에 약간의 차이가 있으나 대개 이 규정을 크게 벗어나지 않고 있음을 알 수 있다(유봉호, 1995: 317-329).

2) 농림강습소

당시 우리 사회가 농업을 주로 하였기에 지식인들 사이에 농업 진흥책에 관한 관심이 높았으며, 각 학교와 학회에서 6개월 전후의 속성과정으로 농림강습소를 설치하였던 것으로 보인다. 마침 대성학교의 첫 번째 교사로 부임한 김진초는 동경제국대학 농과를 졸업한 재원이었다.

대성학교는 이러한 조건을 충분히 활용하여 농업 진흥에 힘쓸 인재를 길러 내기 위하여 1년 단기과정의 농림강습소를 부설했다. 1908년 10월 1일자 「대한매일신보」에 실린 학생보집 광고를 보면, 모집 정원은 50명이고 모집 시한은 10월 15일까지이며, 시험과목은 독서, 작문, 산술 4칙 이상, 한국지지(本國地誌)로 되어 있다.

3) 하기 강습소

주로 방학을 이용하여 이루어진 하기 강습은 현직 교사 재교육을 위한 사범 강습소와 과학 강습소가 있었다.

사범 강습은 1910년 7월 8일부터 8월 13일까지 열렸으며 대성학교 교사 장응진의 지도로 주로 교무행정 실무에 관한 교육이 이루어졌으며, 과학 강습도 역시 같은 해 방학 중에 열렸는데 일본 유학중 일시 귀국한 학생들의 도움을 받아서 물리와 화학 실험을 위주로 강습이 이루어졌을 것으로 보인다. 이는 「대한매일신보」(1910. 5. 29.)에 실린 다음과 같은 기사로 짐작할 수 있다.

> 대성학교 강습소: 본교 총교사 장응진 씨는 금년 하기 방학 후에 대성학교 내에 하기 강습소를 설치하고 물리, 화학 기기를 준비하여 실지 교수할 터인데 일본 유학생 여러분이 다수 참여하

여 교수를 분담할 터이라 하더라(필자 수정).

장응진은 일찍이 일본 동경고등사범학교 재학 당시 재일 유학생 단체인 태극학회의 회장을 맡았고, 이 학회에서 발행한 「태극학보」에 「아국(我國)보통교육론」 「교과에 대하여」 「아국국민교육의 진흥책」 「과학론」 「사회아(社會我)를 논함」 등의 논문을 발표한 것으로 보아 교육 이론에도 상당한 조예가 있었던 것으로 보인다. 도산이 그의 성실성과 지도력을 인정하여 그의 귀국과 동시에 교사로 초빙하였고, 후에 대성학교의 교장을 맡겼다(이광린, 1987).

4) 과외 활동

대성학교는 정규 교과 외에 다양한 과외 활동을 권장했다. 졸업생 김형식의 회고에 의하면, 학생회, 강론부(웅변부)·음악부·운동부·검찰부(규율부)·사교부·연극부 등의 과외 활동 조직이 있었고, 운동부 중에는 축구부와 야구부가 활발하였는데 충분한 장비를 갖추고 있었다. 이 무렵 서울-평양(京平) 축구경기가 시작되었으며, 서양 선교사 팀과의 야구경기도 이루어졌다. 또한 교내에 각종 악기를 완비한 군악대(밴드부)를 둔 것도 처음이라고 한다(김형식, 1932: 15).

4. 교육이념과 목적

1) 교육이념

대성학교의 교육이념은 한 마디로 성실주의로 집약된다. 성실주의는 곧 무실 · 역행 · 충의 · 용감의 4대 정신으로 풀이된다. 참되기를 힘쓰고, 맡은 일에 충성을 다하고 사람에 대해서는 신의를 지키며, 진리와 정의를 지키기 위한 불굴의 정신을 뜻한다. 앞 장에서 이미 설명한 바와 같이 성실주의는 대성학교뿐만 아니라 도산이 세운 청년학우회와 흥사단 등 모든 사회교육기관에도 일관되게 적용되고 있는 교육의 이념이며 실천원리라고 할 수 있다.

도산은 청소년들에게 항상 이렇게 말했다. "속이지 말자, 놀지 말자." "진리는 반드시 따르는 자가 있고, 정의는 반드시 이루는 날이 있다." "죽더라도 거짓말을 하지 마라, 꿈에라도 성실을 잃었거든 통회하라." "거짓말하고 속이는 것이 가죽과 뼈에 젖어서 양심에 아무 거리낌 없이 사람을 대하고 일에 임하매 속일 궁리부터 먼저 하게 되었습니다. 대한 민족을 참으로 건질 뜻이 있으면 그 건지는 법을 멀리서 구하지 말고 먼저 우리의 가장 큰 원수 되는 속임을 버리고 각 개인의 가슴 가운데 진실과 정직을 모시어야 하겠습니다." (주요한, 1963: 478) 정직과 성실은 도산이 어디서나 일관되게 강조한 교육의 이념이며 삶의 원리다.

2) 교육목적

대성학교의 교육목적은 건전한 인격을 가진 애국심 있는 국민의 양성에 있다. 개교식 훈화에서 다음과 같이 밝히고 있다.

> 교육방침은 건전한 인격을 가진 애국심 있는 국민의 양성에 있다. 그러면 건전한 인격이란 무엇인가. 오직 성실로 중심을 삼아 거짓말이 없고 속이는 행실이 없는 것이겠다. 배우는 학도의 가장 큰 죄는 거짓말로 속이는 일이니, 이에 대하여 추호도 가차(假借)할 수 없다(강제환, 1950: 23).

민족정신과 애국심을 고취하여 장래 항일 투쟁의 투사를 양성하는 것이 근본 목적이었으나, 애국자의 첫째 조건은 성실을 근본으로 하는 건전한 인격을 기르는 일이었다(주요한, 1963: 81).

당시의 사진을 보면, 교사 2층 난간에 '애(愛) 충(忠)'이라는 두 글자를 사이에 두고 태극기와 교기를 교차하여 게양한 것을 볼 수 있다. 그것이 공식적인 '교훈'인지는 확실치 않으나, 사랑은 좁게는 민족애, 넓게는 인류애를 포함하는 참된 휴머니즘이며, 도산이 말하는 충은 맡은 일에 최선을 다하는(盡己之謂忠) 성실성을 의미한다. 도산이 1919년 상해에서 애국가 4절의 가사 중 처음에 '이 기상과 이 맘으로 임군을 섬기며' 라고 되어 있던 것을 '충성을 다하여'로 고친 것도 봉건적 군주나 왕조에 대한 충성이 아니고 일에 대한 책임감과 국가에 대한 충성을 강조한 것으로 보인다(주요한, 1963:

95). 이와 같은 교육이념과 목적은 도산의 직접 지도하에 다양한 방법으로 구체화되어 나타나게 되었다.

5. 교육방법

도산은 직접 교과를 담당하지는 않았으나, 학생들에게 감동적인 연설과 개별 면담을 통한 분석적이고 합리적인 설득으로, 교사들에게는 어버이와 같은 사랑과 동지적 결속을 통하여 교육이념과 목적을 전달하였다. 그러나 무엇보다도 큰 강점은 도산 스스로 실천적 모범을 보임으로써 인격적 감화를 주었다는 것이다.

제2장 '교육사상' 에서 구체적인 교육방법으로 ① 본보기를 통한 교육, ② 준법의 생활화, ③ 다양한 과외활동을 통한 인격교육, ④ 대화를 통한 교육, ⑤ 엄격함과 부드러움의 조화, ⑥ 노작을 통한 인격 교육, ⑦ 점진주의, ⑧ 동맹수련, ⑨일인일기 교육, ⑩ 솔선수범 등 열 가지 항목으로 나누어 상세하게 설명했으므로 여기서는 생략하기로 한다. 이와 같은 방법과 원리들은 학교교육과 사회교육은 물론 다양한 그의 활동 속에 녹아 있다. 그의 모든 활동은 본질적으로 교육적 접근이며 기초주의적 접근이기 때문이다. 이제 끝으로 대성학교의 교육사적 의의를 살펴보기로 하자.

6. 교육사적 의의

첫째, 대성학교의 설립(1908. 9. 26.)이 일제가 학교의 설립 기준을 까다롭게 하고, 교육내용까지 검열함으로써 우리 민족교육을 탄압하고 민족정기를 말살하기 위하여 '사립학교령'을 발표한(1908. 8. 26.) 직후에 이루어졌다는 점에서 학교 설립 자체가 강인한 항일독립의 의지를 담고 있다고 할 수 있다. 뿐만 아니라 중등교육기관이 없던 서북 지방의 중심지 평양에, 일제가 만들어 놓은 기준을 상회하는 가장 모범적인 시설과 훌륭한 교사진과 충실한 교육과정을 갖추고 민족교육의 이상을 실현했다는 점에서 중요한 교육사적 의의를 찾을 수 있다.

실제로 대성학교에 대한 국민적인 기대와 관심이 어떠했으며, 대성학교의 설립이 민족의 자존과 긍지를 높이고 민족정기를 고양시키는 데 얼마나 기여했느냐 하는 것은 언론을 통하여 나타난 반응과 많은 사람들의 회고록에 잘 나타나 있다.

둘째, 도산은 대성학교를 모범적으로 운영함으로써 시설과 운영 및 교육이념과 교육방침 등 모든 면에서 '본보기'가 되도록 했다.

대성학교의 생도는 창립 1주년이 되기도 전에 평양 시민의 경애를 받게 되었고, 방학 때 각각 향리에 돌아가면, 그 생도들은 동네 어른들과 동배에게 경의와 존경을 받았다. 이 때문에 멀리 함북과 경남에서까지 대성학교의 문을 두드렸고, 각지에 신설되는 학교들은 대성학교를 표본으로 하였다(주요한, 1963: 80). 재학생수에 있어서도 먼저 세워진 서울의 사립학교들보다도 더 많았다는 사실은 이를 간접적으로 증명하는 것이다.

이승훈이 오산학교를 세운 것도 도산의 영향이며, 여성교육을 위하여 조신성(趙信聖)이 평양진명여학교를 세우게 된 것도 대성학교의 영향이며, 후일 이종호가 세운 경성중학교, 의주의 양실학원, 안악의 양산중학 등도 대성학교를 본보기로 삼았다. 뿐만 아니라 대성학교란 이름의 많은 사립학교가 전국에 세워졌다(이광수, 1947: 29–30; 「대한매일신보」, 1909. 3. 16. 광고 및 1910. 5. 10. '학계').

셋째, 헌신적이고 창조적인 교육실천을 통하여 참된 교육자의 본보기를 보여 주었다. 도산은 이 무렵 신민회와 태극서관 마산동 자기회사 등의 일에도 관여하고 있었으나, 몸은 대성학교 안에 기거하면서 훌륭한 교사를 초빙하고, 학교 설립과 운영 기금을 마련하기 위하여 유지들을 만나 설득하면서, 조회 시의 연설, 학생들과의 면담, 과외활동 등을 통하여 직접 학생들의 인성교육을 담당했다. 위에서 언급한 바와 같은 다양하고 창조적인 방법을 통하여 진정한 사제동행의 교사상을 보여 주었다. 그리하여 학생들은 물론 교사들에게도 커다란 인격적 감화를 주었다.

넷째, 도산은 모든 일을 추진함에 있어서 궂은일은 솔선수범하면서도 결코 공을 내세우거나 자리를 탐하지 않았다. 그의 이런 자세는 대성학교의 경영에서도 잘 나타나 있다. 공명심은 어쩌면 인간의 보편적 속성일는지도 모른다. 이로 인하여 공동의 일을 추진함에 있어서 언제나 자리 때문에 문제가 되는 경우가 많다. 이러한 폐단을 잘 알고 있는 도산은 크고 작은 궂은일은 직접 다 하면서도 윤치호를 교장으로 추대하고 자신은 '대판교장'이라는 직함으로 만족했다.

다섯째, 설립이념과 목적에 충실한 학교운영을 했다. 대성학교의 교육이념은 성실이며, 교육목적은 '건전한 인격을 지닌 애국심 있는 국민 양성'에 있다. 그저 형식적으로 표방하는 이념과 목표가 아니고, 실제로 학교 운영과 모든 교육활동의 방향과 성격을 결정하고 모든 교육적 노력이 그에 뿌리를 두고, 교육의 결과가 그에 비추어 평가되는 그런 의미의 참된 교육목적이었다.

대성학교는 교과교육 못지않게 인격교육을 더 중요시했으며, 궁극적으로는 모든 교과교육이 인격교육과 조화되도록 했다. 그 이념과 목표를 지킬 수 없다면 차라리 폐교도 불사한다는 자세로 일제의 부당한 간섭에 대응했다. 이런 원칙은 학생 개개인의 생활지도에 실천적으로 반영되었고, 일본 통감 이토가 순종 황제를 수행하여 평양지방을 순시할 때 태극기와 일장기의 교차 게양을 거부한 것도 정신을 빼 버린 교육은 이미 교육이 아니라고 믿었기 때문이다.

오늘날 한국의 모든 학교들이 아무 특징도 없고 정신도 없이 오직 입시준비 학원으로 전락한 것은, 정부의 일관성 없고 획일화된 정책에도 책임이 있겠지만, 모든 교육 프로그램에 녹아들어 일관되게 교육활동을 지배하는 참된 의미의 교육이념과 목표가 없다는 데에도 중요한 원인이 있음을 부인할 수 없을 것이다.

여섯째, 올바른 학교 경영자상의 본보기를 보여 주었다. 학교교육에 있어서 경영자 한 사람의 올바른 교육관과 사심 없는 헌신적 노력이 얼마나 큰 교육적 효과를 자져 올 수 있는가 하는 것을 보여 주었다. 대성학교는 당시에 재직한 훌륭한 교사들의 역할도 물론 경시할 수 없지만, 안창호라는 한 인물의 사심 없는 헌신과 투철한 교육관이 만들어 낸 작품이라고 할 수 있다. 확고한 교육방침, 설립자의 사유물이 아니고 지역사회와 국가의 공기(公器)라는 믿음, 경영자에 대한 인격적 신뢰, 이런 것들이 많은 뜻있는 인물들의 아낌없는 지원과 협조, 교직원들의 헌신적 봉사를 이끌어 낼 수 있었던 것이다.

오늘날 한국의 사학(私學)들이 재정난을 호소하며, 우리에게 기부(donation) 문화가 없음을 한탄하기도 한다. 그러나 이는 경영자들의 자세에도 중요한 원인이 있음을 간과할 수 없다. '내가 세운 학교이니 나의 것이고, 내 마음대로 해도 된다.' 는 생각을 가지고 있는 한 타인의 참여를 기대하기 어려울 것이다. 또한 경영에 대한 합리성과 투명성이 보장되지 않는 한 대가를 바라지 않는 참된 의미의 기부행위는 기대할 수 없다. 이런 현실 속에서 논의되는 '기여 입학제' 란 돈으로 합격증을 사고파는 상거래에 지나지 않을 것이다.

이상의 몇 가지 측면만 보더라도 비록 5년 정도의 짧은 기간 밖에 존속하지 못했지만 도산의 대성학교가 교육사에 끼친 영향은 지대하며, 오늘날의 교육자, 학교경영자 모두에게 시사하는 바가 크다고 본다.

6장 _ 통일사상

도산 안창호(1878~1938)는 구한말에 태어나 일제 강점기를 살면서 독립운동가로서, 정치가로서, 교육자로서 다양한 삶을 살았던 인물이다. 그의 활동 무대는 한반도의 남부와 북부는 물론 일본, 중국, 러시아, 유럽, 북아메리카, 멕시코, 하와이 등에 이르는 광범위한 지역에 이르고 있다.

도산의 다양한 활동은 궁극적으로 우리 민족이 완전한 자주 독립을 이루어 세계 일류국가가 되기 위한 초석을 다지자는 목적으로 집약된다. 그러한 목적 달성을 위하여 그가 특히 강조한 방법은 도덕성을 기초로 한 확고한 단결과 민족적 '통일'이었다.

도산이 '통일'이란 용어를 집중적으로 사용한 것은 1919년 3 · 1운동 이후 상해에 도착하여 통일 임시정부를 수립하고 분열된 동포사회를 통합하기 위하여 노력을 기울이던 때다. 그 이전까지는 '단결' '대단결' '합동' '통일력' '공동주의' '협력' 등의 용어를 주로 사용했다. 어떤 용어로 표현되든 그것은 침략 세력을 몰아내고 민족의 자주독립을 회복하기 위하여 민족의 모든 역량을 하나로 통합하자는 뜻이었다. 또한 '신성한 단결'과 통일을 위해서는 '인격혁명'을 통한 신용사회의 건설이 선행되어야 할 필수 조건이라고 보았다.

오늘날 한국 사회에서 '통일'이라고 하면 일반적으로 남과 북의 민족적 통일을 지칭하여 집단 간 · 지역 간 · 계층 간의 '화합' 혹은 '단결' 또는 '통합'과 구별하여 사용되고 있으나, 이 장(章)에서 사용되는 '통일'의 개념은 개인적 · 사회적 · 민족적 차원에서 지역 간, 세대 간의 갈등과 이념적 대립은 물론, 개인 내면의 인격적 부조화를 극복하고 조화와 통합을 추구하는 모든 활동을 포괄하는 의미로 정의하고자 한다. 또한 '통일교육' 역시 모든 차원에서 대립과 갈등을 극복하고 인류사회의 일원으로서 공존, 공영할 수 있는 민족공동체를 이루기 위한 개인적 · 사회적 · 민족적(국가적) 차원의 모든 교육적 활동을 의미한다.

대내외적으로 민족 통일의 기운이 무르익어 가고 있는 이때 이념과 방법에 있어 남과 북이 다 함께 수용할 수 있는 안창호의 '통일' 사상을 재조명하고 발전시키는 일은 우리 사회의 내적 갈등을 치유하고 남북통일을 추진하기 위한 새로운 이념 정립과 통일교육의 방향 모색에 시사하는 바가 클 것으로 생각된다.

따라서 이 장에서는 먼저 도산의 '통일 사상' 형성의 배경을 알아보고, 도산의 통일운동과 사상을 개인적 · 사회적 · 민족적 차원에서 살펴보고, 이어서 새로운 통일 이념으로 제시한 대공주의(大公主義)에 대하여 고찰한 후, 이와 같은 도산의 통일운동과 사상이 통일교육에 시사하는 바가 무엇인가에 대하여 논의해 보고자 한다.

1. 사상 형성의 배경

평양에서 태어나 서당에서 한문을 공부하며 소년기를 보내던 안창호는 16세에 청나라와 일본의 전쟁터가 되어 평양시가지가 파괴되고 민족이 수난을 당하는 것을 목격하고 의분의 눈물을 삼키며 얻은 결론이 "힘이 없기 때문이다! 힘을 길러야 한다."는 것이었다. 이러한 각성은 이른바 '힘의 철학', 즉 '3대자본 축적론'으로 발전되었다. 민족이 힘을 기르기 위해서는 '금전의 자본, 지식의 자본, 신용의 자본'을 축적해야 한다는 것이다. 그중에서도 핵심이 되는 것은 정직을 바탕으로 한 인격의 힘이라고 보았으며, 참된 힘은 건전한 인격에서 나온다고 굳게 믿었다.

이와 같은 사상은 그의 평생에 걸친 모든 활동의 기본 원리로 작용했고, 민족의 통일과 독립을 위한 활동은 다방면으로 전개되었다. 즉, 도산에게 있어서 통일과 독립은 민족의 무궁한 번영과 발전이라는 궁극적 목적을 위한 선결과제였으며, 3대 자본의 축적은 단기적 목적과 궁극적 목적을 달성하기 위한 초석이라고 볼 수 있다.

도산의 사상은 특정한 시기의 정적(靜的)인 교육을 통하여 형성되었다기보다 청소년 시절의 각성을 계기로 내면화된 문제의식을 가지고 온 삶을 던져 현실과 부딪치면서 구체화되고 다듬어진 것이다. 따라서 그의 사상 형성의 배경을 이해하려면 그의 삶의 궤적을 더듬어보는 것이 가장 확실한 방법일 것이다. 여기서는 그의 활동과 업적들을 교육활동, 정치활동, 실업활동, 언론 · 문화운동 등 네 영역으로 나누어 개괄적으로 고찰해 보기로 한다.

첫째, 도산은 서울에서 구세학당을 졸업한 후 고향으로 내려가 처음으로 세운 점진학교(1899)를 비롯하여 대성학교(1908)와 동명학원(1924) 등 세 개의 학교를 세우고, 청년학우회(1909), 흥사단(1913) 등을 조직하여 사회교육운동을 전개했다. 점진학교는 최초의 남녀공학을 실시한 초등학교이며, 대성학교는 당시로서는 가장 우수한 교사와 시설을 갖춘 중등학교로 전국에서 우수한 학생들이 모여들었으며, 일제강점기의 대표적인 민족교육의 요람으로 꼽힌다(박의수, 1997b). 동명학원은 중국 남경에 세워진 학교로 중국을 거쳐 미국으로 유학하려는 동포학생들을 위하여 어학교육과 민족의식을 고취했던 것으로 알려져 있다.

또 태극서관을 세워 도서의 출판과 보급을 통하여 지식산업을 일으키고자 했으며, 청년학우회와 흥사단 등을 조직하여 청년들을 규합하고 무실 · 역행 · 충의 · 용감 등 4대 정신을 체득하게 함으로써 건전한 인격을 기르고 궁극적으로는 민족 독립운동을 위한 기초 역량을 축적하고자 했다.

둘째, 도산은 약관의 나이에 독립협회에 참가한 이래 신민회, 공립협회, 대한인국민회, 상해임시정부, 국민대표회의, 대독립당 등의 정치 · 사회 운동 단체를 직접 조직하거나 중심적 위치에서 참여했다. 특히 신민회는 1907~1909년 당시 한국 사회의 유력한 지도급 인사들이 망라된 비밀결사로 정치 · 경제 · 교육 · 문화 · 언론 등 다방면에 걸친 사업을 주도했다. 상해임시정부 시절에는 분열된 독립운동 세력들을 하나로 모아 통일된 힘을 발휘할 수 있도록 하기 위하여 다각도로 노력했다.

그의 정치적 활동의 근본 원리는 언제나 민족적 대동단결과 '통일' 이었고, 실질적으로는 중심적 역할을 하면서도 자리에 연연하지 않고 필요에 따라서는 윗자리를 다른 동지에게 기꺼이 양보했다. 민족의 독립이라는 대의를 위해서는 지역과 신분과 당파는 물론 이념까지도 초월하여야 한다는 것이었다. 이와 같은 그의 원칙과 사상이 대독립당(혁명대당) 결성과 대공주의로 나타나게 되었던 것이다.

셋째, 실업활동으로 도산은 평양에 도자기회사를 설립했고, 미주에서는 북미실업주식회사, 상해에서는 대생철공장을 설립하고 공평합작사라는 소비조합운동을 전개하기도 했다. 당시의 여러 가지 열악한 조건하에서 산업을 일으킨다는 것은 특히 더 어려운 일이었지만 도산은 기회만 있으면 근로와 생산활동을 장려하고 격려했다. 미국 망명시절 교포들의 취업과 근로조건 개선을 위하여 동분서주하며, "귤 하나를 따도 정성껏 따는 것이 독립운동이다."라고 하면서 농장에서 솔선수범했다. 과거 조선시대의 탐관오리들의 '공리공론' 을 가장 미워했던 도산은 언제나 실용과 실질을 강조하고 몸소 실천했다.

넷째, 도산은 언론의 중요성을 누구보다 일찍 깨달은 선각자였다. 따라서 조직이 결성되면 언제나 언론 출판활동을 지원했다. 공립협회의 「공립신보」, 대한인국민회의 「신한민보」, 상해임시정부의 「독립신문」 발간과 혁명사료편찬회, 「동광」(잡지) 발행 등은 모두 이와 같은 그의 언론관의 표현이다. 또한 상해임시정부 시절의 일기를 살펴보더라도 선전활동을 통하여 정부에서 하는 일을 바르게 알리고 이해시키는 일에 많은 노력을 기울였음을 볼 수 있다.

이상과 같은 도산의 활동에는 언제나 많은 사람들이 참여했고, 그들로 하여금 시간과 돈과 열정을 자발적으로 바치도록 하였다. 이러한 도산의 행적을 자세히 살펴보면 그가 정직과 신뢰를 바탕으로 한 민주적 리더십의 소유자임을 확인하게 된다. 그럼에도 불구하고 한편으로 비방과 모략이 그를 따라다녔고, 동포 사회에 파벌과 갈등이 계속되는 것을 보면서 인격훈련과 단결훈련 등 공민(公民)으로서의 기본적 자질을 닦는 일이 선행되어야 한다는 것을 절실히 깨닫게 되었다.

도산이 1910년 7월 청도회담이 결렬된 직후 상심하여 눈물을 흘린 것도 사업의 실패보다는 동포 간의 파쟁이 격심하고 중상모략이 성행하는 것을 근심하고 개탄함에 근본적인 원인이 있었다(주요한, 1999: 145-146). 그리하여 미주로 다시 돌아가 대한인국민회 중앙총회장에 취임하여 해외 동포들의 세력을 하나의 조직으로 통합하기 위하여 동분서주하는 가운데 1913년 5월 13일 8도 대표를 발기인으로 하여 별도로 흥사단을 창립한 것도 신뢰할 수 있는 인격적 기초와 민족의 힘을 하나로 통합할 수 있는 단결력이 없이는 민족

독립의 대업을 이룰 수 없다고 보았기 때문이다.

1919년 5월 상해에 도착한 이후 1932년 체포되어 국내로 압송될 때까지 분열된 독립운동 세력들을 하나로 통합하기 위하여 노력하는 과정에서 지역 간의 갈등, 정치노선과 이념의 대립, 개인적 탐욕과 헤게모니 쟁탈이 얼마나 심각한 것인가를 절감하게 되었던 것이다. 이 무렵 상해에서 행한 각종 연설을 살펴보면 도산이 왜 그토록 통일을 강조했는가를 이해할 수 있다.

> 전진하려면 힘이 있어야 합니다. 만사는 힘에서 나온 것이오. 우리에게는 힘이 있습니다. 다만 실현이 아니 되었을 뿐이오. 그런데 어찌하면 실현될까요? 여러 가지 조건이 있지마는 통일이 으뜸입니다. 즉, 우리가 큰 힘을 얻으려면 전 국민의 통일을 부르짖어야 합니다. 무력도 통일하고 금력과 지력도 통일하여야 하겠습니다(1919년 12월 7일 민단 주최 강연회에서/주요한, 1963: 554).

> 내 입으로 통일이란 말을 많이 하였습니다. 이제는 심상한 말이 되어버렸소. 군사나 외교나 무엇 무엇을 다 한다 하더라도 재정과 통일이 없이는 아니 됩니다. 인구와 금력과 지력이 아무리 많더라도 통일이 부족하면 망하는 것은 다 알지요? 우리의 지력이나 금력이 얼마나 있습니까? 그런데도 10년간 남의 노예로 있던 자가 아직도 완전히 통일이 못되었다 하면 어찌된 일이요? 무엇보다도 먼저 대한 민족은 통일이 되어야 할 것입니다(1920년 1월 3일 시국대강연회에서/주요한, 1963: 564).

> …… 따로따로 외교하지 맙시다. 따로따로 외교함은 오히려 신용을 잃을 것입니다. …… 우리는 군사행동의 수양이나 무력의 준비(武備)나 다 일본보다 못하나 우리는 그것 생각할 것이 아닙니다. 일인이 피로 우리나라를 빼앗았으니 우리도 피로 회복할 것만 생각합시다. 우리가 다 합해도 부족한데 따로따로 나가면 어찌합니까. 피를 흘리되 통일적으로 싸움을 싸워야 이익이 될 것입니다. …… 금전을 모아야겠습니다. 큰 부자에게 가서 가져올 것도 아니요, 빈부를 물론하고 다 제 힘껏 내어야 하겠습니다 (주요한, 1963: 533).

이상에서 살펴본 바와 같이 도산은 다각적이고 총체적인 시도를 해 보았으나 결론적으로 우리가 믿고 바랄 것은 우리 자신의 힘뿐이며, 잘났건 못났건 대한의 일은 대한 사람이 해야 한다는 자력주의(自力主義)의 원리에 도달했다. 그 힘이란 건전한 인격과 신성한 단결, 즉 신뢰를 바탕으로 한 민족적 통일에 의해서만 가능하다는 결론에 도달했던 것이다.

군사행동을 하던, 돈을 모으던, 외교활동을 하던 따로따로 해서는 국제적으로 신용을 잃을 뿐 아니라 막강한 일본에 대항할 힘을 지닐 수 없다는 것이 도산의 냉철하고 합리적인 판단이다.

이제 도산의 통일사상의 논리적 구조를 개인적, 사회적, 민족적 세 차원에서 살펴보고, 대독립당(大獨立黨) 추진 과정에서 새로운 민족적 통일 원리로 제시한 대공주의에 대하여 좀 더 상세하게 고찰해 보기로 한다.

2. 통일사상의 구조

1) 개인적 차원

개인적 차원의 통일은 곧 한 인간으로서의 조화로운 인격을 의미한다. 부단한 자아혁신을 통하여 높은 수준의 도덕적 품성을 갖추는 일이다. 도산이 민족적 단결의 기초로서 조화로운 인격을 얼마나 중요시 했는가는 흥사단 목적에 잘 나타나 있다. 도산은 미주에서 1913년 흥사단을 창립하면서 규약(약법)을 직접 지었다. 창립 당시의 '약법' 제2조에는 "본 단의 목적은 무실역행을 생명으로 삼는 충의남녀를 단합하여 정의(情誼)를 돈수(敦修)하며 덕 · 체 · 지 3육을 동맹 수련하여 건전한 인격을 지으며 신성한 단체를 이루어 우리 민족 전도 대업의 기초를 수립함"이라고 되어 있다(흥사단, 1986: 76).

여기서 '민족 전도 대업'이란 민족의 독립과 번영을 의미하며, 이를 위한 기초로서 신성한 단체가 필요하다. 여기서 단체 앞에 붙은 '신성한'이란 수식어가 중요한 의미를 갖는다. 세상에는 저마다의 특수한 목적을 추구하기 위한 다양한 종류의 단체들이 있지만, 여기서 말하는 '신성한 단체'는 민족의 '전도 대업', 즉 민족의 독립과 번영이라는 신성한 목적을 위하여 모인 의로운 단체로 다른 단체와는 본질적으로 다른 것이다. 이와 같은 신성한 단체를 이루기 위해서는 구성원들이 건전한 인격을 지니지 않으면 안 된다. 건전한 인격이란 '덕 · 체 · 지'가 조화된 인간을 의미하며, '무실역행', 즉 참되고 거짓 없기를 생명과 같이 여겨야 한다. 이런 건전한 인격은 저절로 되는 것이 아니므로 지속적으로 공동체적 유대감과 사랑을 가지고 함께 수련하지 않으면 안 된다는 것이다.

도산은 동지들에게 "그대는 나라를 사랑하는가? 그러면 그대가 먼저 건전한 인격이 되라. 백성의 질고(疾苦)를 어여삐 여기거든 그대가 먼저 의사가 되라. 의사까지는 못되더라도 그대의 병부터 고쳐서 건전한 사람이 되라."(주요한, 1999: 29)고 했다. 또한 사회적 통일을 저해하는 근본 원인이 인격적 결함 특히 거짓으로 인한 불신에 있다고 보았다.

> 거짓말하고 속이는 것이 가죽과 뼈에 젖어서 양심에 아무 거리낌 없이 사람을 대하고 일에 임하매 속일 궁리부터 먼저 하게 되었습니다. 대한 민족을 참으로 건질 뜻이 있으면 그 건지는 법을 멀리서 구하지 말고 먼저 우리의 가장 큰 원수 되는 속임을 버리고 각 개인의 가슴 가운데 진실과 정직을 모시어야 하겠습니다(주요한, 1963: 478).

도산이 강조한 통일의 제1단계는 개인적 차원에서의 조화적 인격, 즉 인격적 통일이다. 이를 위하여 부단한 자아수련과 동맹수련을 통하여 거짓을 몰아내고 진실과 정직을 최고의 가치로 섬겨야 한다는 것을 강조하고 있다.

2) 사회적 차원

사회적 차원의 통일은 개인과 개인 사이의 결속을 의미한다. 도산은 사람과 사람 사이의 결속은 신뢰와 사랑을 매개로 가능하다고 보았다. 사회적 차원의 통일을 위하여 단결훈련과 정의돈수(情誼敦修)를 강조했다. 도산은 1931년 2월 「동광」에 게재한 「청년에게 부치는 글」에서 "인격훈련과 단결훈련이 큰 관계가 있는 것을 깊이 깨닫고 오늘부터 인격훈련과 단결훈련을 진심으로 노력하겠다는 결심을 가지기를" 권고하고 있다(주요한, 1999: 545-546).

도산은 「합동과 분리」라는 글에서, 우리 민족사회에 합동이 잘 이루어지지 않는 근본 원인은 ① 공동의 목표와 방침을 세우지 못함과 ② 서로 믿지 못하기 때문이라고 진단했다(주요한, 1999: 520-524). 다시 말하면 사회적 단결과 협력이 필요한 까닭은 공동의 목표를 이루기 위함이며 사적인 감정으로 동아리를 형성하자는 것이 아니기 때문에 협동을 위해서는 무엇보다 공동의 목표를 명료하게 할 필요가 있다는 것이다. 목표에 대한 합의가 이루어지면 그 목표를 추구하는 방법과 계획에 합의가 이루어져야 한다. 우리가 실질적으로 협동을 필요로 하는 것은 목표 자체가 아니고 목표에 도달하는 과정이다. 따라서 목표를 추구하는 구체적 방법과 계획에 대한 합의가 이루어지지 않으면 실질적인 협동이 불가능하다.

그렇다면 구체적 방법과 계획에 대한 합의는 어떻게 이루어 낼 것인가? 여기에 민주적 합의 절차가 매우 중요하며 주인의식과 책임의식이 요구된다. 도산은 이 점에 대하여 다음과 같이 설명하고 있다.

이 공통적 조건의 방침과 목표를 세우는 근본 방법은 무엇인가? 그것은 우리 대한 사람 각 개인이 머릿속에 방침과 계획을 세움에 있습니다. …… 민족 사회는 각개 분자인 인민으로 구성된 것이므로 그 인민 각개의 방침과 계획이 모이고 하나가 되어 비로소 공통적인 방침과 계획, 즉 합동의 목표가 생기는 것은 민족 사회에서 피치 못할 원칙입니다.

그러므로 각 개인은 이 원칙에 의지하여 자기네 민족과 사회의 현재와 장래를 위하여 참으로 정성껏 연구하여 그 결과를 가장 적절하게 힘 있게 발표할 것입니다. 이 모양으로 각각 의견을 발표하노라면 그것들이 자연도태와 적자생존의 원리에 의지하여 마침내 가장 완전한, 가장 여러 사람의 찬성을 받는 '여론' 을 이룰 것이니 이 여론이야말로 한 민족의 뜻이요, 소리요, 명령입니다(주요한, 1999: 522).

도산이 생각하기에, 누구나 민족 사회에 대한 주인의식과 책임의식을 가지고 열심히 고민하고 연구하는 사람이라면 공동의 목표가 곧 자신의 목표이므로 그 일에 대하여 별도의 대가를 원하지도 않을 것이며, 누구의 의견이든 공동체를 위하여 이롭다고 생각되면 기꺼이 그 의견을 채택하게 될 것이다. 그러한 의견은 구체적이고 현실적이어야 하며, 추상적 관찰과 추상적 비판으로는 참된 합의의 과정에 도달하지 못한다는 것을 강조하고 있다. 민주적 생활원리에 대한 도산의 이해가 얼마나 선구적이며 구체적인가를 알 수 있다.

다음으로 공통의 목표와 방침을 세우는 것과 아울러 사회 구성원 개개인의 신용이 필수적이다. 도산은 "서로 신용이 없으면 방침이 같더라도 합동될 수가 없고, 서로 신용이 없으면 공통된 목적과 방침을 세우는 것조차 불가능할 것이다."라고 했다. 그러므로 "공통한 방침을 세워 공통한 진행을 하려면 먼저 사회의 신용을 세워야 하겠고, 사회의 신용을 세우려면 먼저 각 개인의 신용을 세워야 한다."고 했다. 도산은 우리 민족 사회에 합동이 이루어지지 못하는 가장 큰 원인은 서로 믿을 수 없기 때문이며, 서로 믿지 못하는 것은 서로 속이기 때문이라고 거듭 강조하고 있다.

> …… 대한 사람이 대한 사람의 말을 믿고, 대한 사람이 대한 사람의 글을 믿는 날에야 대한 사람은 대한 사람의 얼굴을 반가워하고 대한 사람은 대한 사람으로 더불어 합동하기를 즐거워할 것입니다. 만일 대한 사람을 건질 뜻이 없으면 모르거니와 진실로 있다고 하면 네 가죽 속과 내 가죽 속에 있는 거짓을 버리고 참으로 채우자고 거듭 거듭 맹세합시다(주요한, 1963: 478).

따라서 사회적 통일을 위한 단결 훈련은 개인적 차원의 신용, 즉 정직성이 전제되어야 한다. 그 전제 위에 주인의식과 책임의식을 바탕으로 공동체의 목표와 그 목표 달성의 방법과 계획을 민주적 절차에 의하여 도출해낼 수 있는 훈련이 필요한 것이다.

다음으로 구성원 간의 사랑, 즉 '정의돈수'는 사회적 차원의 통일을 위한 또 하나의 중요한 요소다. 도산은 이렇게 설명하고 있다.

> 정의는 친애와 동정의 결합입니다. 친애라 함은 어머니가 아들을 보고 귀여워서 정으로써 사랑함이요, 동정이라 함은 어머니가 아들이 당하는 괴로움(苦)과 기쁨(樂)을 자기가 당하는 것같이 여기는 것입니다. 그리고 돈수라 함은 있는 정의를 더 커지게, 더 많아지게, 더 두터워지게 한다는 뜻입니다. 다시 말하면, 친애하고 동정하는 것을 공부하고 연습하여 이것이 잘되도록 노력하자 함입니다(주요한, 1999: 538).

도산은 우리 사회에 정의가 없는 것을 지적하고 유정한 사회를 만들어야 한다고 했다. "사회에 정의가 있으면 화기(和氣)가 있고, 화기가 있으면 흥미가 있고, 흥미가 있으면 활동과 용기가 있습니다."(주요한, 1999: 539)라고 했다. 사랑을 돈독하게 하는 것도 훈련이 필요하다고 했다. 도산은 '사랑하기 공부' 를 위하여 주의해야 할 사항을 다음과 같이 제시했다.

① 각자 자기의 일만 살피고 자기의 허물만 고칠 뿐, 결코 남의 일이나 허물에 개의치 말 아야 한다. ② 개성을 존중해야 한다. 모진 돌이나 둥근 돌이나 다 쓰이는 장처(長處)가 있는 법이니 다른 사람의 성격이 나와 같지 않다 하여 나무라지 말아야 한다. ③ 남의 자유를 존중하고 침범치 말아야 한다. 아무리 동지라 하더라도 자기 마음대로 되지 않는다고 동지가 아니라고 함은 어리석은 일이다. ④ 정의를 혼동하지 말아야 한다. 부자 · 부부 · 친구 · 동지의 정의가 각각 다르다는 것을 인정하고, 동지 사이에도 개인적인 친분에 차이가 있을 수 있다는 것을 인정해야 한다. ⑤ 그 밖에 물질적 의뢰

를 하지 말 것, 신의를 지킬 것, 친한 사이라도 예의를 지킬 것 등이다.

사회 공동체의 구성원이 화합과 통일을 유지하기 위해서는 구성원 상호 간의 신뢰와 사랑이 필요한데, 그 사랑은 단순히 감정적인 사랑이 아니고 서로의 개성과 인격을 존중하는 합리적 사랑이어야 하며, 그런 사랑의 태도는 훈련을 통하여 길러진다고 보았다.

3) 민족적 차원

민족적 차원의 통일이라 함은 민족 내의 크고 작은 각종 조직과 사회단체, 지역적 공동체, 이념적 공동체 등 유형(有形)의 조직체 사이에 존재하는 대립과 갈등은 물론 통일운동 자체에 대한 견해와 노선의 차이에서 오는 편견과 대립과 갈등을 극복하고 민족의 독립과 번영이라는 큰 목적을 위하여 양보하고 협력하는 것을 의미한다. 앞의 두 차원의 통일은 궁극적으로 민족적 차원의 통일을 위한 선행조건이기도 하다.

침략자 일본에 비하여 지식력과 경제력, 군사력 등 모든 면에서 열세에 있는 대한민족이 그들과 대항하여 독립을 쟁취하려면 분열된 민족의 역량을 하나로 결집하지 않으면 안 된다는 것이 도산이 파악한 시대적 과제였다. 도산은 유럽과 미주의 선진 각국을 두루 돌아보면서 부강한 나라는 지식과 경제력은 물론 도덕적 신용에서도 앞서 있다는 것을 확인했다. 뿐만 아니라 선진국의 국민들은 상호 신뢰를 바탕으로 대화와 타협에 의하여 견해의 차이를 극복하고 합의에 의하여 공동의 목표와 방침을 결정하고, 스스로 뽑은 지도자를 중심으로 협동하는 모습을 보았다. 우리 민족을 이와 같은 선진 국민의 수준으로 끌어올리기 위해서는 국민적 훈련이 필요하다고 도산은 생각했다. 이러한 국민적 훈련의 본보기 조직으로 1913년 5월 미주에서 흥사단을 조직하였고, 종합적인 국민 훈련과 장기적인 독립운동의 기지로 모범촌(이상촌)을 구상하고 추진하였던 것이다. 흥사단 창립 하루 전인 5월 12일 샌프란시스코에서 행한 도산의 연설을 들어보면 그의 장기적인 목표가 어디 있는가를 짐작할 수 있을 것이다.

> 우리가 대단결을 이루면 장래의 희망이 없지 아니할 것은 일본이 불구(不久)에 3대 강국과 전쟁을 피치 못할 것은 자명한 형세니 이 3대 강국은 미국, 중국, 아라사국(러시아)이라. 이와 같이 일본이 만일 그 나라들과 전쟁을 시작하면 이는 우리의 큰 기회이니 그때를 당하여 우리가 만일 아름다운 단결이 있으면 매사를 이루려니와, 그렇지 못하면 기회도 쓸데없을지라, 그런즉 대단결을 만드는 책임은 뉘게 있는가, 혹은 말하기를 각 사람에게 있다 할 것이나 나는 생각하기를 세상에 원동력과 피동력이 있으니 이 원동력을 발할 자도 우리 미주에 있는 한인이오, …… (주요한, 1999: 589).

> 이 세상 인류가 서로 단결하면 생존을 얻고, 서로 나누이면 쇠폐(衰廢)를 면치 못한다. 남과 같이 살기를 요구하면 반드시 단

> 결함을 자기의 생명과 같이 인정하거늘, 우리 민족은 이것을 일찍 깨닫지 못하여 단결함이 박약하므로 민족의 가장 큰 단체 되는 국가를 잃었고, …… (주요한, 1999: 591-592)

도산의 평생에 걸친 모든 활동은 민족적 차원의 대동단결을 위하여 집중되었다고 하여도 과언이 아니다. 처음 미주에서 공립협회를 조직하여 동포들의 생활환경과 근로조건을 개선하는 데 적지 않은 성과를 체험했고, 대한인국민회를 통하여 해외 동포들을 하나의 조직으로 통합하려고 노력했다. 국내에서의 신민회 조직은 비록 비밀조직으로 많은 제약이 있었지만 교육 · 문화 · 언론 · 출판 · 사업 등 여러 분야에 많은 성과를 이룩했다. 3 · 1운동 이후에는 변화하는 국제정세에 맞추어 장래에 도래하게 될 독립의 기회를 주체적으로 활용하기 위하여 보다 구체적이고 적극적인 준비가 필요하다고 생각했다. 그리하여 해외의 독립운동 세력을 하나로 통합하기 위하여 심혈을 기울였다. 그 노력의 과정에서 나타난 것이 통합 상해임시정부의 수립(1919. 9. 6.), 국민대표회의 추진(1922~1923), 대독립당 추진(1926~1929)이었다.

대독립당 추진 당시의 도산

도산은 이와 같은 통일의 철학을 1916년 6월의 한 연설에서 '공동주의'란 용어로 설명하고 있다. 그는 인류사회의 계통적 3대 주의를 첫째는 개인주의, 둘째는 '소수의 특종주의', 셋째는 '공동주의'라고 했다. 개인주의는 개인이 개인적 목적을 위하여 자신의 힘을 완전히 쏟아 붓는 것이고, 특종주의란 혼자의 힘만으로 목적을 이루기 어려울 경우에 소수 타인의 힘을 결합하자는 것이고, 공동주의는 그 목적한 사업이 소수인의 힘으로는 도저히 그 효과를 얻지 못할 경우에 전체가 일체의 힘을 한데 모으자는 것이라고 정의했다(주요한, 1999: 597). 그리고 건전한 개인주의를 토대로 건전한 공동주의가 자라게 된다고 했다. 도산이 생각한 건전한 공동주의는 공동체 속에 개인이 함몰되어버리는 전체주의와 달리 건전한 개인과 건전한 소집단들이 각자의 개성과 특수성을 유지하면서 더 큰 공동체의 목적을 위하여 협력하는 상생의 관계를 유지하는 것을 의미한다. 이와 같은 공동주의 이념은 후일에 대공주의로 발전하게 된다.

1919년 5월 26일 상해 북경로 예배당에서 행한 연설에서 도산은 대한민국 전체가 단합하여 하나의 통일 정부를 수립할 것을 강력하게 촉구하고 있다. "우리의 오늘날 약함은 다만 교화가 늦게 시작됨에 있고 우리 민족이 열등한 데 있지 않습니다." "그러므로 대한 민족은 독립하고야 말 민족입니다." "여러 가지 급한 것이 많지만 무엇보다 우리는 통일하여야 하겠습니다." "어떤 희생을 치르더라도 이 정부를 영광스런 정부로 만들어야 하겠습니다."(주요한, 1999: 618−619)

한 달 후 6월 25일 '독립운동 방침'을 밝힌 연설에서 첫째, 대한 사람은 스스로 한 덩어리가 되어 다른 사람이 독립을 승인하여 주기 전에 나라를 이루자. 독립운동이 일어나 최고 기관을 세우는 과정에서 교통이 불편하여 각지에서 여러 개의 기관이 생겼지만 이제는 이를 모두 통일해야 한다. 둘째, 재정 · 군사 · 외교 모두 통일하여야 한다고 강조했다(주요한, 1999: 625–626).

그가 이토록 통일을 강조하는 이유는 ① 비록 임시정부일망정 통일된 정부라야 대외적 공신력을 얻을 수 있다는 것이며, ② 분산된 힘을 집결함으로써 재정이든 군사력이든 큰 힘을 낼 수 있고, ③ 특히 외교활동의 경우 통일된 정부의 이름으로 하지 않으면 국제사회에서 신뢰를 얻을 수 없으며, ④ 목표와 방침이 통일되어야 일관성 있는 독립운동을 추진할 수 있다고 믿었기 때문이다.

2개월 가까이 취임을 사양하던 도산은 6월 28일 상해임시정부 내무총장에 취임하면서, "잃어버렸던 주권을 찾아 한반도에 모범적인 공화국을 세워" "이천만으로 하여금 천년의 복락을 누리려 함"이며 나아가서 "세계의 항구적 평화를 돕고자 하는 것"이 임시정부의 목표임을 선언했다. 또한 임시정부와 독립운동 세력의 통합 작업을 위한 일정을 발표하면서, "임시정부는 명의와 정신적 정부요, 장차 경성에 세울 정부의 그림자입니다. 우리 정부는 혁명당의 본부요 삼천만은 모두 당원으로 볼 것입니다."라고 했다(주요한, 1999: 627–629).

도산은 스스로 약속한 일정에 따라 한국 러시아 중국 미국에 있는 각 기관 대표들을 소집하여 합법적 절차를 거쳐 독립운동 세력을 통합하여 1919년 9월 6일 통합임시정부를 수립하고 자신은 각료의 말석인 노동총판의 자리로 내려앉았다.

그 당시 도산이 본 통일의 저해 요인들은 대개 다음과 같다. ① '편당이다' '지방열이다' 하여 서로 비난하고 비방하는 일, ② 공적인 통일과 사적인 통일을 혼동하는 일, ③ 일부 지도급 인사들의 권력욕 혹은 자리에 대한 집착, ④ '개조파' '창조파' 등의 노선 대립과 파벌싸움, ⑤ 일부 지도자에 대한 불신과 비난, ⑥ 공산주의 및 사회주의 등장으로 인한 이념적 대립 등이다.

이런 문제들에 대하여 도산은 기회 있을 때마다 대화와 연설을 통하여 설득하는 한편 스스로 실천을 통하여 통일의 모범을 보였다. 몇 가지 예를 들면 다음과 같다.

도산은 1920년 1월 3일 시국대강연회에서 군사 · 외교 · 교육 · 재정 · 사법 · 통일 등 6대 사업에 대하여 설명하면서, 마지막으로 대동단결과 통일을 강조하였다. "결코 지방의 통일을 의미함이 아니요 오직 전 국민을 조직적으로 통일한다는 말이오." "삼천만이 모두 동지로 통일하더라도 모두 사우(私友)나 의형제는 못될 것이니 사우를 편당이라 하면 영원히 편당이 없어질 날이 없을 것입니다." "통일에 공적 통일과 사적 통일을 명확히 하면 곧 통일이 되리라." 고 했다(주요한, 1999: 665-669).

통합 정부 수립 2년이 채 되기도 전에 상해임시정부는 또다시 분열과 갈등으로 위기를 맞게 되었고, 도산은 1921년 5월 임시정부 각료의 직을 사임하고 분열을 수습하기 위하여 1922년부터 약 1년 동안 국민대표회의를 추진하여 몇 차례 회의를 했으나 국민대표회의는 개조파와 창조파의 대립으로 결렬되고 말았다. 도산은 임시정부를 중심으로 전 국민의 마음과 힘을 총집중할 것과 공론을 세우고 공론에 복종할 것을 강조했다.

이 무렵 해외 동포사회는 러시아와 중국에서의 공산당 세력 확대로 민족통일 전선에 이념적 대립이라는 또 하나의 커다란 장애가 등장했다. 도산은 1924년 이후 더욱 심화되는 독립운동 방법과 이념적 대립을 극복하고 모든 독립운동 세력들을 하나로 규합할 방안으로 대독립당(대혁명당)을 추진하게 되며 그 지도이념으로 제시한 것이 '대공주의'였다.

4) 대공주의

앞에서 살펴본 것들을 종합하면 도산의 통일운동 이념은 개인적 차원의 지도이념으로 인격주의, 사회적 차원에서는 신성단결과 정의돈수를 통한 공동주의, 민족적 차원에서는 노선과 이데올로기를 초월한 대공주의로 요약할 수 있다. 아래의 〈표 6-1〉은 도산의 통일사상의 구조를 나타낸 것이다.

〈표 6-1〉 **도산 통일사상의 구조(박의수, 2005: 17)**

	차원	이념	내용과 방법	목표	
통일	개인	인격주의	인격훈련 (덕 · 체 · 지의 조화)	인격적 통일 (건전인격)	⇒ 평화
	사회	공동주의	단결훈련 (화해와 협동)	사회적 통일 (민주시민사회)	
	민족	대공주의	공민훈련 (대동단결)	민족적 통일 (통일민족국가)	

'대공주의(大公主義)'라는 용어는 상해 독립운동 지도자들 사이에 노선과 이념의 대립이 심화되던 1924년 이후부터 배태되어 1927~1928년 무렵 처음 사용한 것으로, 이는 미래의 통일운동 지

도 이념 모색을 위하여 시사하는 바가 크다고 생각되어 좀 더 심층적으로 고찰해 보고자 한다.

앞에서 언급한 바와 같이 도산이 자나 깨나 염원한 것은 일제로부터 독립을 쟁취하여 통일된 자주독립 공화국을 세우는 것이다. 독립을 위해서는 가능한 모든 방법이 총동원되어야 하며, 그러기 위해서는 먼저 민족운동 세력의 대통합이 선행되어야 한다고 생각했다. 그러나 현실은 도산이 의도하고 노력하는 것에 비하여 너무도 다양한 장애 요인들이 상존하고 있었다. 하나를 다독거려 놓으면 또 다른 것이 불거지고, 그것을 무마시켜 놓으면 또 새로운 문제가 터져 나오는 형국이었다.

마침내 도산은 현존하는 분파와 노선과 이념을 모두 포괄하는 유일 독립당으로서의 '대혁명당'을 결성하기로 하였다. 그리하여 동포들이 있는 중국 각지를 돌아다니며 각 세력들을 규합해 나갔다. 이 과정에서 어떤 세력이든 거부감 없이 받아들일 수 있는 이념으로 '대공주의'를 구상했을 것으로 보인다. 그러나 대공주의에 관한 도산 자신의 명확한 설명은 발견되지 않는다. 도산의 마지막 연설로 알려진 1935년 9월 20일 만주 안동현에서 한인청년회 초청으로 이루어진 강연에서 대공주의를 민족평등, 정치평등, 경제평등, 교육평등의 4대 평등으로 설명했다는 기록이 있다(강제환, 1950: 127). 이를 액면 그대로 받아들인다 하더라도 해석상의 다양한 문제들이 남게 된다. 도산 생존 당시 측근에 있었던 몇 사람의 추측과 후세의 학자들에 의한 추론을 통하여 대공주의의 윤곽을 알 수 있을 뿐이다.

박만규(1993: 443-444)는 대공주의는 "자주적인 민족국가 건설이라는 대전제 위에 이념적 대립을 최대한 극복해 정치적 자유와 사회경제적 평등이 조화된 진보적 민주사회를 건설하자는 것이었다."라고 하면서, 경제시책 면에서 '수정자본주의 내지는 사회민주주의적 성격'을 갖는다고 덧붙이고 있다.

한편 강영현(2003: 321-330)은 선행 연구들을 종합 비판한 후에 대공주의는 조직 통합을 위한 선공후사(先公後私)의 윤리와 선대사후소사(先大事後小事)의 실천기준과 조직통합 우선 사상을 포함하고 있다고 주장한다. 즉, 조직의 통합과 대동단결을 위하여 소아(小我)보다 대공(大公)을 먼저 생각하고, 작은 집단의 일보다 큰 집단인 민족의 일을 먼저 실천해야 한다는 원리로 이해할 수 있다.

이상의 주장은 대체로 1926년 7월 8일 상해 삼일당에서 행한 '우리 혁명운동과 임시정부 문제에 대하여'란 제목의 연설을 근거로 하고 있는 것 같다. 도산은 이 연설에서 '오늘 우리의 혁명은' 정치적 혁명도 아니고, 경제적 혁명도 아니라고 전제하고,

> 우리의 혁명은 민족혁명입니다. 민족혁명은 무엇인가. 비민족주의자를 깨뜨려 민족주의자가 되도록 하자는 것이 아닙니다. …… 일본의 압박적 현상을 파괴하고 새 현상을 건설하자는 것입니다. 이는 곧 민족적 감정과 이해타산과 사활 문제를 원인으로 하여 일으키게 된 민족적 혁명입니다.
>
> 그러면 우리는 일본의 압박적 현상, 즉 불의한 제도를 파괴한 후에는 어떠한 제도를 건설해야 할까 하는 문제가 생깁니다. 이에 대하여는 어떠한 방식이 있어야 할 것입니다.

> 혹은 이천만 민중이 공동생활 제도를 세워 놓은 후에 혁명을 해야겠다는 이도 있습니다. 그러나 이것은 될 수 없습니다. …… 또는 지금 혁명의 주장점은 공산주의로 하자! 민주제로 하자! 무정부주의로 하자! 복벽운동을 하자! 하여 각각 자기의 의사를 주장합니다. …… 이것이 우리의 실제인즉 그 주장점이 다르다고 서로 다투지 말고 단순히 우리는 민족혁명을 하여야겠다는 각오를 가지고 대혁명적 조직을 성립한 후에 일치된 행동을 취해야 할 것입니다.
>
> 혹은 나에게 묻기를 네가 갖는 주의는 무엇이냐 하겠지마는 나의 가진 주의가 무엇인지 나도 무엇이라고 이름 지을 수 없습니다. 민족주의도 아니요, 공산주의도 아닙니다. 그러나 사유재산을 공유하자는 데 많이 동감합니다. …… 그러나 오늘날 우리의 경제 곤란이 심하다고 단순한 경제혁명으로만 할 수는 …… 없으되 우리 민족을 압박하는 일본에 대항하여 나가자는 민족적 현상을 절규함에는 자기의 주의가 무엇이든지 같은 소리로 나갈 수 있습니다. 대한 사람이면 어떤 주의 주장을 물론하고 이 민족혁명에 같이 나갈 수 있습니다(주요한, 1999: 753-754).

이 연설문에서 "나의 가진 주의가 무엇인지 이름 지을 수 없는" 그것을 대공주의로 나중에 이름 지은 것이라면, 대공주의는 일반적으로 말하는 하나의 사상체계로서의 '○○주의'라기보다 민족 공통의 적(敵)인 일본에 대항하여 민족의 당면 목표인 독립을 쟁취하기 위하여 이념과 당파를 초월하여 통일해야 한다는 대원칙을 가리키는 것으로 해석해야 할 것이다. 그것을 하나의 이념체계로 정형화한다면 그것을 놓고 또 다른 논쟁 혹은 새로운 파당의 빌미가 될 수 있을 것이다.

한편 앞에서 언급한 바와 같이 대공주의는 '공동주의' 그리고 일찍이 명연설로 알려진 쾌재정 연설에서 언급한 '대아주의'(강제환, 1950: 6)와 연관시켜 이해하면 이런 해석이 더욱 명료해 질 것으로 보인다. 따라서 도산이 제창한 대공주의는 개성의 자유와 개별성이 최대한으로 존중되는 민주주의와 결코 배치될 수 없으며, 당면한 민족적 대과업을 위하여 대동단결해야 한다는 통일의 원칙으로 이해되어야 할 것이다. 따라서 대공주의는 이상과 같은 기본적 개념과 원칙을 바탕으로 미래의 통일 지향적 관점에서 더욱 체계화하고 발전시켜야 할 과제로 남겨져 있다.

3. 통일교육

국제정세의 변화와 남북 간의 대화와 교류 확대는 남북통일을 앞당길 수 있다는 기대와 함께 극복해야 할 과제 또한 만만치 않다는 것을 보여 주고 있다. 한편으로 한국사회 내부의 다양한 갈등 역시 우려할 만한 상황이다. 작게는 청소년들의 폭력과 갈등으로부터 지역 간 · 계층 간 · 세대 간의 갈등, 다양한 이익집단 간의 대립과 갈등, 남북관계를 둘러싼 정치적 이념적 갈등이 심각한 상황에 있다. 뿐만 아니라 사회 각 분야에 만연해 있는 부정과 부패와 거짓으로 인한 불신의 골은 개혁과 발전을 가로막는 커다란 장애 요인으로 작용하고 있다.

또한 이념에 의한 냉전구도는 무너졌지만 그 대신 이데올로기 문제와는 관계없이 동북아시아에서 중국과 일본의 세력이 강화되고 있으며, 한반도 지역이 100여 년 전과 같이 다시 이 두 세력의 상충지역이 되어 가고 있다는 점은 민족 통일의 새로운 과제로 대두되고 있다(강만길, 1997: 16-17).

이런 점들을 고려할 때 통일교육은 보다 통합적이고 본질적인 차원에서 접근되어야 한다. 따라서 도산이 평생을 바쳐 조국의 독립과 통일운동을 추진하는 과정에서 형성된 통일사상과 방법론은 남과 북이 함께 추구해야 할 통일교육에 시사하는 바가 많다고 생각된다. 다음에 제시하는 것은 그중 몇 가지 예가 될 것으로 생각된다.

첫째, 진정한 통일교육은 개인적 차원, 사회적 차원, 민족적 차원, 국제적 차원에서 신뢰를 회복하고 대립과 갈등을 제거함으로써 남과 북은 물론 전 세계에 산재하는 한민족 모두를 포함하는 하나의 민족공동체로서 평화와 번영을 누릴 수 있도록 해야 한다. 그런 의미에서 도산의 통합적 접근 방법을 깊이 연구하고 재음미할 필요가 있다.

둘째, 개인과 개인, 집단과 집단, 개인과 국가, 국가와 국가 사이의 신뢰 구축 없이는 사회적 통합, 민족적 통합, 나아가서 국제적 평화도 불가능하다. 따라서 도산이 제창한 개인적 차원에서의 인격훈련을 통한 건전인격, 특히 거짓 없는 정직한 인간을 육성하는 일은 단순한 도덕교육의 차원을 넘어 통일운동의 기초가 된다는 것을 인식할 필요가 있다. 그리하여 각 개인의 가슴속에 진실과 정직을 가장 소중한 가치로 섬길 수 있어야 한다.

셋째, 도산이 사회적 차원의 통일 원리로 제시한 단결훈련과 정의돈수(情誼敦修)의 가치와 방법을 이해하고 적극 활용해야 한다. 이는 공동체의식과 공동체적 삶의 양식을 학습하는 일이다. 더불어 사는 사회에서 가장 중요한 것은 인간은 각자 독특한 개성을 지닌 존재임을 인식하고 그것을 존중하고 사랑하는 일이다. 그 다음에 민주적 대화와 토론을 통하여 합의에 도달하는 훈련이 필요하다. "모진 돌이나 둥근 돌이나 다 쓰이는 장처(長處)가 있는 법이니 다른 사람의 성격이 나와 같지 않다하여 나무라지 말아야 한다."는 것과 '사적인 통일과 공적인 통일'을 혼동하지 말아야 한다는 도산의 말씀을 오늘날 더욱 깊이 새겨야 할 교훈으로 인식해야 한다.

넷째, 도산이 제시한 '대아주의' '공동주의' '대공주의'의 이념에 입각한 민족 대통일의 원칙을 발전시키고, 이를 통일교육의 원리로 활용해야 할 것이다. 즉, 보다 큰 민족적 목적과 가치를 위하여 작은 것을 양보할 수 있는 열린 마음이 필요하다. 그런 열린 마음을 가지고 정직하고 거짓 없는 대화를 거듭할 때 비로소 체제와 이념을 초월하여 상생의 길로 나아갈 수 있는 민족 통일의 새로운 방안을 찾아낼 수 있을 것이다.

도산이 추구한 대공주의는 작은 '나' 즉, 개인이 전체 속에 매몰되는 전체주의적 획일적 통일주의가 아니고 개인과 소집단의 개성과 주체성이 존중되는 민주주의적 원리를 토대로 한 민족공동체 우선주의를 의미한다.

다섯째, 도산은 임시정부 내무총장에 취임하면서 민족의 독립과 통일이 궁극적으로 세계평화를 추구하는 일임을 분명히 했다. 한반도의 통일이 부국강병을 통한 패권주의의 추구에 있지 않고 동북아시아의 항구적 평화를 위한 안전장치이며 궁극적으로 세계 평화에 이바지하게 된다는 것을 이해관계가 밀접하게 얽혀 있는 주변 강대국들에게 인식시켜야 한다. 그러기 위해서는 우리 자신이 그에 대한 확고한 원칙과 믿음을 가지고 있어야 한다. 이런 점 또한 통일교육의 내용과 방법을 구성함에 있어서 각별히 유의해야 할 것이다.

여섯째, 무엇보다 평생을 일관되게 정직과 성실로 인격수련의 모범을 보였으며 전 생애를 오직 민족의 독립과 통일을 위하여 바친 도산이라는 한 인간의 삶이 무엇보다 좋은 통일교육의 텍스트가 될 것으로 생각된다.

4. 맺는 말

이상에서 도산 안창호의 통일사상 형성의 배경과 통일운동의 특징을 살펴보고, 도산의 통일사상을 개인적 차원, 사회적 차원, 민족적 차원 그리고 대공주의로 나누어 고찰하였다.

도산은 민족이 힘이 없어 나라를 빼앗겼고, 잃어버린 나라를 다시 찾으려면 힘을 길러야 한다는 것을 깨달았다. 그리하여 민족의 힘을 기르고 그 힘을 하나로 뭉쳐 민족적 역량을 극대화하기 위하여 평생을 헌신했다. 그 과정에서 개인의 이기심, 지방색, 당파와 노선과 이념의 차이로 민족이 사분오열되었고, 이와 같은 대립과 갈등으로 민족의 힘이 분산되는 것을 수없이 목격했다. 따라서 도산의 통일운동은 그 자체가 독립운동의 과정이며, 통일은 모든 민족운동의 필수조건이라고 보았다.

통일운동의 구체적 방법으로 도산은 먼저 인격훈련을 통하여 거짓 없고 신뢰할 수 있는 건전한 인격을 기르는 일을 통일 독립운동의 기초단계로 보았다. 조화적 인격은 곧 인격적 통일을 의미한다. 다음 단계로 정직과 신뢰를 기초로 단체를 이루고 '사랑하기 공부'로 정의를 돈독히 함으로써 사회적 차원의 통일, 즉 '신성한 단결'이 이룩된다고 보았다. 마지막 단계로 지역과 종파와 정파와 이념적 배경이 다른 다양한 모든 조직을 민족적 차원에서 하나로 통합할 수 있는 민족적 대 통일을 모색했다. 미주에서는 대한인국민회를 해외 한민족 전체를 아우를 수 있는 통일체로 만들고자 했고, 국내에서는 신민회를 통하여 민족의 역량을 하나로 통합하려고 시도했으며, 상해에서는 임시정부를 명실상부한 한민족의 통일 정부로 만들려고 노력했다. 이들 모두가 일정한 수준의 목표를 달성했으나 완전한 성공이라고 보기는 어려웠다. 그 후 다시 상해에서 국민대표회의를 개최했으나 결렬되었고, 마지막으로 시도한 대독립당 운동도 성공을 보지 못하였고, 사후에 맞게 된 민족의 독립조차도 새로운 분단의 시작이 되고 말았다.

비록 도산의 통일 노력이 당시의 대내외적 상황과 조건으로 그의 생애에 결실을 보지 못하였으나 그의 생각과 방법은 옳았다. 통일은 여전히 민족의 당면 과제이며 민족 발전과 세계평화를 위한 조건이기 때문이다.

특히 그가 만년에 제창한 대공주의는 남과 북이 함께 연구하고 발전시켜간다면 민족통일의 이념적 좌표가 될 수 있을 것이며, 도산의 삶과 사상은 남과 북이 공유할 수 있는 통일교육의 훌륭한 텍스트가 될 수 있을 것이다.

7장 _ 서번트 리더십

리더십(leadership)은 오늘날 가장 빈번하게 사람들의 입에 오르내리는 용어의 하나가 되었다. 리더십에 대한 이처럼 높은 관심은 사회 여러 분야에서 리더십의 필요성이 그만큼 절실해진 때문이다. 전근대적인 권위주의 사회에서는 지위(position)에 따른 권위와 권력(power) 그리고 계급적 위계에 의한 명령과 복종관계에 의한 통솔이 가능했다. 그러나 민주주의가 발달하고 개개인의 자율성이 존중되는 사회일수록 고도의 리더십이 요구된다. 작게는 가정, 동아리, 취미집단에서부터 학교, 기업, 정부, 국제기구 등 크고 작은 공적 · 사적 조직에 이르기까지 리더십이 요구되지 않는 곳은 없다. 특히 21세기 사회에서 리더십은 조직과 집단은 물론 개인의 성패를 좌우하는 중요한 요인으로 부각되고 있다.

그러나 '리더십이란 무엇인가?'에 대한 개념과 정의는 연구자의 입장과 상황에 따라 매우 다양하다. 한 연구에 의하면, 수십 년간에 걸친 학문적 분석의 결과 리더십에 대한 850가지 이상의 정의를 찾을 수 있었고, 지난 75년 동안에만 리더십에 대한 수천 건의 실증적 연구가 실시되었다고 한다(Bennis & Nanus, 2008: 25).

또한 리더십에 관한 연구 경향도 시대에 따라 다양하게 변천되어 왔음을 알 수 있다. 초기의 관심은 '어떤 사람이 리더로 부각되고 선출되는가?' 그리고 '리더로서의 역할을 어떻게 효율적으로 수행하는가?'에 집중되었고, 19세기 중반부터 20세기 전반까지는 심리학의 발달에 힘입어 리더의 우생학적 특성 혹은 성격적 특성에 대한 연구가 주를 이루었다. 1950년대 이후 약 20년 동안은 리더의 행동적 특징에 관심이 집중되었고, 1960년대 후반부터는 상황적 요소의 변화에 따라 동일한 특성이나 행동도 효과가 다르게 나타날 수 있음을 인식하고 리더가 사용하는 권력의 유형과 상대적 효과에 관심을 갖게 되었다. 그러다가 1970년대 후반부터는 심리학을 포함하는 사회과학 전반에 걸쳐 인문주의적 · 인본주의적 관점이 확산되면서 리더십 연구에도 영향을 주게 되었다(신응섭 외, 2003: 17-20).

여전히 리더십을 상당한 권력과 지위가 수반되는 고위직에 해당되는 것으로 전제하고, 그들에게 요구되는 능력은 다수를 차지하는 하위직 추종자들과는 구별되는 어떤 특별한 것으로 생각하는 경향을 벗어나지 못하고 있다. 다시 말하면, 조직이나 집단의 구성원을 지배자와 피지배자, 강자와 약자, 지도자와 추종자로 나누어 놓고 리더십은 지배자, 강자, 지도자에게 필요한 특성이나 자질로 생각하는 경향이 강했다고 볼 수 있다. 따라서 리더십에 대한 관심과 연구도 대개 행정학이나 경영학 혹은 정치학 분야에서 집중적으로 이루어져 왔다. 같은 맥락에서 교육 분야에서도 리더십 연구는 주로 교육행정학의 관심사로 여겨 왔다. 최근에 와서는 특히 경영학 분야에서 기업의 생산성 증대를 위한 최고경영자나 중간관리자의 리더십에 초점을 맞추어 다양한 연구와 훈련 프로그램이 개발되고 있다.

그러나 1970년대에 그린리프(Robert K. Greenleaf)는 '서번트 리더십(servant leadership)'이라는 새로운 개념의 리더십 이론을 제창했다. 1970년에 처음 「지도자로서의 서번트」라는 논문을 발표한 후에 1977년 『서번트 리더십』 초판을 발행하고 2002년까지 25년 동안 서번트 리더십은 세계로 확산되면서 전문가들로부터 미래사회의 새로운 리더십 개념으로 주목을 받았다. 『서번트 리더십』 25주년 기념판(Greenleaf, 2002)에 소개된 몇 가지 평가를 요약해 보면 다음과 같다.

> **제임스 A. 오트리:** 그린리프의 『서번트 리더십』은 보기 드문 기념비적 저작의 하나다. …… 그린리프의 이론과 원칙은 미래 리더의 헌법이 될 것이다.
>
> **워렌 베니스:** 서번트 리더십은 이제 깨어 있는 리더를 상징하는 말이 되었다. …… 그의 리더십 사상은 성장과 책임, 사랑이라는 시대적 화두를 담고 있다.
>
> **디 호크:** 『서번트 리더십』은 리더십에 관한 시대와 공간을 초월한

고전이다.

윌리엄 폴러드: 지난 4반세기 동안 그린리프와 그의 저서는 수많은 리더들이 진실로 섬기도록 가르치고 동기를 부여했다.

데이비드 영: 리더십 개념이 혁명적으로 변화하는 시기에 『서번트 리더십』은 중요한 이정표가 되었다.

스티븐 코비: 시간을 초월한 기본 진리 가운데 하나가 바로 『서번트 리더십』이다. 나는 서번트 리더십이 앞으로 더 중요해질 것이라 확신한다.

그렇다면 서번트 리더십이 새로운 리더십의 중요한 이정표가 될 것으로 평가받는 까닭은 무엇인가? 그것은 무엇보다 리더십과 멤버십을 이원화 하지 않고 양자에 공통되는 본질적 특성에서 접근하기 때문이다. '리더' 이기 이전에 한 사람의 '멤버' 로서 책임과 의무를 다해야 한다는 것이다. '서번트' 로서 충실한 사람만이 훌륭한 리더가 될 수 있다는 것이다. 그린리프(Greenleaf, 2002: 21)는 "위대한 지도자는 처음에 서번트처럼 보인다." "지도자로서의 자질은 선천적으로 서번트적 기질이 있는 사람에게만 주어진다." 라고 했다.

또한 그린리프는 오늘날 학교교육이 가치관 교육의 혼돈을 초래하고, 참된 리더를 길러내지 못하고 오직 사회적 신분상승의 수단으로 전락했다고 비판했다. "가난한 사람이 원래의 뿌리로 돌아가 불이익을 받고 살아가는 사람들의 지도자가 될 기회를 제공해야 하며, 그들을 상류계급에 편입시키려 하기보다는 다수에게 더 나은 삶을 보장하기 위해서 가난한 사람들의 지도자로서 헌신할 수 있는 가치관을 심어줄 수 있어야 한다."고 주장했다(Greenleaf, 2006: 111-113). 서번트 리더십의 관점에서 볼 때, 결국 "리더십은 개인의 인격을 행동으로 옮기는 일이며 리더십 계발과 인격 계발은 결국 하나"(Hunter, 2006: 53)라는 것이다. 코비(S. R. Covey)는 도덕적 권위, 즉 양심이 서번트 리더십을 정의하는 중요한 핵심 요소라고 보고 있다(Greenleaf, 2002: 11-12).

종전의 리더십 이론들이 행정과 경영 관리 차원에서 성과와 효율성을 추구하고 기술적 측면이 강조되는 데 비하여, 서번트 리더십은 인간에 대한 사랑과 존중, 도덕적 권위와 양심, 인격적 가치를 핵심에 두고 있다는 점에서, 보다 본질적 차원에서 리더십에 접근하고 있으며 철학적이고 교육적인 접근이라고 볼 수 있다.

이와 같은 서번트 리더십 이론은 도산 안창호의 리더십을 새로운 시각으로 평가해 볼 수 있는 관점을 열어주었다. 도산은 1902년 처음 미국 샌프란시스코에 도착하여 동포들을 지도하는 방법으로 먼저 교포들의 집을 순방하며 청소부터 해 주었고, 1919년 5월 상해에 도착하여 분열된 임시정부를 통합하는 과정에서 "나는 여러분의 머리가 되려 하지 않습니다. 여러분을 섬기러 왔습니다."(주요한, 1999: 619)라고 했다. 도산은 섬김과 봉사의 삶을 통하여 본보기를 보인 서번트 리더의 전형으로 손색이 없을 것이기 때문이다.

이제 새롭게 관심을 끌고 있는 서번트 리더십의 개념과 특성이 무엇이며, 이러한 특성에 비추어 안창호의 리더십을 새롭게 조명해 보기로 한다.

1. 서번트 리더십의 개념

서번트 리더십이란 무엇인가? 이 개념의 창시자라고 할 수 있는 그린리프는 헤세(Hermann Hesse)의 작품 『동방순례(*Journey to the East*)』에서 영감을 얻었다고 한다. 이 소설의 주인공 레오(Leo)는 여행단의 잡일을 도맡아 하는 '서번트'로서 여행에 참여했지만, 여행단이 지치고 힘들 때는 노래를 불러 활기를 불어넣기도 한다. 덕분에 일행은 즐겁게 순조로운 여행을 계속할 수 있었다. 그러나 어느 날 레오가 사라지면서 여행단은 혼란에 빠지고 여행을 계속할 수 없는 지경에 이르자 비로소 레오가 실질적인 지도자이며 정신적 지주였음을 깨닫게 된다는 내용이다(Greenleaf, 2002: 24-25). 그래서 그는 "위대한 지도자는 처음에 서번트처럼 보인다. 이 간단한 사실이 지도자를 진정으로 위대하게 만든다."(Greenleaf, 2002: 25)라고 했다.

서번트 리더란 진정으로 섬기고 싶어 하는 마음에서 시작되며, 그런 마음이 있어야 비로소 앞에서 끌어가고 싶은 뜨거운 열망을 갖게 된다는 것이다. 이런 사람은 처음부터 지도자인 사람과는 근본적으로 다르다. 권력과 물질을 탐내는 사람에게 섬기는 자세를 기대하기란 어렵다. 현실에서는 먼저 지도자가 되려는 사람과 먼저 서번트가 되려는 사람을 구분하기란 쉽지 않을 수도 있다. 이 양 극단 사이에는 인간의 다양한 본성이 수없이 많은 조합을 만들어 내는 숱한 사람들이 존재하기 때문이다. 그린리프는 이들을 판단하는 기준은 "섬김 받는 사람들이 점점 더 인간다워지는가? 섬김 받는 동안 더 건강해지고 더 지혜로워지고 더 자유로워지면서 그들도 서번트로 변하려고 하는가? 그리고 사회에서 가장 홀대받는 사람들에게 어떤 영향을 미쳤는가?"(Greenleaf, 2002: 27) 하는 것이라고 했다.

말로는 국민을 위한다고 하면서 실제로는 사리사욕과 당리당략에 정신이 없는 사이비 정치지도자들, 학생을 위한다고 하면서 자신의 신념이나 주장을 주입시키려는 사이비 교육자들, 구성원들의 권익을 대변 할 위치에서 사리사욕만 채우기에 급급한 조직의 관리자들, 국민의 공복임을 망각하고 국민 위에 군림하려는 공직자들이 도처에서 활거하고 있는 현실에 비추어 본다면, 이 말이 뜻하는 바가 무엇인지 더욱 분명해질 것이다. 참된 지도자의 마음가짐과 자세 그리고 능력이 어떤 것이어야 하는가를 명료하게 제시하고 있다.

헌터(Hunter, 2006: 33)는 서번트 리더십을 "공동의 최선을 위해 설정된 목표를 향해 매진할 수 있도록 사람들에게 영향력을 발휘하는 기술인 동시에 사람들의 신뢰를 형성하는 인격"이라고 정의했다.

공동의 최선이란 곧 공동체 속에서 이루어지는 '공동선'을 의미한다. 구성원 상호 간의 섬김의 자세 없이 공동선을 이룬다는 것은 불가능하다. 섬김에는 사랑이 필요하다. 사랑은 무한 책임을 요구한다. 그러나 주식회사에 유한 책임을 의미하는 'Ltd.'가 붙는 것처럼 제도적 기관에서 일하는 사람에게 무한 책임을 기대하기는 어렵다. 섬김에 사랑이 따르기 위해서는 공동체가 필요하다. 서로에 대한 책임이 무한하고, 하나를 위해 모두가 무한책임을 떠맡는 집단, 얼굴을 맞대고 함께 고민할 수 있는 공동체가 필요하다. 그러나 더 나은 사회를 책임질 인재를 키우는 학교마저도 사회적 신분상승을 위한 메커니즘으로 그 목적이 변질되면서 공동체를 파괴하는 주범이 되었다(Greenleaf, 2002: 51-52). 그린리프는 다음과 같이 공동체의 중요성을 강조한다.

> 요즘과 같은 세상에서 무엇보다 절실히 필요한 것은 신뢰와 존경이다. 모두에게 힘과 용기를 안겨주는 도덕률이 필요한 때다. 공동체, 신뢰, 존경, 윤리적 행동이 없는 사회에서, 젊은이가 무엇을 배우고 노인이 어떻게 버텨나갈 수 있겠는가! 공동체를 기본 터전으로 삼아 살아갈 때 우리는 무한한 사랑을 잉태시킬 수 있을 것이고, 그 사랑으로 공동체이기를 포기한 기업, 교회, 정부, 학교와 같은 제도적 기관을 변화시킬 수 있을 것이다(Greenleaf, 2002: 52).

앞에서 헌터는 서번트 리더십은 사람들에게 영향력을 행사하는 기술인 동시에 사람들의 신뢰를 형성하는 인격이라고 했다. 리더는 태어나는 것이 아니라 만들어지는 것이며, 리더십은 학습에 의하여 형성될 수 있다는 점에서 일종의 기술이라고 본다. 또한 타인에게 영향력을 행사하려면 신뢰가 필요하다는 점에서 인격이라고 했다. 그리고 타인에게 영향력을 행사하려면 권위가 있어야 한다. 권력은 타인 스스로의 선택과 상관없이 지위나 강제적인 힘을 이용하여 타인을 자기의 의지에 복종하도록 강제하는 반면, 참된 권위는 타인이 자발적으로 기꺼이 스스로의 의지에 따라 행동하도록 영향력을 행사하는 것이다. 이때 권위의 바탕을 이루는 것은 인격이다(Hunter, 2006: 57–60).

결국 서번트 리더십이란 공동의 최선을 위하여 타인에게 영향력을 행사하는 과정이며, 타인의 욕구 충족을 위하여 기꺼이 나를 희생하는 것을 의미한다. 타인에게 영향력을 행사하려면 도덕적 권위와 신뢰가 수반되어야 하며, 먼저 사랑으로 타인을 섬기는 진실한 자세로 솔선수범 하여야 한다.

2. 서번트 리더십의 특성

이상에서 서번트 리더십의 개념을 다각도로 조명해 보았다. 이제 서번트 리더십의 의미를 좀 더 분명히 하기 위하여 서번트 리더십과 관련된 다양한 특성을 정리해 보기로 한다.

1) 섬김과 봉사

앞에서 그린리프는 "위대한 리더는 처음에 서번트처럼 보인다."고 했다. 이 말은 위대한 리더는 서번트처럼 보이기는 하지만 단순한 서번트는 아니라는 뜻이다. 겉으로 보기에는 서번트와 유사할 수도 있지만 분명 다른 것이 있어야 한다. 그 '다른 것' 이 무엇인가? 그것은 자율성이다. 다시 말하여 '서번트' 와 '서번트 리더' 를 구분하는 중요한 차이점은 자율적 희생과 봉사다. 자율적 희생이란 자신에게 보다 이로운 다른 것을 할 수 있지만 그것을 포기하고 서번트로서의 역할을 기꺼이 받아들이는 것이다. 그런 점에서 전근대적 신분계급사회에서의 머슴이나 종(attendant)과는 다르며, 능력의 한계 때문에 서번트일 수밖에 없는 것과도 다르다. 안창호가 처음 미국에서 생계를 위하여 한때 가사노동에 종사하면서 교포들의 집안 청소를 해 준 것이나 간디가 변호사로서 충분히 보장된 윤택한 삶을 버리고 인도로 돌아가 민중의 리더가 된 것은 이와 같은 자율적 희생과 봉사의 좋은 예라고 볼 수 있다. '처음에 서번트로 보인다.'는 말은 같은 구성원 동료의 눈에 그렇게 보인다는 의미이고, '처음에 서번트다.'라는 말은 실제로 처음에는 서번트로 살아간다는 뜻이다. 이는 전략적으로 서번트를 가장하는 것과는 본질적으로 다르다. 그런 점에서 서번트 리더는 먼저 충실한 멤버(member)의 한 사람, 헌신적으로 봉사하는 '멤버'여야 한다. 멤버십의 모범을 보이지 않는 사람이 진정한 리더가 될 수는 없다. 일찍이 아리스토텔레스가 "순종을 모르는 사람은 지도자가 될 수 없다."(Bennis & Nanus, 2008: 147)고 한 말도 이런 의미일 것이다.

그린리프는 대중이 존경하는 권위에 대한 기준도 달라지고 있다고 했다. 지도자가 보여 주는 서번트적 자질에 비례하여 추종자의 존경심이 결정된다고 했다(Greenleaf, 2006: 28). 사회가 민주화되고 성숙될수록 기존의 제도적 권위를 무작정 받아들이지 않는다. 서번트적 자질을 확인하여 지도자로 선택한 개인을 오히려 존경하고 존중한다. 리더로서의 개인뿐 아니라 조직이나 기관의 경우에도, 서번트처럼 섬기는 자세를 지닌 기관만이 마지막까지 살아남을 수 있을 것이다.

2) 인간 중심

서번트 리더는 인간을 최우선으로 생각한다. 즉, 조직의 목표나 가치보다 인간 개개인의 존엄과 가치를 귀하게 여긴다. 인간에서 출발하여 인간으로 완성되는 것이 진정한 서번트 리더가 추구하는 가치이며, 그것은 방법의 원리이며 또한 최종 목표를 결정하는 기준이 된다. 칸트는 인간의 존엄성을 절대적 가치로 강조한 대표적 철학자다. 어떤 경우에도 인간은 그 자체가 최고의 목적이며 다른 목적을 위한 수단으로 이용되어서는 안 된다는 것이다. 인간의 존엄과 가치를 강조하는 학자와 문헌은 많지만 실제로 그것을 실천하기는 결코 쉽지 않다. 참된 리더는 인간을 핵심 가치로 섬겨야 한다.

그린리프는 현 세상에서 가장 존경받지 못하는 분야, 곧 경쟁과 이윤을 최고의 원칙으로 삼는 기업계에서조차 희망의 징조가 엿보인다고 했다. 기업의 이익에만 매달린 채 인간을 경시하는 기업보다 인간을 중시하는 기업이 시장에서 성공적으로 굳건히 살아남았다는 점에서 그렇다. 기업의 책임 하에 더 강하고 더 건강하고 더 자율적인 조직을 길러내는 것을 제1의 원칙으로 삼은 결과라고 한다(Greenleaf, 2006: 70).

인간을 최우선으로 생각하는 굳은 신념의 지도자라야 인간 중심의 원리를 모든 개인적 삶과 조직 운영의 제일 원칙으로 실천할 수 있다. 그것도 일시적이 아니고 장기적 안목을 가지고 지속적으로 실천하려면 인격의 한 부분으로 녹아들어야 한다. 인간을 최고의 가치로 존중하는 인격이 뒷받침될 때, 올바른 실천으로 나타나 그에 합당한 결실을 맺게 된다. 그런 점에서 서번트 리더십은 곧 휴머니즘으로 통하며, 서번트 리더십은 참된 인간교육의 원리로 이어진다.

3) 높은 인격

인격이란 '사람의 품격'(표준국어대사전)이다. 다시 말하면 사람을 사람답게 하는 자격 혹은 표준이라고 할 수 있다. 공자는 높은 인격의 소유자를 '성인' '군자' 혹은 '인자(仁者)'로 지칭했다. 성인은 "백성에게 널리 은혜를 베풀고 대중을 구제할 수 있어야 한다."(『논어』, 옹야)고 했고, "군자는 의(義)에 밝고 소인은 이(利)에 밝다."(『논어』, 이인)고 하였으며, 또 "인자란 자기가 서고자 하면 남도 세워주고 자기가 성공하고 싶으면 남도 성공하도록 도와주는 사람"(『논어』, 옹야)이라고 했다. 예부터 참된 인격의 표준을 베풂과 섬김에 두었음을 알 수 있다. 즉, 자신의 이익을 취하기보다 의로움을 먼저 생각하고, 타인을 위하여 베풀고 동반자로서 함께 가려는 서번트적 자세를 참된 인격의 표준으로 생각했다.

헌터는 "인격이란 도덕적인 성숙을 의미하며, 설령 희생이 따르더라도 기꺼이 옳은 일을 추구하겠다는 의지를 말한다." 또한 인격은 "옳은 것을 사랑하는 것, 즉 의식적 습관과 의지적 습관, 양심적 습관의 총체"(Hunter, 2006: 169-172)라고 했다. 그는 인격의 수준을 판단하는 기준을 다음과 같이 말했다.

> 자신에게 아무런 도움이 되지 않는 사람을 대우하는 방식을 보면 그 사람의 인격을 판단할 수 있다. 리더십(인격)은 마음에 썩 내키지 않더라도 옳은 일을 추구하겠다는 의지이며 행동을 말한다. 그러므로 리더십 계발과 인격 계발은 결국 같은 의미다(Hunter, 2006: 170).

아리스토텔레스는 "도덕적 미덕은 습관의 산물이다. 우리를 만드는 것은 우리의 반복적 행동이다."(Hunter, 2006: 172-173)라고 했다. 다시 말하면 학습을 통한 반복적 훈련과 노력에 의하여 인격을 보다 높은 경지로 끌어올릴 수 있다는 것을 의미한다. 스마일스는 지도자에게 인격이 필요함을 간접적으로 표현했다.

> 천재성은 항상 감탄의 대상이 된다. 하지만 천재성만으로 존경을 받을 수는 없다. 존경심을 불러일으키는 것은 인격이기 때문이다. 천재성이 '지성의 힘'에서 비롯된 것이라면, 인격은 '양심의 힘'에서 비롯된 것이다. 궁극적으로 인생을 지배하는 것은 지성이 아니라 양심이다. 천재성을 지닌 사람들은 지성에 힘입어 사회에 진출하는 반면, 인격적인 사람들은 양심에 힘입어 사회에 입성한다. 사람들은 전자는 찬미할 뿐이지만, 후자는 신봉한다

(Smiles, 2005: 26–27).

즉, 리더의 필수적인 요소라 할 수 있는 동료들의 신뢰와 존경은 인격에서 나온다는 것을 강조하고 있다.

4) 도덕적 권위와 양심

도덕적 권위는 리더와 구성원들 사이의 상호선택을 전제로 하기 때문에, 서번트 리더십을 정의하는 한 방법이다. 리더가 원칙을 충실히 지킨다면 도덕적 권위를 얻을 수 있고, 구성원들이 원칙을 중요하게 여긴다면 그 리더를 충실히 따를 것이다. 이런 점에서 리더와 구성원 모두는 리더이기 이전에 공동체의 일원이다. 모두 같은 원칙을 따르고 서로 합의한 공통된 비전을 추구하기 때문이다. 리더와 구성원은 가치관을 공유한다. 그들은 서로 신뢰하며 성장해 간다.

도덕적 권위를 뒷받침하는 것은 양심이다. 양심은 목적과 수단이 분리될 수 없다고 가르친다. 실제로 목적은 수단보다 먼저 존재한다. 칸트는 수단이 목적만큼이나 중요하다고 했다. 간디는 우리를 파멸의 길로 몰아가는 일곱 가지가 있다고 했다. ① 땀 흘려 일하지 않고 얻은 부, ② 양심을 저버린 기쁨, ③ 인격을 상실한 지식, ④ 도덕성이 결여된 장사, ⑤ 인류애를 잊은 과학, ⑥ 희생이 없는 종교, ⑦ 원칙이 사라진 정치 등이다. 이기심은 목적이 수단을 정당화시켜 준다며 우리를 유혹하지만, 양심은 우리에게 목적과 수단의 중요함을 끊임없이 상기시면서 이 둘은 분리해서 생각할 수 없는 것이라고 가르친다(Greenleaf, 2002: 8).

코비에 의하면, 서번트 리더가 다른 리더와 구별되는 핵심은 양심에 따라 산다는 점이다. 양심은 옳고 그른 것을 판단하는 내면의 도덕률로, 단기적 효과를 기대하는 리더십과 지속적인 리더십을 구분 짓는 하나의 특징이 된다고 했다(Greenleaf, 2002: 6-9).

5) 일관된 원칙

원칙이란 어떤 행동이나 이론 따위에서 일관되게 지켜야 하는 기본적인 규칙이나 법칙이다(표준국어대사전). 원칙은 보다 보편적이고 근본적인 차원의 것도 있지만 대개 구성원들의 합의에 의하여 정해지고 때로는 리더가 일방적으로 천명하는 경우도 있다. 그 어느 경우에도 도덕성과 보편성에 근거해야 하며 구성원들의 공감을 얻을 수 있어야 한다. 그리고 정해진 원칙을 일관되게 지키지 않으면 질서가 무너지고 신뢰를 잃게 되며 리더십을 상실하게 된다. 원칙을 지키기 위해서는 때로는 일시적인 손실과 희생을 감수해야 한다. 안철수는 이런 원칙을 '핵심가치' 라고 했다.

> 오래 살아남는 기업들에는 '핵심가치(core value)' 가 있다는 공통점이 있습니다. 그것은 회사가 아무리 상황이 바뀌고 힘들더라도 절대로 변하지 않는 것입니다. 예컨대, 핵심가치가 '정직' 인 회사가 있다고 할 때, 그 회사가 너무 어려워져 정직하지 않아

야만 살아남을 수 있는 그런 상황이 도래했을 때, '핵심가치를 포기할 바에야 차라리 회사 문을 닫자.' 라고 할 수 있는 것, 그 정도로 소중한 것이 핵심가치라고 생각합니다(http://home.ahnlab.com/ahnlab/ceo.html).

이처럼 원칙을 철저히 지키는 일은 때로는 모험일 수도 있고, 단기적으로 손실을 초래할 수도 있지만 사회적으로는 물론 구성원을 위해서도 장기적으로 더 큰 보람과 이익으로 돌아오게 된다는 믿음이 있어야 한다. 그리고 그런 믿음을 확산해 나가는 것이 진정한 서번트 리더의 역할이기도 하다. 그러기 위해서는 먼저 그 원칙 혹은 '핵심가치' 가 리더 혼자만의 것이 아니고 구성원 모두가 흔쾌히 받아들이고 구성원 모두의 가치관과 삶의 원칙으로 내면화되어야 한다.

6) 명확한 목표와 비전

목표란 도달해야 할 지점 혹은 성취하고자 하는 과업을 의미한다. 목표는 단기적인 목표에서 장기적이고 궁극적인 목표에 이르기까지 수많은 단계가 있다. 단기적 목표는 비교적 명확하지만 장기적이고 궁극적 목표일수록 목표 자체가 명료하지 않을 수도 있다. 특히 구성원이나 일반 대중에게는 더욱 그렇다. 그것은 지혜의 차원일 수도 있지만 신념과도 관련이 있다. 때로는 단기적인 목표라도 그 성취가 불투명하거나 불가능해 보일 수도 있다. 이런 경우에 지도자의 역할이 중요하다. 특히 위험이 수반되는 목표일수록 리더에 대한 신뢰는 절대적이다.

지도자에 대한 신뢰는 서번트적 자세만으로 충분하지 않다. 서번트 리더가 서번트와 구별되는 결정적인 차이점이다. 리더는 원대한 꿈과 비전과 목표를 제시하고 구성원들이 그 실현 가능성을 믿도록 하는 능력이 있어야 한다. 그래야 구성원들이 자신의 역량을 최대한으로 발휘하고 자기희생까지도 감내함으로써 난관을 극복할 수 있게 된다.

7) 강한 책임감

참된 지도자는 투철한 주인의식을 지니고 어떤 경우에도 책임을 타인에게 전가하지 않는다. 모든 잘못은 '내 탓' 일 뿐, '네 탓' 은 없다. 안창호는 책임감은 주인과 나그네를 구분하는 핵심 기준이라고 했다. 주인은 어떤 일에 대하여 무한 책임의 소유자다.

> 그 민족 사회에 대하여 스스로 책임심이 있는 자는 주인이요 책임심이 없는 자는 나그네(旅客)입니다. 우리가 한때에 우리 민족 사회를 위하여 뜨거운 눈물을 뿌리는 때도 있고 분한 말을 토하는 때도 있고 슬픈 눈물과 분한 말뿐 아니라 우리 민족을 위하여 몸을 위태한 곳에 던질 때도 있다 할지라도 이렇다고 주인인 줄로 자처하면 오해입니다. 지나가는 나그네도 남의 집에 참변이 있는 것을 볼 때에 눈물을 흘리거나 분한 말(憤言)을 토하거나 그

집의 위급한 것을 구제하기 위하여 몸을 던지는 수도 있습니다. 그러나 그는 주인이 아니요, 나그네이기 때문에 한때 그러고 말 뿐 그 집에 대한 영원한 책임심은 없습니다(주요한, 1999: 518-519).

남의 불행을 보고 비분강개하거나 일시적으로 도움을 주는 것은 나그네도 할 수 있는 일이다. 나그네는 일시적으로 비분강개하기도 하고 동정의 눈물을 흘리기도 하지만 끝까지 책임을 지지는 않는다. 참된 주인은 아무리 어려운 상황에서도 최후까지 운명을 함께 하며 대안을 마련하고 구체적인 실천계획을 세우고 모든 것을 바친다. 그것은 이미 헌신과 봉사의 경지를 넘어선 것이다. 영원한 책임감, 이것이야말로 빼놓을 수 없는 서번트 리더의 중요한 특성이다.

8) 사랑

헌터는 서번트 리더십의 본질로 사랑을 들고 있다. 그는 사랑을 감성적 사랑과 의지적 사랑으로 구분하고 리더에게 더욱 필요한 것은 의지적 사랑이라고 보았다. 자신의 감정과 상관없이 타인들의 욕구와 이해관계, 최선을 위해 기꺼이 헌신하겠다는 선택, 이것이 바로 자발적(의지적) 사랑이라고 정의했다. 그는 사랑의 속성을 '고린도전서' 13장을 인용하여 8가지 속성으로 설명하고 있다. 즉, 오래 참고(인내), 온유하며(친절), 자랑하거나 교만하지 아니하며(겸손), 무례히 행치 아니하며(존중), 자기의 유익을 구하지 아니하며(무욕),

성내지 아니하며(용서), 불의를 기뻐하지 아니하고 진리와 함께 기뻐하며(정직), 모든 것을 참고 견디는(헌신) 것이라고 했다(Hunter, 2006: 97-104). 이와 같은 8가지 덕목은 사랑의 속성이면서 또한 인격의 중요한 요소이며 서번트 리더의 특성이기도 하다.

9) 공동체 의식

리더십은 공동체를 위하여 공동체 안에서 발휘되는 것이다. '공동체를 기본 터전으로 삼아 살아갈 때 우리는 무한한 사랑을 잉태시킬 수' 있고, 그 사랑으로 관료적이고 기계적인 제도 속에서 성과와 효율성만을 추구하는 정부, 기업, 학교와 같은 기관을 공동체로 변화시킬 수 있을 것이다(Greenleaf, 2006: 68).

인간은 공동체 속에서 진정으로 행복한 삶을 영위할 수 있고, 삶의 질을 보장 받을 수 있다. 강한 '우리 의식(we-feeling)'을 바탕으로 할 때 공동체 속에서 타인의 아픔을 나의 아픔으로 인식할 수 있는 감정이입(empathy)이 가능하다. 서번트 리더의 섬김은 공동체에 대한 사랑이 있기 때문에 자연스럽게 드러나게 된다. 안창호가 청년학우회, 흥사단과 같은 수많은 단체를 조직하고 동맹수련과 정의돈수(情誼敦修)를 강조하고 모범촌 건설을 추진했던 것은 공동체적 삶의 훈련을 통하여 공동체 의식을 강화하기 위해서였다.

그러나 이와 같은 공동체 의식이 좁은 범위의 혈연이나 지연 혹은 종족을 중심으로 할 때 집단 이기주의로 타락할 가능성이 있다. 따라서 이와 같은 공동체의식은 보편적 가치와 보다 넓은 인류적 차원의 공동체 의식을 바탕으로 해야 한다. 그런 점에서 진정한 공동체 의식은 이기적 집단의식과 구별되어야 한다.

3. 서번트 리더로서의 도산의 실천

도산 안창호는 1900년대 전후 전근대적 지배구조가 주류를 이루던 한국사회에서, 정치 · 경제 · 사회 · 교육 · 언론 · 독립운동 등 다양한 분야에서 민주적 리더십을 발휘한 선구적 인물이다. 그에게는 전통사회의 리더들이 공통적으로 지닌 문벌도, 권력도, 학벌도, 재력도 없었지만, 국내에서, 미국에서, 상해에서 그의 주변에는 항상 많은 인물들이 모여들었고, 모든 활동에 실질적인 리더십을 발휘했다.

도산은 평생에 점진학교(1899), 대성학교(1908), 동명학원(1924) 등 3개의 학교를 세워 교육활동을 했고, 청년학우회, 공립협회, 흥사단, 신민회, 대한인국민회, 상해임시정부, 대독립당 등의 수많은 단체를 조직하여 사회교육과 정치활동을 주도했고, 마산동자기회사, 태극서관, 북미실업주식회사, 대생철공장 등의 사업체를 설립하여 경제활동을 했고, 공립신문, 독립신문, 신한민보 등의 신문을 발행하여 언론활동을 했다. 만년에는 해외 동포들의 공동체적 삶의 터전으로 모범촌 건설을 추진하기도 했다. 도산의 이런 모든 활동은 민족의 힘을 길러 국권을 회복하고 나아가서 번영된 민주국가의 건설이라는 하나의 목적과 비전으로 집약된다. 도산이 강조한 힘은 제국주의적 약육강식의 원리에 기초한 힘이 아니라 윤리적 도덕적 힘, 즉 건전한 인격을 바탕으로 자존과 자립을 위한 힘을 의미한다.

도산이 이 처럼 다양한 활동에서 리더십을 발휘할 수 있었던 것은 오직 정직과 성실을 기초로 섬김의 자세로 희생하고 봉사하는 서번트적 리더십을 발휘하였기 때문이다. 여기서는 그의 다양한 활동 중에서 서번트 리더십이 잘 드러나는 몇 가지 사례만을 살펴보기로 한다.

1) 미주에서의 실천

도산이 청운의 뜻을 품고 처음 미국에 도착한 1902년 9월, 당시 샌프란시스코에는 약 20명의 한국인 교포들 살고 있었다. 유학 온 고학생과 인삼을 팔아 생계를 이어가는 근로자들이었다. 이들은 대개 상투를 하고 중국인삼을 고려인삼이라고 속여 파는가 하면 의복은 더럽고 생활환경은 불결하여 악취가 나고, 집에 돌아오면 술을 마시고 싸우는 것이 일과처럼 되어 있었다. 도산이 보기에 백인들에게 '한국인은 야만스럽고 독립할 자격이 없는 민족'으로 비쳐질 것으로 생각되었다(주요한, 1999: 67-68).

도산은 비록 자신의 공부가 늦어지는 한이 있더라도 교포들의 생활 개선과 일자리 주선이 시급하다고 생각하고, 이 뜻을 새로운 동지 이강 · 정재관 · 김성무 등에게 알렸다. 그들도 환영하며 세 사람이 일을 더하여 도산의 생활비를 댈 터이니 동포들을 지도하는 사업에 전력하라고 했다.

이리하여 서번트로서의 도산의 희생적 삶이 시작되었다. 그는 먼저 비를 들고 동포들이 거처하는 집 안팎을 쓸고, 유리창을 닦고, 커튼을 만들어 달고, 창틀과 문 앞에 화분을 놓고 꽃씨를 심었다. 도산의 손은 주방과 화장실에까지 구석구석 미치지 않은 곳이 없었다. 도산의 가식 없는 섬김과 봉사의 실천은 마침내 굳게 닫혔던 동포들의 마음을 열었다. 어느새 그들은 의복도 청결해지고 용모도 단정해지고 이웃을 의식하여 말소리도 낮추고 냄새나는 음식도 자제하게 되었다.

'왜 남의 눈치를 보고 살아야 하느냐'고 고집을 부리던 사람들도, '이웃을 위하는 것이 문명인의 도리요, 여기서 한국인이 미국인을 불쾌하게 하면 미국은 한국인 전체를 불쾌하게 생각할 것'이라는 도산의 말에 공감하기 시작했다. 또한 인삼장수들을 설득하여 서로 행상 구역을 공평하게 나누고 한 달마다 구역을 서로 바꾸고, 인삼 값도 서로 협정하여 불필요한 경쟁으로 손해를 보지 않도록 했다.

이런 생활이 약 1년 정도 지나자 동포들의 생활은 놀랄 만큼 달라졌다. 이를 알게 된 어떤 미국인 기업가가 도산을 만나자고 했다. 도산을 직접 만나본 그는 도산을 더욱 신뢰하게 되어 자기 집에 세든 한국인들의 집세를 깎아주는가 하면 동포들의 모임을 위하여 회관을 무료로 제공하기도 했다. 이것은 작지만 매우 의미 있는 일이다. '작은 일부터, 나부터' 실천을 통하여 모범을 보이는 도산의 서번트 리더십이 결실을 보게 된 것이다.

도산의 노력으로 1903년 9월 23일 10여 명의 동포들로 최초의 미주지역 한인친목회가 탄생되고, 이는 나중에 '공립협회' 로 발전하고, 다시 '대한인국민회' 로 성장하게 된다.

그 무렵 하와이로 노동이민을 온 한국인들이 새로운 일자리를 찾아 LA로 모여든다는 소식을 듣고 도산은 그들의 일자리 주선을 위하여 LA의 리버사이드(Riverside)로 이사를 했다. 현지에 도착하여 도산은 가사 고용인(houseboy)으로 일하면서 아내는 학교에 보내고 그곳의 사정을 파악했다. 모여든 한국인들이 일본인이 경영하는 농장에서 귤 따는 일을 하고 있는데, 주인의 차별대우 때문에 일거리를 얻기가 어렵다는 것을 알게 되었다.

도산의 성실성은 곧 집주인의 마음을 움직이게 되었고, 그의 후원으로 별도의 노동주선캠프를 설립하게 되었다. 한국인 노동자들이 증가하자 이들의 영어교육을 위하여 도산은 별도의 집을 얻어 야학을 열고 이웃 교회의 목사에게 부탁하여 자원봉사할 선생을 모집해 왔다. 또한 동포들의 자치를 위하여 18명의 한인들이 모여 공립협회를 조직하였고 회원은 곧 35명이 되었다. 공립협회는 생활지도와 자체보안을 위하여 경찰을 두고 지켜야 할 생활 규범도 만들었다. 이곳을 방문한 어떤 동포는 "도산 선생의 공화국이 훌륭하다." 고 감탄했다(주요한, 1999: 72).

1905년 4월 5일 도산의 지도로 샌프란시스코에 공립협회가 설립되고, 안창호가 초대 회장을 맡았다. 공립협회의 주된 사업목적은 상부상조와 조국광복이었다. 11월 14일에 3층집을 회관으로 사들이고, 20일부터 「공립신보」를 발행했다. 리버사이드의 공립협회는 지회로 편입되었고, 그 후 오클랜드를 비롯한 몇 개 지역에도 지회가 설립되고, 1908년에는 시베리아와 만주지역에까지 지회가 설립되었고, 1909년에는 대한인국민회로 개편되어 명실상부한 해외 한인들의 대표기구로 발전했다. 1905년 을사조약 체결로 외교권을 일제에게 박탈당한 후에는 공립협회가 한국 교포들의 외교적 대표 기관의 역할을 했다.

캘리포니아 오렌지 농장에서의 도산

캘리포니아 지역 교포들의 주된 생계는 노동이었고, 대부분의 교포들이 오렌지 농장에서 일을 했다. 도산이 이들의 일하는 모양을 살펴보니 귤을 딸 때 더러는 가지째 꺾어서 바구니에 던지니 나무도 상하고 귤에도 상처가 생겨 상품가치가 떨어지게 되어 농장 주의 신임을 잃게 되자 일자리 얻기가 더욱 어려웠다. 그래서 도산은 "미국 농장에서 귤 한 개를 정성껏 따는 것이 나라를 위하는 길이다."라고 강조하며 스스로 모범을 보였다. 이러한 도산의 리더십은 마침내 효과로 나타나게 되었다. 농장 주인들은 한국인들이 자기 일처럼 정성을 다한다는 것을 알게 되었고, 한국인들에 대한 믿음은 더욱 높아졌다. 따라서 동포들의 생활도 한결 윤택해졌음은 말할 나위도 없다(주요한, 1999: 65-77).

이러한 도산의 실천 사례에서 우리는 서번트 리더의 전형을 볼 수 있다. 궂은일도 마다 않고 솔선수범함으로써 먼저 서번트가 되어 섬김의 본보기를 보이는 것이 도산 리더십의 특징이다.

2) 대성학교에서의 실천

평양 대성학교는 도산이 이종호를 비롯한 유지들의 재정지원을 받아 1908년 9월에 설립하여 당시로서는 가장 훌륭한 시설과 교사진을 갖춘 모범적인 중등학교였다. 윤치호를 교장으로 추대하고 자신은 대리교장으로 학교에 상주하면서 크고 작은 온갖 일을 손수 도맡아 했다. 도산은 가장 모범적인 학교를 만들어 본보기를 보여줌으로써 그런 학교가 전국으로 확산되기를 바랐다.

도산은 특히 학생들에게 정직한 인간이 될 것을 강조했다. "죽더라도 거짓이 없어라." "농담으로라도 거짓말을 말아라. 꿈에라도 성실을 잃었거든 통회하라."라고 가르쳤다. "거짓이여! 너는 내 나라를 죽인 원수로구나. 군부(君父)의 원수는 불공대천이라 했으니, 내 평생에 죽어도 다시는 거짓말을 아니 하리라."(박의수b, 1997: 194) 하고 결심하고 평생을 그렇게 실천했다. 학생들에게는 근엄한 스승인 동시에 자애로운 부형이었고, 교사들에게는 형제와 같은 사랑과 동지적 믿음으로 대성학교의 교육이념과 목적을 스스로 깨달아 자발적으로 참여할 수 있도록 했다.

도산은 신입생을 뽑을 때도 직접 면접을 하였다. 가정환경, 경력, 정신 등에 관하여 일일이 문답을 하며 학생 개개인을 파악했다. 4백 명이 넘는 학생들의 이름을 거의 다 기억하고 어디서나 학생을 만나면 직접 이름을 불러서 반겼다고 한다. 또한 담배를 피우는 학생들에게는 담배의 해독에 대하여 일일이 설명을 하고, 수음(手淫)의 해독을 설명해 주기도 하고, 결혼한 학생들에게는 부부생활에 관한 조언을 해 주기도 했다. 도산이 대성학교 경영을 통하여 보여 준 서번트 리더십의 특징을 다음 몇 가지로 요약해 볼 수 있다.

첫째, 도산은 대성학교를 모범적으로 운영함으로써 시설과 운영 및 교육이념과 교육방침 등 모든 면에서 '본보기'가 되었다. 도산은 이 무렵 신민회와 태극서관 마산동자기회사 등의 일에도 관여하고 있었으나, 몸은 대성학교 안에 기거하면서 훌륭한 교사를 초빙하고, 학교 설립과 운영 기금을 마련하기 위하여 유지들을 만나고, 조회시의 연설, 학생들과의 면담, 과외활동 등을 통하여 직접 학생들의 인성교육을 담당했다. 다양하고 창조적인 방법을 통하여 진정한 교육자로서의 서번트 리더십을 보여 주었다. 그리하여 학생들은 물론 교사들에게도 커다란 인격적 감화를 주었다.

둘째, 도산은 모든 일을 추진함에 있어서 궂은일은 솔선수범하면서도 결코 공을 내세우거나 자리를 탐하지 않음으로써 참된 서번트 리더의 모범을 보였다.

셋째, 대성학교는 교과교육 못지않게 인격교육을 중요시했으며, 궁극적으로는 모든 교과교육이 인격교육과 조화되도록 했다. 그 이념과 목표를 지킬 수 없다면 차라리 폐교도 불사한다는 자세로 일제의 부당한 간섭에 대응했다. 이는 원칙 중심의 리더십의 본보기라고 할 수 있다.

넷째, 올바른 학교 경영의 본보기를 보여 주었다. 학교교육에 있어서 경영자 한 사람의 올바른 교육관과 사심 없는 헌신적 노력이 얼마나 큰 교육적 효과를 가져 올 수 있는가 하는 것을 실천으로 보여 주었다(박의수, 1997b: 199–201).

3) 상해에서의 실천

도산의 서번트 리더로서의 솔선수범은 특히 3·1운동 직후 3개의 임시정부를 통합하는 과정에서 더욱 감동적인 모습으로 나타난다. 1919년 5월 도산이 상해에 도착해 보니 서울과 블라디보스토크와 상해에 따로따로 임시정부가 구성되어 있었다. 도산은 상해 임시정부의 내무총장으로 내정되어 있었으나 취임을 미루고, "무엇보다 우리는 통일 되어야 합니다. 대한민국 전체가 단합하여야 합니다. 세계가 지금 우리를 주목하고 있습니다. 우리는 어떤 희생을 치르더라도 이 정부를 영광스런 정부로 만들어야 합니다. …… 나는 여러분의 머리가 되려 하지 않습니다. 여러분을 섬기러 왔습니다." 라고 역설했다(주요한, 1999: 619).

한 달이 지나서야 도산은 임시정부 통합을 추진하는 것을 조건으로 6월 28일 내무총장 겸 국무총리 대리로 취임했다. 취임 즉시, 임시정부 청사를 마련하고, 독립운동 6대 방략을 선포하고, 연통제를 실시하고, 임시사료편찬회를 설치하고, 「독립」이라는 기관지를 발행하는 한편 각 지역 지도자들과 꾸준한 대화와 협상을 통하여 9월 6일 통합임시정부를 구성하여 요직은 다른 사람들을 추대하고 자신은 '노동국 총판'이라는 말직으로 내려앉았던 것이다.

도산이 상해임시정부 내무총장 겸 국무총리 서리에 취임하여 3개월이 채 되지 않은 기간에 노령(블라디보스토크)과 한성과 상해의 임시정부를 하나의 정부로 통합한다는 것은 도산의 서번트적 리더십이 아니면 상상하기 어려운 일이었다. 정치적 견해가 다르고 계파

간의 이해가 대립되어 있었기 때문이다. 도산은 거듭 거듭 어떤 희생을 치르더라도 민족 전체의 '통일'이 최우선의 핵심 과제임을 역설했다. "나는 내무총장으로 있는 것보다 한 평민이 되어 어떤 분이 총장이 되던 그분을 섬겨서 우리의 통일을 힘쓰고 싶소. …… 다른 것 다 잊어버리고 큰 것만 보고 나아갑시다."(주요한, 1999: 229)라고 했다.

이와 같이 오직 조국의 독립과 번영이라는 큰 목적을 위하여 언제나 자신을 낮추며 작은 일부터 솔선하여 모범을 보이는 자세야말로 오늘날 민주사회에서 가장 필요한 지도자의 자세라고 생각된다. 이와 같은 겸손과 섬김의 자세라야 진정으로 구성원의 마음을 움직여 자발적인 참여를 이끌어낼 수 있기 때문이다.

4) 흥사단을 통한 실천

1909년 10월 안중근의 의거를 계기로 많은 독립지사들과 함께 옥고를 치르고 이듬해에 풀려난 도산은 국내에서의 활동이 불가능하게 되자 망명길에 올랐다. 중국 밀산 현에 독립군 사관학교를 세울 계획으로 청도에서 애국지사들과 회담을 가졌으나 의견 대립과 갈등으로 이것마저 결렬되고 말았다. 1911년 봄 치타와 베를린, 런던, 뉴욕을 거쳐 북미대륙을 횡단하여 다시 LA로 돌아와 1912년 11월 대한인국민회 중앙총회장으로 선출되었다.

도산은 독립운동을 위하여 장기적이고 근본적인 대책이 필요하다는 것을 절실히 깨달았다. 도산은 건전한 인격과 실력을 겸비한 인재를 양성할 단체의 설립을 구상했다. 그리하여 도산은 1913년 5월 13일 샌프란시스코에서 8도 대표를 발기인으로 하여 흥사단을 창립했다. 흥사단은 청년학우회와 신민회의 정신을 계승하고 명칭은 1907년 유길준이 국민교육을 위하여 설립했던 단체의 이름을 계승했다.

흥사단의 목적은 "무실역행으로 생명을 삼는 충의 남녀를 단합하여 정의를 돈수하고, 덕 · 체 · 지 삼육을 동맹 수련하여 건전한 인격을 작성하고 신성한 단결을 조성하여 우리 민족 전도대업의 기초를 준비함에" 있다고 창립 당시의 '흥사단 약법'에 명시되어 있다(주요한, 1999: 169). 여기서 '민족 전도대업'이란 민족의 독립과 번영을 의미한다. 도산이 창단을 앞두고 메모한 친필 자료를 보면 민족운동의 최종 목적을 '완전결과', 즉 조국의 광복과 증진(번영)으로 하고, 그 전 단계로 '진행결과' '완전준비' '진행 준비' 등 3단계의 중간 과정을 설정하고, 위의 단계적 목표를 추진하기 위한 기초 단계로서 단결과 정신력을 꼽고 있다. 원대한 비전을 설정하고 그 비전을 달성하기 위한 기초 단계로 건전한 인격과 신성한 단결을 훈련하기 위한 기관으로 흥사단을 조직한 것이다.

〈표 7-1〉에서 보는 바와 같이 원대한 목표를 달성하기 위한 가장 기초적 준비 단계로 정직하고 근면하고 신뢰할 만한 사람들로 단체를 조직하여 서로 사랑을 두텁게 하고 덕육과 체육과 지육을 동맹으로 수련하여 신성한 단결을 이루어야 한다고 보았던 것이다. 신성한 단결이란 개인적 이익을 추구하기 위한 결합이 아니고 조국의 광복과 번영이라는 대의를 추구며 공동체의 목표를 달성하기 위

〈표 7-1〉 **도산의 독립운동 구상**(도산기념사업회, 1999: 71)

<table>
<tr><td>완전
결과</td><td colspan="2">조국 증진
국권 광복</td></tr>
<tr><td>진행
결과</td><td colspan="2">신정체 조직
독립 전쟁</td></tr>
<tr><td rowspan="2">완전
준비</td><td>사 람</td><td>학술가, 실업가, 의원, 공학가, 정치가, 독립군 장관</td></tr>
<tr><td>재 정</td><td>외교비, 건설비, 군량, 군재, 군기</td></tr>
<tr><td rowspan="2">진행
준비</td><td>학업단</td><td>각종 학업, 전문수학(학교), 체육, 지육, 덕육, 공동수학(통신과 서적으로)</td></tr>
<tr><td>실업단</td><td>농업, 상업, 공업, 합자 결사, 재정기관 교통, 개인 실력 선무</td></tr>
<tr><td rowspan="2">기초</td><td>단 결</td><td>인내, 용감, 충의, 신애</td></tr>
<tr><td>정신력</td><td>행동일치, 직무분담, 주의 통일</td></tr>
</table>

한 단결이란 뜻이다.

도산이 공동체적 유대감을 가지고 인격을 훈련하고 실력을 배양하여 사회 여러 분야에서 각자의 책임을 수행할 지도적 인재, 즉 서번트 리더를 양성하자는 것이 흥사단의 설립 목적이라는 것을 일목요연하게 알 수 있다. 흥사단은 도산이 가장 심혈을 기울여 육성했던 단체로 문답을 통한 2단계의 입단 과정과 입단 후의 다양한 수련 프로그램과 체계적인 훈련을 통하여 많은 지도자를 배출했다. 뿐만 아니라 2013년이면 창립 100주년을 맞게 되는 흥사단은 오늘날까지 다양한 시민운동과 사회교육활동을 지속하고 있다. 도산의 리더십이 그의 사후(死後)에까지 영향을 미치고 있는 셈이다.

4. 도산의 지도자론

여기서 잠시 도산의 지도자관을 살펴보기로 하자. 도산은 「동포에게 고하는 글」 중 '합동의 요건-지도자'에서 지도자가 왜 필요하며, 어떤 사람이 지도자가 되어야 하며, 지도자의 역할이 무엇인가, 그리고 지도자를 어떻게 선별할 것인가에 대하여 설명하고 있다. 그의 지도자관의 핵심을 요약하면 다음과 같다(주요한, 1999: 525-530).

첫째, 혼자서 하는 일에도 지도자가 필요하지만 협동으로 하는 일에는 지도자가 반드시 있어야 협동의 효과를 거둘 수 있다. 악단에는 지휘자가 있어야 하고, 여행을 하더라도 인솔자가 필요하며, 민족에는 민족의 지도자가 있고, 국가의 모든 행정단위에는 책임자가 있어야 하는 것처럼 공동체가 협력하여 공동의 목적을 추진하기 위하여 지도자의 존재는 반드시 필요하다.

둘째, 지도자는 반드시 완벽한 자격 요건을 갖추어야 하는 것은 아니며, 집단 구성원 중에서 상대적으로 앞선 사람이 지도자가 될 수 있다. 작은 집단에는 작은 지도자가, 큰 집단에는 큰 지도자가 있게 마련이다.

셋째, 지도자를 세우는 것이 결코 평등에 위배되는 것이 아니라는 것이다. 도산은 "근대의 청년들은 평등을 주장하면서 평생에 자기에게는 지도자를 두는 것을 모순된다고 생각하는 듯합니다."라고 하면서, 지도자의 중요성을 알고 그것을 위하여 힘쓰는 사람을 만나 보기 어렵다고 했다(주요한, 1999: 526). 지도자의 존재와 역할이 결코 상하 관계 혹은 지배와 복종의 관계를 전제로 한 것이 아니며, 지도자의 리더십도 중요하지만 구성원들의 지도자에 대한 태도, 즉 멤버십이 더욱 중요하다는 것을 강조하고 있다.

넷째, 지도자의 가장 중요한 자격은 헌신과 봉사의 자세다. 도산은 지도자란 별것이 아니고 "위인의 마음으로 위인의 일을 하는 자"라고 했다. 이때 위인이란 "남이 알아주건 말건, 자기의 금전 · 시간 · 지식 · 열정을 다 바쳐 민족을 위하여 일하는 자"다. 참된 지도자는 대의를 위하여 남이 알아주건 말건 자신이 할 수 있는 모든 능력과 역량을 바쳐 민족사회를 위하여 헌신하는 사람이다. 도산은 우리민족이 지도자를 세우고 후원하기는커녕 핍박하고 비난하여 결국은 거꾸러뜨리고 마는 폐단이 있다고 지적했다. 이순신과 유길준도 그런 폐습의 희생자라고 했다.

다섯째, 참된 지도자는 정직하고 공정한 마음으로 오직 민중을 위하여 일하는 사람이다. 도산은 "자기 금전, 자기 지식, 자기 능력을 가지고 정직하게 민중을 위하며 일하고 협잡을 도무지 아니하는 사람"이 곧 지도자라고 했다. 또 "외형을 보면 남한테 욕도 먹고 공격도 받고 모함도 받기 때문에 같은 싸움꾼인 듯하지만 그 욕과 그 핍박, 그 모함을 받으면서도 한 번도 저항의 행동을 취하지 않고 공평하고 원만한 마음으로 군중을 향하는 사람"이 참된 지도자라고 했다.

끝으로 도산은 지도자를 선별하는 기준에 대하여 설명하고 있다. 그 사람의 '주의와 본령과 방침과 능력을' 조사한 후에 그 주의와 본령이 정당하고 그 주의에 대한 방법과 능력이 나와 다른 사람보다 앞선 것을 확인한 후에 지도자로 인정할 것이며, 그것을 살피는 방법은 사회에 떠돌아다니는 근거 없는 헛된 소문에 의하지 말고 그 사람의 실질적 능력과 행위를 밝게 살펴야 한다고 했다. 지도자를 선택함에 있어서 개인적 친분의 멀고 가까움이나 당파의 이해를 떠나 전체 구성원과 민족의 이해를 표준으로 하여 공평하고 정직한 마음으로 해야 한다. 그리고 이러한 기준은 결코 완전한 수준을 의미하는 것은 아니고 상대적 의미로 해석해야 한다. 모두가 협잡꾼이고 모두가 당파싸움을 한다고 하더라도 그중에서 협잡을 덜하고 당파싸움을 덜 하는 사람이 있다면 그를 지도자로 세워야 한다는 것이 도산의 지도자관이다. 도산에 의하면, 지도자는 지도자 개인의 인격과 능력도 중요하지만 공동체의 구성원이 함께 만들어 가는 것이라고 보았다.

5. 도산의 서번트 리더십

지금까지 서번트 리더의 개념과 특성에 비추어 서번트 리더로서의 도산의 실천 사례를 고찰하고, 도산의 지도자관을 검토해 보았다. 미국에서의 실천, 대성학교 시절의 활동, 상해 임시정부 통합 과정에서의 활동, 홍사단을 통한 리더십 훈련 등에서 도산의 사상과 행동 방식은 서번트 리더의 전형으로 손색이 없음을 확인하였다. 이제 도산의 리더십에서 서번트적 특성을 선별하여 정리해 보기로 한다.

1) 무실역행의 리더십

무실과 역행은 도산이 즐겨 쓰는 성실주의의 표현이다. 정직하고 참되고 힘써 실천하라는 뜻이다. 도산은 이를 '거짓말하지 말자, 놀지 말자!' 혹은 '참되자, 일하자!' 로 쉽게 표현하기도 한다. 도산은 거짓이 나라를 망하게 한 원수라고 했다. 따라서 스스로 거짓말하지 않기로 맹세하고 어떤 상황에서도 그 맹세를 지켰다. 나아가서 학교교육은 물론 다양한 사회교육을 통하여 정직한 인간을 기르고 정직한 사회를 만들기 위하여 노력했다.

> 거짓말하고 속이는 것이 가죽과 뼈에 젖어서 양심에 아무 거리낌 없이 사람을 대하고 일에 임하매 속일 궁리부터 먼저 하게 되었습니다. 대한 민족을 참으로 건질 뜻이 있으면 그 건지는 법을 멀리서 구하지 말고 먼저 우리의 가장 큰 원수 되는 속임을 버리고 각 개인의 가슴 가운데 진실과 정직을 모시어야 하겠습니다(주요한, 1963: 478).

도산은 민족을 건지는 길이 멀리 있는 것이 아니라 속임과 거짓을 버리고 진실과 정직을 최고의 가치로 받들어야 한다고 역설했다. 정직이야말로 인격의 기본이며 인간관계의 기초다. 또한 서번트 리더십의 핵심 요소이기도 하다.

2) 인격 중심의 리더십

앞에서 인격은 서번트 리더십의 중요한 특성임을 설명한 바 있다. 도산은 건전한 인격은 리더의 요건이며 공동체의 공고한 단결을 위한 필수조건으로 생각했다. 도산은 1936년 1월 '조선사회'의 지도층에 있는 사람들이 '지금' 하여야 할 일이 무엇이냐고 묻자, 다음과 같이 대답했다.

> 지금 우리가 할 일은 많은 줄 압니다. 물산장려도 해야 되고, 문자운동도 해야 되고, 발명도 힘써야 하고 할 일이 많지요. 그러나 우리가 무엇을 하든지 근간이 되는 것은 인격혁명이라고 생각합니다. …… 우리가 지금 무슨 일을 하려고 할 때에 서로 믿고 일하는 게 아니라, 시기와 질투와 당파 가림을 먼저 하게 됩니다. 과거에 우리가 망하게 될 때의 심리를, 인격을 여전히 가지고 있단 말씀이오. …… 망국의 인격으로 무슨 사회혁명을 합니까. 근간은 인격혁명에 돌아가고 맙니다. …… 인격혁명을 못한 이는 제아무리 나쁜 사회제도를 타파한다 해도 다시 나쁜 제도밖에 나오지 않습니다. 보시오. 같은 데모크라시가 멕시코에 떨어진 것과 아메리카에 떨어진 것과 다르지 않습니까(주요한, 1963: 868).

이 말은 오늘날에도 여전히 유효하다. 도산은 한국 민족이 '거짓말하고 속이는 것이 가죽과 뼈에 젖어' 있기 때문에 혁명적 방법이 아니면 쉽게 고쳐지지 않는다고 보았다. 도산에게 있어서 인격은 단지 한 개인의 사람됨을 나타내는 것을 넘어서 사회적 · 국가적 차원의 과제였다. 건전한 인격은 어느 수준에서 무슨 일을 하던 기초가 되고 근간이 되는 것이라고 보았다. 하물며 지도자에게 있어서는 더 말할 필요가 없을 것이다.

또한 도산 자신이 일생 동안 다양한 방법으로 인격수련을 계속하여 높은 수준의 인격의 본보기가 되었다. 피천득은 도산의 높은 인격에 감화되어 "그분은 무슨 정치인이라기보다 다만 인간으로서 높은 존재"(주요한, 1999: 449)라고 했다. 일생을 통하여 거짓말이나 권모술수가 전혀 없었기 때문이다. 주요한은 도산의 높은 인격에 대하여 다음과 같이 기록하고 있다.

> 나이 많은 이에게나 어린 소년에게나 한결같이 그들의 의견을 경청하고, 성의를 다하여 자기 소견을 말하고, …… 그는 평생에 사람을 대할 때에 자세를 어지러이 한 일이 없고, 혼자 있을 때도 몸가짐을 조심하였다. 담화할 때에 탈선함이 없고, 언사에 거친 음성이나 용어를 사용함이 없었다. …… 그의 감화력은 상대의 심정을 깊이 이해하는 데 근원하였고, …… 그는 자기가 남에게 권하고 가르치는 것을 먼저 스스로 실천하기에 노력하였다. 그의 성심성의와 근엄한 행동은 천성인 동시에 또 실천궁행에 의한 교육방법이었으리라(주요한, 1999: 506-509).

도산을 가까이에서 접한 많은 사람들은 그에게서 '훈훈한 인격의 향기' 가 풍겼다고 회고 한다. 이와 같은 정직과 성실과 솔선수범을 통한 인격의 힘이 곧 신뢰의 바탕이며 수많은 사람들이 그를 믿고 따르게 한 원동력이었다.

3) 인본주의의 리더십

인본주의는 도산에게 있어서 두 차원으로 나누어 생각할 수 있다. 하나는 모든 일의 성패는 일차적으로 사람에 달려 있다고 보는 사람 본위 혹은 인간 중심의 원리이며, 다른 하나는 인간에 대한 사랑, 즉 인류애를 의미한다.

도산은 모든 사회개조는 인간에서부터 출발한다고 보았다. 그는 말하기를 인간은 스스로 개조하는 동물이라 했다. '나부터' 스스로를 개조함으로써 민족이 개조되고, 궁극적으로 인간에 의해서 환경이 개조되고, 사회가 개조되고, 산업도 개조되고, 국가가 번영하게 된다는 것이다. "그대는 나라를 사랑하는가? 그러면 그대가 먼저 건전인격이 되라. 백성의 질고(疾苦)를 어여삐 여기거든 그대가 먼저 의사가 되라. 의사까지는 못 되더라도 그대의 병부터 고쳐 건전한 사람이 되라."(주요한, 1963: 5)고 했다. 이와 같이 모든 일의 성패의 제일 원인이 인간이라고 보는 것이 도산의 인본주의의 한 측면이다.

또한 도산은 지극한 사랑의 인물이었다. 그는 인간뿐만 아니라 모든 생명에 대하여 깊은 연민과 애정을 가졌었다. 방 안에 둔 화초 한 포기조차도 무한한 애정과 정성을 가지고 돌보았다. 하물며 사람에 대해서는 더 말할 나위가 없을 정도다. 안태국(安泰國)이 병으로 죽을 때 헌신적 간호와 후한 장례와 비통해하는 모습은 주위 사람들을 감동시켰고, 동지 윤현진(尹顯振)이 병으로 죽을 때도 자기의 주머니를 털어서 치료에 전력을 다했고, 추정 이갑이 시베리아에서 병고에 신음한다는 말을 듣고 부인이 여러 해 동안 삯바느질로 모은 돈을 아낌없이 보냈다. 여운영(呂運亨)이 러시아 여행 중 그 처자의 생계가 곤란하다는 말을 전해 듣고 여러 달 동안 생활비를 보냈다고 한다. 그때 도산은 여운형과 만난 일조차 없는 사이였다.

도산은 늘 정의돈수(情誼敦修)를 강조했다. "사회에 정의가 있으면 화기가 있고, 화기가 있으면 흥미가 있고, 흥미가 있으면 활동과 용기가 있다."(주요한, 1963: 8)고 했다. 또한 어떤 이유로도 인명을 희생시키는 것은 정당화될 수 없다고 했다. 그는 철저히 비폭력주의를 신봉했다. 그래서 신일철(1963: 828-838)은 도산을 간디에 비유하기도 한다. "적어도 동포끼리는 무저항주의를 쓰자. 때리면 맞고 욕하면 먹자. 동포끼리만은 악을 악으로 대하지 말자."(주요한, 1963: 5)고 했다. 그는 사람을 대함에 있어서 노소, 귀천, 지위의 고하를 가리지 않고 한결같이 겸손하고 진지함을 보였다.

4) 섬김과 헌신의 리더십

서번트 리더로서의 도산의 삶의 모습은 앞에서 몇 가지 사례를 통하여 비교적 충분히 살펴보았다. 도산은 17세 무렵에 집을 떠나 서울에 올라가 구세학당에 들어간 이후 죽는 날까지 자신을 위한 삶은 없었다 해도 과언이 아니다. 오직 나라와 민족을 위하여 헌신하고 희생한 삶이었고 어떤 일을 추진하던 언제나 사적인 이해를 초월하고 자리에 연연하지 않고 섬김의 자세로 임했다.

도산이 일본 검사의 심문에 답하여, "나는 밥을 먹어도, 잠을 자도 민족을 위해 먹고 잤으니 앞으로도 민족을 위해 일하고자 함은 변함없을 것"(주요한, 1999: 462)이라고 한 말에서도 민족을 위한 헌신적 삶의 자세를 읽을 수 있다. 국가와 민족에 대한 헌신뿐 아니라 동지들 한 사람 한 사람에 대해서도 정성과 섬김을 다했다. 상해시절에 자신도 빈곤과 만성적인 질병으로 어려움을 겪으면서, 동지들의 혼인, 장례, 병환 등을 위하여 크고 작은 재정적 지원을 아끼지 않았음은 널리 알려진 일이다(주요한, 1999: 445-453). 춘원 이광수의 회고에 의하면, 1924년 북경에서 8일간 함께 지내다 헤어질 때 도산은 자신의 모자를 춘원에게 씌워주고 자신은 춘원의 헌 모자를 쓰고, 없는 주머니를 털어 춘원에게는 1등표를 사주고 자신은 천진행 3등표를 사더라는 것이다(주요한, 1999: 495). 주요한의 설명에 의하면 구할 수 있는 표가 1등석 하나밖에 남지 않았기 때문이라고 하지만, 그것이 사실이라고 하더라도 도산이 동지를 아끼고 섬기는 자세를 이해하기에 부족함이 없다. 도산의 섬김은 가까이 있는 사람에서 민족과 국가 나아가 인류의 차원으로까지 확대된다.

5) 비전 중심의 리더십

도산은 모든 일을 추진함에 있어서 항상 원대한 목표와 치밀한 계획을 가지고 착수하며, 합리적 비전을 제시함으로써 많은 사람들의 신뢰와 협조를 얻을 수 있었다. 도산은 독립운동을 하는 데 있어서도 비분강개로 일시적 감정에 치우치기보다 긴 안목에서 광복 후의 국가 형태와 발전 전망까지도 생각하면서 종합적이고 구체적인 독립운동 방략을 설계했다. 이는 이미 〈표 7-1〉에서 살펴본 바와 같다.

도산의 비전은 동포들을 대상으로 하는 강연과 연설 혹은 편지에서 부분적으로 제시되고 있다. 1920년 시국대강연에서 도산은 '정부와 인민의 관계'에 대하여 "오늘날의 황제란 곧 주권자를 의미하며" "이천만 국민이 다 황제이며, 대통령과 국무총리, 정부 직원은 다 노복"이라고 말하면서, 군사 · 외교 · 교육 · 사법 · 재정 · 통일 등 6대 사업을 독립운동을 위한 구체적 실천 방안으로 제시했다(주요한, 1999: 654-669). 비록 해외를 근거로 운영되는 임시정부지만 한 국가로서의 기본 체제와 국민으로서의 책임과 의무를 철저하게 훈련해야 한다고 생각했다.

6) 창조적 리더십

도산은 모든 크고 작은 일을 추진하고 계획함에 있어서 뛰어난 창의력을 발휘했다. 그의 행동 방식도 언어 표현도 그가 살았던 당시의 기준에 비추어 보면 매우 독창적이고 신선한 것이었다. 도산이 처음 샌프란시스코에서 교포들의 집을 돌아다니며 청소를 해 주는 서번트적 행위 역시 어느 지도자도 흉내 내기 어려운 선례가 없는 뛰어난 창의력의 소산이다. 흥사단을 조직할 때, 직접 규약을 초안하고 상징이 되는 단기와 단대와 배지를 도안하고 다양한 노랫말들을 지었다. 애국가의 가사(비록 이견 있기는 하지만), 거국가, 청년학우회가, 흥사단 단가와 입단가, 모란봉, 혈성대, 흥사단 단기가 등 수십편에 이르는 가사를 도산이 지었다(주요한, 1999: 553-579). 또한 도산은 어떤 운동이든 쉽게 이해하고 공감하고 실천할 수 있는 평이하고도 현대적인 표현을 사용했다. '건전인격 · 신성단결' '지식의 자본 · 신용의 자본' '동맹수련' '자아혁신' '인격혁명' '주인정신' '정의돈수' 등은 그중 몇 가지 예에 불과하다. 도산은 개성을 존중할 것을 역설하면서 "모난 돌이나 둥근 돌이나 다 쓰이는 장처(長處)가 있는 법이니, 다른 사람의 성격이 나와 같지 않다 하여 나무랄 것이 아니다."(안병욱, 1972: 28)라고 했다. 청년들의 사명감과 근면을 강조하기 위하여 "어떤 신이 무심중에 홀출 네게 묻기를 너는 무엇을 하느냐 할 때에 나는 아무것을 하노라고 서슴지 않고 대답할 수 있게 하라."라고 했다.

유교적 전통교육의 영향으로 한자식 표현에 젖어 있던 당시의 상황에 비추어 보면 놀라운 창의력의 소산이라 아니할 수 없으며, 도산의 탁월한 창조적 능력을 단적으로 보여 주는 예라고 볼 수 있다. "관료주의는 편협하고 융통성 없고 형식적인 체제, 선례에 얽매여서 새로운 창의력을 보여 주지 못하는 체제를 뜻한다." 이와 같은 '관료주의에 맞서려는 도전정신' 또한 서번트 리더의 중요한 특성이라고 말한 그린리프(Greenleaf, 2006: 162-166)의 말에 비추어 볼 때 도산의 창조적 리더십은 미래 사회에 더욱 가치를 발하는 리더의 자질이다.

7) 공동체적 리더십

그린리프는 “더 나은 사회를 책임져 나갈 인재를 키우는 학교마저도 사회적 신분상승을 위한 메커니즘으로 그 목적이 변질되면서 공동체를 파괴하는 주범이 되었다.”라고 비판했다. 공동체를 기본 터전으로 하여 살아갈 때 참된 사랑을 체득할 수 있고, 그 사랑으로 공동체이기를 포기한 기업, 교회, 정부, 학교와 같은 제도적 기관을 변화시킬 수 있을 것이라고 보았다(Greenleaf, 2006: 67).

도산은 일찍이 공동체의 중요성을 깨닫고 조직을 통하여 목적을 성취하려 했다. 분산된 개인의 힘보다 공고한 단결을 통하여 보다 큰 힘을 낼 수 있고, 개인은 유한하지만 조직의 생명은 영원하다는 점에서, 혼자서 하는 훈련보다는 동맹으로 하는 것이 효율적이라는 것이 도산의 생각이다. 그래서 평생에 수많은 조직을 만들고 공동체적 삶을 체험하도록 했다. 대성학교를 비롯한 정규 학교, 각종 사회단체와 정치단체, 언론기관, 실업기관 등 도산은 ‘조직의 명수’라 불릴 만큼 수많은 기관과 단체를 조직했고 건전인격과 신성단결과 정의돈수를 강조했다. 특히 홍사단의 조직 체계와 훈련프로그램, 모범촌 건설을 위한 구상들을 보면 철저하게 개인의 인권과 자유를 존중하면서도 사랑을 토대로 한 공동체적 삶을 체득할 수 있도록 설계되었음을 알 수 있다.

8) 솔선수범의 리더십

도산은 몸소 실천함으로써 남에게 모범을 보였다. "작은 일부터, 나부터!" 이것이 도산의 생활 신조였다. 아무리 중요하고 큰일도 작은 일부터 시작된다는 것과, 아무리 어렵고 힘든 일이라도 나부터 솔선수범한다는 자세다.

처음 미국에 갔을 때, 직접 동포들의 집을 방문하여 집안을 가꾸고 변소 청소까지 해 주었다. 그런 그의 태도에 추호의 위선이나 가식이 없었기 때문에 동포들이 머지않아 곧 감화를 받게 되었던 것이다. 또 임시정부에 참여하기 위하여 상해에 도착했을 때, "나는 여러분의 머리가 되려고 하지 않습니다. 여러분을 섬기러 왔습니다."라고 했고, 대통합을 위하여 자신의 기득권과 지위를 버리고 말직으로 내려앉았다.

도산은 사람을 대할 때나 일을 대할 때나, 그 크고 작음에 관계없이 언제나 한결같은 정성으로 최선을 다했다. 사적인 생활에서나 공적인 생활에서나 이와 같은 일관된 자세는 몸에 밴 성실성의 표현이며, 대인관계에 있어서는 타인에 대한 세심한 배려와 친절로 나타났던 것이다. 심지어는 대전 감옥에서 3년간 옥살이를 하는 동안에도 모범수로 표창을 받았다. 그것은 민족의 지도자로서 품위를 지키려는 자존심의 발현일 수도 있지만, 비록 감방일망정 주변에 있는 작은 불합리한 점이라도 그냥 버려둘 수 없는 삶의 자세에서 나온 것이다.

도산은 전 생애에 걸쳐 부단한 자아수련을 통한 인격의 모범,

끊임없는 학습을 통한 평생학습인의 모범, 정직하고 성실한 삶을 통한 신뢰의 모범, 동포에 대한 아낌없는 나눔을 통한 사랑과 섬김의 모범, 원대한 꿈과 목표와 합리적이고 구체적인 계획을 통한 비전의 제시, 개인적 삶보다 협동적 삶을 통한 공동체적 리더십의 모범을 보여 준 솔선수범의 지도자였다.

6. 맺는 말

지금까지 서번트 리더십의 기본 개념과 특성, 서번트 리더십의 관점에서 도산의 지도자로서의 실천 사례를 조명해 보고, 도산의 서번트 리더십의 특징을 차례로 고찰해 보았다.

그 결과 당시의 도산은 비록 서번트 리더십의 개념조차 몰랐지만 그의 삶은 동지와 동포와 국가를 위한 섬김과 희생으로 일관되었음을 알 수 있다. 권력을 가지고 군림하는 것이 아니라 공동체의 일원으로서 오직 정직과 신뢰를 기초로 섬김과 헌신의 자세로 공동체를 위하여 봉사하는 서번트 리더십이야말로 21세기 미래 사회가 요구하는 참된 리더십의 새로운 모델임을 확인하였다. 서번트 리더십은 섬김과 봉사, 인간 중심, 높은 수준의 인격, 도덕적 권위와 양심, 일관된 원칙, 명확한 목표와 비전, 강한 책임감, 사랑 그리고 공동체의식 등의 특성으로 구성된다. 이렇게 볼 때 서번트 리더는 미래 사회가 요구하는 바람직한 인간상이며 동시에 교육의 목표와 합치된다고 볼 수 있다. 또한 서번트 리더십의 요소들은 곧 건전한 인격의 요소와 일치되며, 서번트 리더십은 곧 훌륭한 인격과 본질적으로 다름이 없다는 것을 알 수 있다. 따라서 서번트 리더십의 계발은 곧 인격 계발과 같은 의미이며, 참된 리더십 교육은 곧 참된 인간교육이라고 할 수 있다.

그리고 서번트 리더십의 틀로 도산 안창호의 지도자관과 지도자로서의 실천 사례를 조명해 본 결과 그의 리더십은 서번트 리더십의 전형이라고 하기에 손색이 없다. 비록 도산이 활동했던 시대가 거의 한 세기 전이었고, 이 땅에 민주주의의 개념조차 제대로 이해되지 않았고, 전근대적 지도자상이 주류를 이루었던 시대였지만, 그는 거의 완벽할 정도로 서번트 리더로서의 속성을 두루 갖추고 그것을 충실히 실천했다. 그가 실천한 서번트 리더십의 특징은 무실역행의 리더십, 인격중심의 리더십, 인본주의의 리더십, 섬김과 헌신의 리더십, 비전 중심의 리더십, 창조성의 리더십, 공동체적 리더십, 솔선수범의 리더십으로 요약될 수 있다.

이상과 같은 결과를 토대로 다음 몇 가지를 제안을 하면서 이 글을 마무리하고자 한다.

첫째, '학교교육이 사회적 신분 상승의 도구로 전락되어 공동체적 삶을 파괴하였다.' 는 그린리프의 비판을 진지하게 받아들이고, 학교교육이 진정으로 공동체적 삶을 위하여 헌신할 수 있는 참된 지도자를 기르는 본연의 역할을 할 수 있는 길이 무엇인가를 깊이 생각해 보아야 할 것이다.

둘째, 미래 사회의 리더십의 새로운 모델로 주목해야 할 '서번트 리더십' 에 대한 좀 더 깊은 연구와 구체화되고 실천 가능한 프로그램 개발이 필요하다.

셋째, 서번트 리더십의 관점에서 참다운 민주적 리더십이 무엇인가를 인식하고, 교육의 궁극적 역할이 공동체 속에서 섬기고 봉사하는 인간을 길러내는 데 있음을 환기시켜야 할 것이다. 그러기 위하여 모든 교육 프로그램에 서번트 리더십의 원리가 반영되도록 해야 할 것이다.

넷째, 아직도 리더십은 고위직에 있는 사람의 특별한 기술이며 타고나는 것이라는 잘못된 믿음과 리더가 되는 것이 어떤 특권을 부여 받는 것으로 생각하는 우리 사회의 공직자들에게 서번트 리더십의 원리를 일깨워 주어야 할 필요가 있다.

다섯째, 인성교육의 심각성이 증대되고 있는 시점에서 서번트 리더십 프로그램의 개발은 보다 현실적인 인성교육의 방법적 대안이 될 수 있을 것이다. 민주주의와 평등의식이 보편화된 미래 사회에서 요구되는 새로운 교육적 리더십으로 서번트 리더십에 관한 관심과 연구가 이어지기를 기대한다.

끝으로, 도산의 삶 자체가 곧 서번트 리더십의 모범적인 텍스트임을 인식하고 21세기 세계를 이끌어갈 참된 리더십 교육과 훈련 과정에 적극적으로 활용되기를 바란다.

참고문헌

강동진(1980). 일제의 한국침략 정책사. 서울: 한길사.

강만길(1997). 한국 근현대사에서 분단의 조건과 통일의 의의. 도산사상연구, 제4집, 9-23.

강영현(2003). 무실과 역행을 넘어서. 서울: 경인문화사.

강제환 편(1950). 도산안창호웅변전집. 서울: 웅변구락부출판부.

김경탁 역(1965). 논어 · 대학. 서울: 광문출판사.

김문환(1997). 통일 한국의 정신문화. 도산사상연구, 제4집, 40-51.

김성식(1986). 쓴 소리 곧은 소리. 서울: 동아일보사.

김세한(1965). 배재 80년사. 서울: 학교법인 배재학당.

김신일(1997). 민족통일 방략으로서 안창호의 통일 노선과 대공주의 해석. 도산사상연구, 제4집, 24- 39.

김영우, 피정만(1995). 최신 한국교육사 연구. 서울: 교육과학사.

김일성(1992). 회고록: 세기와 더불어 (1). 평양: 조선로동당출판사.

김정환(1982). 전인교육론. 서울: 세영사.

김정환(1986). 도산 교육사상의 발전적 계승책. 도산사상연구, 제1집, 113-161.

김형식(1932). 평양 대성학교와 안창호. 삼천리(1932년 1월호), 14-17.

도산기념사업회(1990). 안도산전서(중). 서울: 범양사 출판부.
도산기념사업회(1999). 수난의 민족을 위하여: 도산 안창호의 생애. 서울: 도산안창호선생기념사업회.
도산사상연구회 편(1995). 도산 안창호의 사상과 민족운동. 서울: 학문사.
도산사상연구회(1986). 도산사상연구, 제1집. 서울: 흥사단출판부.
도산사상연구회(1997). 도산사상연구, 제4집. 서울: 흥사단출판부.
도산아카데미연구원(2004). 도산 안창호의 리더십. 서울: 흥사단출판부.
도산안창호선생전집편찬위원회(2000). 도산안창호전집, 제1-14권. 사단법인 도산안창호선생기념사업회.
동아일보(1974). 일정하 동아일보 압수사설(『신동아』 1974년 1월호 별책부록). 서울: 동아일보사.
류태영(1991). 도산 안창호의 이상촌운동과 새 국민운동. 새질서 · 새생활 국민운동에 관한 연구, 75-96.
박동운(1978). 민족사상론. 서울: 샘터사.
박만규(1993). 도산 안창호의 대공주의에 대한 일고찰. 도산사상연구회 편. 안도산전서(하), 420-444.
박만규(1997). 초기 임시정부의 체제정비와 안창호. 도산사상연구, 제4집, 148-168.
박의수(1985). 도산의 인격과 사상. 도산과 힘의 철학. 서울: 흥사단출판부, 15-34.
박의수(1993). 안도산의 점진주의 교육사상과 그 현대적 의의. 도산사상연구회 편. 안도산전서(하). 서울: 범양사출판부, 352-375.
박의수(1995). 도산 안창호의 4대 정신. 도산사상연구회. 도산사상연구, 제3집, 125-150.
박의수(1996). 도산 안창호의 교육실천과 교육방법. 강남대학교 논문집(신학 · 인문대학편), 제27집, 269-286.
박의수(1997a). '지식교육' 과 '인간교육' , 정녕 별개의 것인가. 초등 우리교육, 36-39.

박의수(1997b). 개화기 대성학교의 교육사적 의의. 한국교육사학회. 한국교육사학, 제19집, 179-202.

박의수(2002). 지조의 현대 교육적 의미. 교육철학, 제27집, 55-72.

박의수(2004). 도산 안창호의 리더십. 도산아카데미연구원. 도산 안창호의 리더십. 서울: 흥사단출판부, 9-39.

박의수(2005). 도산 안창호의 '통일' 사상이 통일교육에 주는 시사점. 안암교육학회. 한국교육학연구, 11(1), 5-24.

박의수(2008). 솔선수범의 리더십: 도산 안창호의 사례. 학교경영, 21(12), 58-63.

박의수(2009). 도산 안창호의 서번트 리더십 연구. 고려대학교 교육문제연구소. 교육문제연구, 제33집, 1-27.

박현환(1954). 속편 도산안창호. 서울: 도산기념사업회.

박현환(1955). 흥사단운동. 서울: 대성문화사.

송건호(1985). 한국현대인물사론. 서울: 한길사.

신응섭 외(2003). 리더십의 이론과 실제(개정판). 서울: 학지사.

신일철(1963). "민족성 개혁의 선구자". 주요한 편. 안도산전서, 828-838.

안병욱(1972). 도산사상. 서울: 삼육출판사.

안성결(1996). 죽더라도 거짓이 없어라. 서울: 도산기념사업회.

안창호. "대성학교 개교식 훈화". 한기언 편. 교육명저해제. 서울: 능력개발, 88-89.

안철수(2001). CEO 안철수, 영혼이 있는 승부. 서울: 김영사.

오천석(1975). 한국신교육사(상). 서울: 광명출판사.

오천석(1979). 민족교육과 흥사단 운동. 기러기(1979.2.), 6-10.

유봉호(1995). 신학제 100년 중등교육의 성장과정. 한국정신문화연구원. 근대교육 100년의 성과와 전망, 295-451.

윤병석, 윤경로(1995). 안창호 일대기. 서울: 역민사.

윤사순(1980). 한국유학논구. 서울: 현암사.

이광린(1987). 구한말 평양의 대성학교. 흥사단. 기러기, 1987, 2~5호.

이광수(1947). 도산 안창호. 서울: 대성문화사.

이광수(1967). 민족개조론. 서울: 대성문화사.

이기백(1971). 민족과 역사. 서울: 일조각.

이돈희(1998). 한국교육의 실상과 개혁의 방향. 한국교육학회. 한국교육의 실상과 개혁의 방향, 1-17.

이만근 편(1986). 도산여록. 서울: 홍사단출판부.

이만열(2002). 도산 안창호와 기독교 신앙. 도산사상연구회. 도산사상연구, 제8집, 19-60.

이명현(1986). 개혁적 창조와 사회. 도산사상연구회. 도산사상연구 제1집, 69-99.

이순형(1986). 도산 안창호의 이상촌 건설운동. 도산사상연구회 편. 도산사상연구, 제1집. 서울: 홍사단출판부, 177-215.

이이(1986). 국역 율곡집 Ⅰ, Ⅱ. 서울: 민족문화문고간행회.

이이(1986). 율곡전서 Ⅰ, Ⅱ. 서울: 성균관대학교 대동문화연구원.

이장희 역(1982). 매천야록(황현 저). 서울: 대양서적.

이태복(2006). 도산 안창호 평전. 파주: 도서출판 동녘.

장리욱(1973). 도산의 인격과 생애. 서울; 대성문화사.

정범모(1993). 교육의 본연을 찾아서. 서울: 나남.

정창렬 역(1981). 한국의 개화사(강재언 저). 서울: 비봉출판사.

조동걸(1995). “중국에서의 도산의 독립운동”. 도산사상연구, 제3집, 103-124.

조지훈(1973). 조지훈전집 Ⅵ. 서울: 일지사.

주삼환(2006). 교육개혁과 교장의 리더십. 파주: 한국학술정보(주).

주요한 편(1963). 안도산전서. 서울: 삼중당.

주요한 편(1975a). 인격혁명 上: 안도산언론집. 서울: 대성문화사.

주요한 편(1975b). 인격혁명 下: 안도산언론집. 서울: 대성문화사.

주요한 편(1999). 안도산전서(증보판). 서울: 홍사단출판부.

진교훈 외(2007). 인격. 서울: 서울대학교출판부.

최용익(2008). 리더십이란 무엇인가. 서울: 스마트비즈니스.

한국교육사연구회(1984). 한국교육사. 서울: 교육출판사.

한기언(1973). 기초주의. 서울: 배영사.

한기언(1993). 변혁기의 개혁운동과 도산사상. 도산사상연구, 제2집. 서울: 연구사, 127-163.

한만길(2001). 통일교육의 이론과 실천. 서울: 교육과학사.

황산덕(1987). 막스 베버. 서울: 서문당.

흥사단(1955). 흥사단운동. 서울: 대성문화사.

흥사단(1964). 흥사단 50년사. 서울: 대성문화사.

흥사단(1986). 흥사단 운동 70년사. 서울: 흥사단출판부.

「대한매일신보」

『도산안창호전집』, 제1~14권(전집, 1~14).

「삼천리」

『표준국어대사전』

「황성신문」

Appelbaum, Richard P. (1983). *Theories of social change*. 김지화 역(2009). 사회변동의 이론. 서울: 한울.

Bennis, Warren & Nanus, Burt (2003). *Leaders*. 김원석 역(2008). 리더와 리더십. 서울: 황금부엉이.

Covy, Stephen R. (1997). *Principle-Centered Leadership*. 김경섭, 박창규 공역(2003). 원칙중심의 리더십. 서울: 김영사.

Drucker, Peter F. 이재규 역(2001). 프로페셔널의 조건. 서울: 청림출판.

Greenleaf, Robert K. (2002). *Servant Leadership*. New York: Paulist Press.

Greenleaf, Robert K. (2002). *Servant Leadership*. 강주현 역(2006). 서번트 리더십 원전. 서울: 참솔.

Hayes, Carlton J. H. (1931). *The Historical Evolution of Modern Nationalism.* 정운룡 역(1950). 근대 민족주의 발달사. 서울: 고시학회.

Hunter, James C. (2004). *The World's Most Powerful Leadership Principle.* 김광수 역(2006). 서번트 리더십 2. 서울: 시대의 창.

Kouzes, James M. & Posner, Barry Z. 권기성, 최진석 공역(1994). 비전, 전략, 그리고 리더십. 서울: 도서출판 한샘.

Nair, Keshavan (1997). *A Highest Standard of Leadership.* 김진옥 역(2001). 섬김과 나눔의 경영자 간디. 서울: 씨앗을 뿌리는 사람.

Smiles, Samuel (1872). *Character.* 공병호 역(2005). 인격론. 파주: (주)북이십일.

http://home.ahnlab.com/ahnlab/ceo.html

찾아보기

인명

내용

●● 저자 소개 ●●

박의수(impes@chol.com)

고려대학교 교육학과를 졸업하고, 중등학교에서 교육경험을 쌓은 후 고려대학교 대학원에서 문학석사 및 교육학박사 학위를 받았다. 1986년부터 현재까지 강남대학교 교육학과 교수로 재직하며, 학생처장, 교무처장, 기획처장의 보직을 맡기도 했다. 1년간 뉴질랜드 웰링턴빅토리아 대학교에서 뉴질랜드 교육개혁에 관하여 연구했다. 한국 교육철학회 회장, 한국 교육사학회 이사, 한국교육학회 이사를 역임했고, 흥사단 중앙수련원 원장 및 흥사단 교육운동본부 상임대표 등을 맡아 봉사했다. 『인간주의 교육사상』(공저, 내일을 여는 책), 『21세기 문화 창조와 율곡학』(공저, 수덕문화사), 『좋은 교육』(공저, 문음사), 『교육의 역사와 철학』(공저, 동문사), 『교육학개론』(공저, 서현사), 『문제의 교사』(공역, 양서원), 『교육의 잠식』(공역, 양서원), 『루돌프 슈타이너의 교육론』(공역, 내일을 여는 책) 외에 다수의 저서와 역서 및 논문을 발표했다.

도산 안창호의 생애와 교육사상

2010년 3월 25일 1판 1쇄 인쇄
2010년 3월 30일 1판 1쇄 발행

지은이 • 박의수
펴낸이 • 김진환
펴낸곳 • (주) 학지사
121-837 서울특별시 마포구 서교동 352-29 마인드월드빌딩 5층
대표전화 • 02)330-5114 팩스 • 02)324-2345
등록번호 • 제313-2006-000265호

홈페이지 • http://www.hakjisa.co.kr
커뮤니티 • http://cafe.naver.com/hakjisa

ISBN 978-89-6330-363-5 93370

정가 14,000원

저자와의 협약으로 인지는 생략합니다.
파본은 구입처에서 교환해 드립니다.